HR FROM ZERO
TO LEAN

HR从零到精益

企业人力资源管理整体解决方案

郭送斌 蒋俊鹏 ◎著

中华工商联合出版社

图书在版编目（CIP）数据

HR从零到精益：企业人力资源管理整体解决方案 / 郭送斌，蒋俊鹏著. -- 北京：中华工商联合出版社，2024.7. -- ISBN 978-7-5158-4045-1

Ⅰ.F272.92

中国国家版本馆CIP数据核字第2024JQ5563号

HR从零到精益：企业人力资源管理整体解决方案

作　　　者：	郭送斌　蒋俊鹏
出 品 人：	刘　刚
责任编辑：	胡小英
装帧设计：	周　琼
排版设计：	水京方设计
责任审读：	付德华
责任印制：	陈德松
出版发行：	中华工商联合出版社有限责任公司
印　　刷：	三河市宏盛印务有限公司
版　　次：	2024年8月第1版
印　　次：	2024年8月第1次印刷
开　　本：	710mm×1020mm　1/16
字　　数：	180千字
印　　张：	20.5
书　　号：	ISBN 978-7-5158-4045-1
定　　价：	78.00元

服务热线：010—58301130—0（前台）

销售热线：010—58302977（网店部）
　　　　　010—58302166（门店部）
　　　　　010—58302837（馆配部、新媒体部）
　　　　　010—58302813（团购部）

地址邮编：北京市西城区西环广场A座
　　　　　19—20层，100044

http://www.chgslcbs.cn

投稿热线：010—58302907（总编室）

投稿邮箱：1621239583@qq.com

工商联版图书

版权所有　侵权必究

凡本社图书出现印装质量问题，请与印务部联系。

联系电话：010—58302915

Preface 前言

消费市场的变化莫测，每天都充满了各种不确定性和挑战。中小企业如同航行在波涛汹涌的大海中的小船，需要不断调整自己的战略理念、盈利模式和管理模式，以期在时代的浪潮中找到自己的发展道路。在这个过程中，人才的作用显得尤为重要。然而，如何吸引并留住人才，如何在日常管理中避免人力资源覆盖不全面、人员流动大、权责不明晰、交叉管理导致执行力差等问题，成为了许多中小企业主头疼的问题。这时，了解并掌握人力资源管理的知识就显得尤为重要。

人力资源管理是企业管理中的重要环节，它是通过科学的方法和手段，对企业的人力资源进行有效的规划、配置、使用和发展，以提高企业的竞争力。然而，许多企业主对人力资源管理的理解并不深入，往往忽视了它在企业发展中的重要作用。实际上，良好的人力资源管理可以使企业的管理权限清晰、岗位职责明确、管理幅度适中、员工执行力强，从而降低人力成本，提高企业与员工的凝聚力和向心力。如果做得好，还可以使企业进入良性运转，并且在所有涉及"人才"的管理环节上为企业节约成本和提高人效及降低人事费用率。

本书是一部全面涵盖人力资源管理各个环节的实用指南，旨在为读者提供从基础理论到实践操作的全方位知识。作者凭借多年在人力资源领域的深耕和研究，将内容分为战略篇、实操篇、信息篇、和谐篇、发展篇五大部分。

战略篇阐述了人力资源管理应如何跟企业的整体发展战略保持一致，使读者对这一领域有整体的认识。实操篇聚焦人力资源管理的技巧和方法，帮助企业找到合适的人才。同时，关注员工能力的提升和职业发展规划，促进企业与员工的共同成长，提升组织效率和员工积极性。信息篇关注员工之间的沟通、冲突解决及企业文化建设，营造和谐的工作氛围。和谐篇从人力资源开发的角度，详细论述了如何促进企业员工的成长，如何促进团队的成长。同时，结合企业实际需求，在未来篇中讲解了如何使人力资源管理工作突破常规行政管理转型走向增值管理，更好地为企业健康发展保驾护航。

这五大篇立足于中小微企业主的视角，旨在帮助企业主解决人力资源管理中的各种问题，提供实用的工具和方法。

本书适合企业管理人员、人力资源从业者以及对人力资源管理感兴趣的读者阅读。阅读本书就可以掌握一套可落地、可执行的人力资源管理密码，从而更好地应对经济环境变化，更好地推动企业的发展。

Contents 目录

PART 1 战略篇｜走进人力资源规划

第1章 开疆拓土 战略先行 // 003

企业文化匹配人力战略 // 005

六步制定人力资源管理战略 // 006

案例1：解密华为如何制定企业人才战略 // 024

案例2：小米集团扁平化组织结构，打造商业生态 // 028

第2章 极往知来 高屋建瓴 // 031

概念先行，认识人力资源规划 // 032

精准预测，内外部人力需求 // 037

工具掌握，实践人力资源计划 // 047

案例：阿里巴巴在多变业务环境下的人力资源管理之道 // 052

第3章 躬身入局 老板掌舵 // 057

老板掌舵企业文化思维 // 058

案例：商界铁娘子董明珠打造高效企业文化 // 063

PART 2　实操篇　五大管理模块拆解

第4章　招兵买马——四步精准找到契合型人才　// 071

方向：招聘四大决策引擎　// 072

方法：打通招聘多条路径　// 077

工具：招聘工作三大抓手　// 081

标准：多维度评估招聘结果　// 089

案例：英特尔多管齐下拓展招聘渠道　// 091

第5章　选贤任能——四步实现可量化人效提升　// 095

方向：新常态下培训与开发认知　// 096

方法：分层推进培训&开发　// 103

工具：三项培训实施模型　// 111

标准：关注培训&开发三因素　// 116

案例：特变电工新员工职业规划　// 123

第6章　优胜劣汰——三步创建多维度评估体系　// 129

方向：科学制定绩效评估体系　// 130

方法：练好绩效管理能力　// 135

工具：绩效评估三大工具　// 142

案例：谷歌绩效管理模式　// 150

第7章　千金市骨——三步激发员工动能和潜力　// 157

构建合理的薪酬模式　// 158

薪酬兑现双路径　// 165

多场景福利给惊喜　// 177

案例：海尔的薪酬管理案例分析　// 184

第8章　激励配置——提升关键员工动能　// **189**

股权激励撬动关键力量　// 190

案例：联想集团股权激励走出新模式　// 194

PART 3　信息篇　构筑企业信息生态

第9章　优化信息流动生态　// **201**

信息流动与人效因素　// 202

打通信息与工作流程　// 209

案例：联想"透明鱼缸"的故事　// 219

第10章　打破隐形部门墙　// **223**

粉碎跨部门协作壁垒　// 224

源头管控灵活用工　// 228

案例：雅戈尔建立内外上下联系管理系统数字工程　// 232

PRAT 4　和谐篇　四招打造适配人才栖息的企业文化

第11章　招式一：提高员工敬业度　// **239**

筑梦：尽力提高员工敬业度　// 240

案例：周大福激活员工个体，成为最佳业务伙伴　// 247

第12章 招式二：激发员工自驱力 // **251**

安心：深挖员工四大怠工心态 // 252

案例：敏实集团打造"全人健康"员工幸福的理想国 // 254

第13章 招式三：凝练核心员工向心力 // **259**

榜样：凝练核心员工 // 260

案例：波司登以创新人才激励机制，促进产业升级 // 263

第14章 招式四：和谐的劳动关系 // **267**

场域：平稳化解劳资纠纷 // 268

案例：老乡鸡与员工同船共渡 // 272

PRAT 5 未来篇 企业进阶人力职能转型

第15章 角色一：宣传鼓动者 // **279**

员工关系润滑剂 // 281

案例：日本松下集团"口头表扬"文化 // 285

第16章 角色二：人力资本开发者 // **289**

给每个员工提供发展的机会 // 290

案例：美国礼来公司高级人力资源副总佩德罗·格拉纳迪罗的用人方式 // 292

目　录

第17章　角色三：职能专家COE　// 293

人力资源的专家赋能　// 294

案例：腾讯的COE十年磨砺出锋芒　// 297

第18章　角色四：战略合作伙伴HRBP　// 301

企业人力效能智囊　// 302

案例：通用汽车公司全球人力资源副总裁凯蒂·巴克利的
　　　HRBP案例　// 304

第19章　角色五：人力资源领导者　// 307

修炼卓越的领导力　// 308

案例：星巴克人力资源合伙人卡伦·福尔摩斯的领导力魅力　// 311

参考文献　// 315

PART 1

战略篇

走进人力资源规划

在当前的全球化背景下,商业环境的竞争愈发激烈。消费者的需求更加多样化、个性化,使得消费市场的不确定性和挑战不断增加。中小微企业,由于其规模相对较小、资源有限,面临着更大的生存压力和发展困难。人力资源管理是企业的核心竞争力之一,只有通过科学、有效地制定人力资源管理战略,提升员工工作效率和满意度,才能让企业在激烈的商业竞争中脱颖而出,实现可持续发展。

HR

第1章

开疆拓土　战略先行

现今的商业环境竞争激烈，消费市场充满诸多不确定性和挑战。中小微企业想要在残酷的商业环境中生存和发展，必须制定并实施有效的企业战略。人力资源作为企业的核心竞争力之一，其管理规划和实施对实现企业战略起着重要的作用。

那么，中小微企业人力资源战略管理与企业战略管理如何匹配，有哪些业务目标需要重点完成？

具体如下：

第一，把人力资源管理活动和顾客、股东的要求结合起来；

第二，提高企业运转调整强度，协助业务单位战略落地，以期对企业整体价值产生倍数效应；

第三，把企业定位为一个更为有效的竞争者；

第四，使企业的文化能力与其理想的市场、品牌特性一致；

第五，调动管理层和员工的热情与支持。

阅读本章，你将会掌握制定实用的人力资源管理战略方法论。同时，我们还会提供许多实操工具，让你能够把自己的想法付诸实践。我们的目的是，尝试"揭开黑匣子"，让你了解那些看似高深的东西，其实并不难操作。

企业文化匹配人力战略

现在,中小微企业面临诸多挑战,譬如全球竞争激烈、技术更新快、顾客选择多、股东要求高等现况。而且,企业内部还要减少官僚主义和低价值工作,提高员工的参与度和工作热情。否则,绩效做不好,失败随时而至。

最近,很多关于企业HR是否有任职能力的研究发现,对经营绩效影响最大的是基于企业文化的人力资源管理战略。因此,为了让企业能够发展和繁荣,企业文化的组织能力成为人力资源管理的核心。

基于企业文化组织能力的人力资源管理战略框架(图1-1),从认识企业外部的商业环境趋势开始搭建(包含顾客、投资者、管制者、竞争者、技术和全球化等),清晰地表述企业的竞争优势和评价标准。这样,才能确定是否要在这种环境中贯彻竞争战略和成功所需要的组织文化。最后,才能设计出能够创建必需的文化能力的人力资源管理活动。

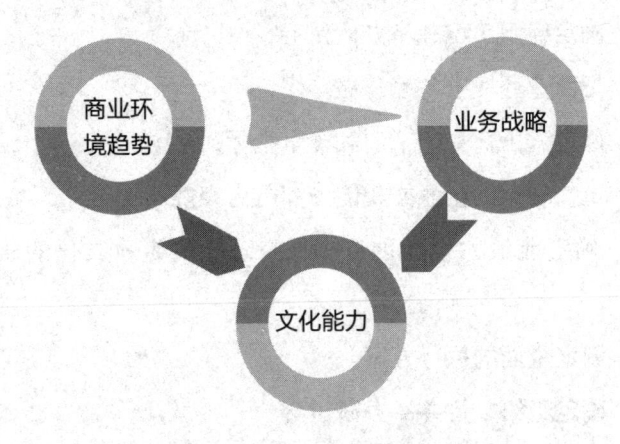

图1-1 基于企业文化能力的人力资源管理战略框架

这个逻辑很简单,但难在落地执行。

企业在经营过程会出现各种干扰源,打断战略框架逻辑流程,封锁市场以及业务战略。

这种干扰源来自多个方面：公司成功的历史会成为干扰源，曾经成功的企业文化，是否适用于未来；工会领导可能成为干扰源，他们说"要先重视我。如果还剩有时间和金钱的话，再拿去关注顾客"；销售顾问成干扰源，他们说"卖我不得不卖的东西，因为这是我必须得卖的"；甚至对竞争对手的关注也可能成为干扰源，因为关注其成功时很难抵制抄袭的诱惑。

这些干扰源，通常会被企业内部斗争而有效转移。甚至，会有高管因循利己封锁商业环境里的重要信息，最终导致战略搁浅。

六步制定人力资源管理战略

企业人力资源管理战略的制定，不是老板或高层拍脑门决定的，需要诸多部门不断研讨而出。我们从以下六个步骤来阐述：

第一步，确定组织单位并举办研讨会；

第二步，把商业环境中各趋势做排序；

第三步，确定竞争优势的来源和衡量指标；

第四步，定义理想的企业文化能力和行为表现；

第五步，确定能最大程度创造和保持理想的企业文化的人力资源管理活动；

第六步，制定全面的执行方案。

第一步：确定组织单位并举办研讨会

企业准备研讨会，首先要明确制定人力资源管理战略的部门，以此定义参加研讨会的相关人员和组织。参会人员最好汇集人力资源管理和直线管理方面的知识和经验，有助于克服集体审议的一些弊端，开阔视野，便于做出有效决策。

与会人员会前准备工作如下：

（1）**分析报告**：阅读有关本公司的4份分析报告（包括肯定报告2份，否定报告2份），若无分析报告，可找媒体发布的相关文章；

（2）**了解竞争者**：阅读主要竞争者的4份分析报告；

（3）**认知找平**：阅读1-2篇有关高附加值人力资源管理活动的文章；

（4）**内部调研**：企业HR与高管就本公司所面临的主要竞争挑战、重要利益相关者的倾向以及本公司须克服的主要弱点等进行调研。

研讨会最理想的参会人数是12-24个，分成3个小组讨论。举办形式可设计成反映企业主所想得到的那种战略。

基于高度多元化业务单位中的差异性大于相似性，且差异性应受到重视的假设，参会人员按所在业务单位集中坐在一起。而基于在讨论中相似性大于差异性且应当出现相似性的假设，参会人员可分散到各桌。

第二步：对商业环境中的各种趋势进行排序

我们为何一开始要分析商业环境呢？

因为，战略规划小组也会有主观臆断。商业环境变化莫测，曾经有效的战略现在可能不管用了，可能原有战略建立的基础是错的，甚至曾经在制定战略时忽略了财务、市场和工程方面的观点，这些重要的信息需要在分析商业环境中获得。

1. 趋势来源分析

研讨会的参与者需对外部商业趋势进行排序，来阐明它们在人力资源管理方面的含义：

（1）**分析经济环境**。分析经济环境对企业有何影响？客户对企业的产品或服务有何需求？这些问题能帮助企业评估需要招聘多少人、具备什么技能以及哪些业务部门会扩大、哪些会缩小。如此，HR才能合理地分配人力资源，创造和保持一种积极向上的企业文化。

（2）**分析顾客行为**。分析顾客在买东西时看重什么特点？搞清楚顾客的购买行为（如价格、服务态度、产品质量、交货周期、品牌口碑等），HR就知道公司需要什么样的员工了。

（3）分析供应商行为。分析企业和供应商的关系有什么特点？用顾客服务逻辑评估企业与供货商的关系。

（4）分析竞争环境。分析企业所面临的竞争程度、竞争基础是什么？竞争基础或状态发生什么变化？竞争环境激烈通常要求企业文化变得有效、精干和富有生产力，同时还要更加敏捷，提高创新速度、响应速度以及适应性。

（5）分析技术特点。分析企业的技术特点是什么？所在行业技术变化速度有多快？重点考虑流程、产品和信息三种技术。

（6）分析流程技术。需要大量团队协作的制造或服务活动（例如在丰田公司）需要有协作、信任和合作的文化。而强调个人努力的活动则需要一种个人主义的、个人主动性的自信文化。

（7）分析产品技术。当企业产品和服务的设计在迅速变化，则需要强调速度、敏捷和创造力的文化。如果是走向通用平台上的技术整合的，其文化必须强调协作和协同。

（8）分析信息技术。在技术环境中，信息交流的速度和幅度会导致企业发生空前动荡。这种企业文化需要快速变革和学习的能力，提前适应。

（9）分析政策。企业与政策管理者的关系是什么？从全球来看，由于关税的减少和国际贸易的增加，国家经济边界正在瓦解。在管制者影响减少和竞争激烈程度加剧的情况下，公司文化必须强调绩效、责任制、效率、服务和创新。

（10）分析股东。你的股东期望的是什么？正如本书第三章所阐述的那样，机构投资者越来越关注经济的无形价值，将无形价值与财务绩效一起作为作出买或卖决策的依据。

参加人力资源管理战略制定的人，在完成这10个环节的过程中，必须根据公司实际情况调整各环节的重要程度，在完成的过程中，必须对每个趋势进行选择和适当权衡。

2. 研讨流程

将研讨会分成三个小组进行，每个小组同时进行以下4个步骤：

（1）开会讨论，找出15-20条对公司业务有影响的外部因素；

（2）再从上述外部因素中找出3-4个进行深度分析；

（3）深度分析后，再将这3-4个外部因素划分轻重缓急，以总分100分为准，分别对每个外部因素打分，划分权重（参考表1-2）；

（4）把讨论结果形成报告，提交给全体会议的主席团，查看各小组讨论的结果有什么异同。

表1-1　环境趋势打分工作表

趋势	第1组	第2组	第3组	总计
	100%	100%	100%	100%

表1-2　环境趋势分析的工作表

环境趋势	总计
生产力创新和全球竞争给本行业造成巨大的成本压力	40
在全球范围内，尤其在中国，新竞争者正在进入本行业	30
由于要形成规模、市场准入和获得创新技术，建立伙伴和同盟关系变得越来越重要	20
有关业务的服务成分正在扩大	6
颠覆性技术带来了越来越多的威胁和机遇	4
	100%

第三步：确定竞争优势来源及衡量标准

研讨会上应当重点讨论公司的潜在优势，并判断哪些优势正在得到实现。

1. 优势的来源

可从以下12个因素，判断企业竞争优势的来源：

（1）创新。在新产品和服务的开发方面做得最好，不断改进现有流程和确定新的市场。

（2）准时交付。是否能将货物交付到顾客手中。在这方面顺丰物流、京东物流做得很好。

（3）便利。是否为顾客提供最便利的交易方式。例如，麦当劳公司、亚马逊网站。

（4）市场第一。在任何企业之前生产出新的、改良的或重新包装的产品或服务。例如，微软公司。

（5）质量。提供最符合顾客期望的产品或服务。例如，华为、娃哈哈。

（6）成本。提供最便宜的产品或服务。例如，沃尔玛公司。

（7）关系。与高度重视互动的顾客保持最令人满意的互动关系。例如，迪斯尼公司。

（8）兼并、收购和结盟。在确定、完成和整合能使公司业务联合起来的交易方面做得最好。例如，思科公司。

（9）协同。在业务迥异的业务单位之间分享知识和经验方面做得最好。

（10）品牌建设。在顾客心目中树立最有力的形象。例如，李宁、伊利。

（11）配送。拥有最优势的渠道，从而有效地防止竞争。例如，联合利华公司。

（12）服务。在售前、售中、售后提供最好的顾客支持。例如，万豪酒店。

这些竞争优势来源时常会重叠存在。例如，在万豪"服务"和"质量"同等重要，而在GE飞机发动机公司则不是一回事。

2. 优势衡量标准

除了对这12个竞争优势来源进行鉴别和排序外，还要明确选定的竞争优势是否能够实现，以下是几个衡量指标：

（1）准确地了解关键词，如质量、成本、市场第一等词的含义。在用确切的数字加以表示时，哪个词具有精确和准确的含义要了解。

（2）了解本公司现阶段经营状态，以及需要做什么改进。

（3）能够评价人力资源管理活动的效力。

（4）在人力资源管理与管理人员之间建立一种契约。作为对管理人员，为人力资源管理所投入的时间、精力以及金钱的回报，人力资源部应当保证在所选定的竞争优势衡量指标方面的未来绩效，会比其以往的绩效好。

表1-3是竞争优势衡量指标表，主要反映一家企业的整体运营能力。尽管收益性、市场份额以及重复业务等衡量指标非常重要，但在此表中并不能精准地揭示出特定的竞争优势来源。

表1-3 竞争优势衡量指标样本

序号	优势类目	衡量指标
一	创新	每时间单位的新产品数量
		新产品收入所占比例
		专利的数量
		顾客对创新成果的看法
二	市场第一	第一个提出概念和原型
		第一个在内部应用
		第一个在外部应用
		第一个盈利
三	协同	将公司价值观作为各下属单位价值观之和
		收入来自共同的活动
四	兼并、收购和结盟	预定目标的实现
		对公平与合作的理解
五	准时交付	准时交付的百分比
		从空货架到装满货架的滞后时间
六	配送	贴水货架空间的百分比
		将竞争对手阻止在外地市场的百分比
		能得到产品的人口的百分比

续表

序号	优势类目	衡量指标
七	质量	不合格退货的百分比
		六西格玛法
		顾客对质量的看法
八	服务	顾客对服务的看法
		从投诉到解决投诉的时间
		电话转接时间
九	便利	从运输到购买的距离
		协调时间
		顾客对交易成本的看法
十	成本	利润率
		公司一般管理成本
		管理层级的数量
十一	品牌建设	品牌认可及内涵属性
		品牌能给类似成分的竞争产品带来的额外费用
十二	关系	从打电话给某个关键顾客或政府部门到得到回应的时间
		从顾客调查所了解到的顾客忠诚度

3. 实操过程

研讨会上需要找出对企业有好处的竞争优势来源。

首先，明确4-5种企业成功所必需的竞争优势来源。然后，每个小组为最重要的优势来源打分，总分是100分。

之后，开会比较相同和不同的地方，选出企业要努力实现的竞争优势来源，详见表1-4。

接着，与会人员再分成小组，每个小组负责一个特定的竞争优势来源。然后确定3-4个衡量指标，看每个竞争优势来源是否能实现。

最后，全体会议讨论，去掉多余和不一致的衡量指标，整理出表1-4的表格，得出表1-5的结果。

表1-4 竞争优势总结

优势	衡量指标
1	1
1	2
1	3
2	1
2	2
2	3
3	1
3	2
3	3
4	1
4	2
4	3

表1-5 某公司的竞争优势图

竞争优势	权重	衡量指标
成本控制	27	1.收益比率 2.利润率 3.内部效率衡量指标
创新	25	1.有1年以内历史的产品所获利润的百分比 2.新专利与收入的比率 3.对创新成果的公开认可
关系	30	1.让顾客参与的产品开发创新的百分比 2.合资企业的预设目标 3.通过顾客调查所了解到的对关系质量的评价
市场第一	18	1.实现目标收益率的时间 2.来自先于竞争对手引入市场的产品的收入的百分比 3.让产品下生产线的时间

第四步：定义理想的企业文化能力和行为表现

文化管理通常由两个部分组成，一个是描述需要的文化，另一个是说明在这种文化中的人应该如何行事。

比如，当你参观完迪士尼的魔法王国时，你对迪士尼文化的描述可能是"友善"。但"友善"并不存在于迪士尼公司，它其实是存在于观察者心中的东西。你在迪士尼看到的不是员工的友善，而是他们的微笑、目光接触、准确回答问题、帮助迷路的人和逗孩子开心等行为。当你看到这些行为时，你认为这是一个友善的地方。

语言社会化把文化词汇和一系列行为联系在一起，当我们看到他人微笑、目光接触和回答问题时，就知道这些行为是"友善"的。同样的道理也适用于其他描述文化的词汇，比如合作、有进取心、创新、规范等，它们都代表着一系列行为。

描述文化的词汇是很强大的语言工具，能有效促进沟通，这些都是从其所代表的行为中提炼而出的。所以，要想严格地、全面地、具体地说明理想的文化，就要用形象有概括力的词汇和行为特征来描述。

1. 定义文化

近年来，企业的文化定义变得越来越让人摸不着头脑。公司也意识到，他们不可能做到面面俱到。我们在进行文化分析的时候，那些只专注于2-3个文化目标或支柱的企业，经营情况会好很多。

一个公司在一年或两年内，能理解和实践多少重要的企业文化？答案通常是：三样以内。如果超过三样，企业想要创造的文化特性越多，成功的可能性就越小。

定义企业文化是为了支持所选的竞争优势来源，并改善公司的业绩。也就是说，我们需要解决这个问题：根据我们的竞争优势衡量指标，我们需要什么样的文化，才能在未来取得比现在更好的绩效？

2. 研讨过程：文化规范

以下5个流程是我们认为能有效确定一种理想文化的流程。并可通过对它的修改，使之更适应你的企业逻辑和词汇。

（1）重新分组进行研讨，给每个小组指定一个已确定的竞争优势来源。

（2）准备一份最能反映支持那种竞争优势所必需的文化能力的词汇清单，详见表1-6。

（3）选定6种对本小组所指定的竞争优势中最为重要的文化能力，通过合并或排除,将它们固化为2-3套。

(4)开会确定1-3种最主要的文化能力清单。

(5)基于所选定的能力重新分组,进行差值分析以确定哪种能力最需要改进。

分析的方法是:确定5个等级(1—5),对每项能力进行评级,第1级为"不需要改进",第3级为"需要少许改进",第5级为"需要许多改进"。

表1-6 描述文化的词汇

有适应力的	有成本意识的	受过多种训练的	充满激情的	愿意承担风险的
积极进取的	有胆识的	机敏的	敏锐的	主动积极的
灵活的	有创造性的	个人主义的	及时的	简洁的
警觉的	果决的	有独创性的	迅速的	机智的
坚定自信的	训练有素的	积极尝试的	反应灵敏的	时尚的
勇敢无畏的	奋发努力的	创新的	实事求是的	立足于团队的
充满希望的	高效的	完整的	乐于接受的	顽强的
卓越的	快速的	亲近的	注重关系的	深思熟虑的
思维敏捷的	灵活的	富有创造力的	苛刻无情的	坚韧的
协作一致的	目标集中的	精干的	足智多谋的	不受阻碍的
获利为目的	友善的	机会主义的	响应迅速的	

3. 研讨过程:构建情节

接下来,我们可以玩一个叫作"行为情节构建"的游戏。

首先,描述一下三年后的一个理想场景,比如你建立了一个超级棒的公司文化,邀请好友来作客。你们边走边聊,你的朋友有点困惑地问:"你说公司里有既定的文化能力,但我没看到啊?"

这时,你注意到某位员工表现出的行为正体现了公司的文化。你兴奋地告诉朋友:"看那儿!你看到发生什么了吗?这就是我所说的公司文化!"

你的朋友好奇地问:"哦,那我应该看什么呢?"

于是你详细地描述了正在发生的事情，你的朋友瞬间就能看懂并欣赏你们公司的文化了。

在写这个游戏的时候，你应当记住以下3个原则：

（1）在描述中，充分描写情节。你提供的内容越详细越好。

（2）要明确，你的员工表现出理想行为的程度越高，则公司在实现其绩效目标和赢得竞争战役方面就越成功。

（3）描述特殊的、可观察的行为：员工在做什么，而不是在想什么或重视什么。

在这里，行动而非态度最重要。避免用文化词汇去描述文化意义比如，要说"进行目光交流和清晰、积极地回答问题"，而不说"友善和帮助人。"

基于上述3点原则，与会人员可完成下述工作：

（1）写下情节：让每一位与会者写下他们自己的情节。这有助于突出：谁在做什么？他们和谁一起做？他们在哪里？正在说或做什么？在这种情形下理想的结果是什么？接下去会发生什么？

（2）分享情节：让每个与会者在小组里大声朗读这些情节。注意，不要让与会者聚在一起进行原始剧情的团队创作，而是让他们独自做练习，然后在其团队中分享，这样就能得到更完整、更丰富的情节剧本。

（3）每个小组记录个人情景剧本中最有用和最有力的思想。我们通常建议用活动挂图来记录4-6种文化能力的具体行为。事例如下：

①"各个职能部门的人都通过公开的、共享的信息系统积极地、坚持不懈地跟踪了解顾客满意度和收益性，他们在业务计划和方案中表现这一点，采取行动去超越顾客的期望。"

②在开会时必须严格遵守既定的基本规则，包括合理分配会议时间，明确目标和任务，确认顾客、股东等会议参与者准时到场，关闭手机或将其调至静音状态，明确每个人的职责和分工等。

（4）召集全体会议，围绕每一个已选定的文化支柱，筛选最合适的行为，并将它们记录在表1-7的表格上。在各个小组分别报告完其行为情节之后，要问该小组所提议的行为是否会带来比公司现有情况更好的结果。几乎在所有的案例中，回答都会是底气十足的"是"。如果这个回答不够有底气，那有关小组就得再回去研讨。

表1-7 文化能力及相应行为清单

能力	行为
1	1
	2
	3
	4
2	1
	2
	3
	4
3	1
	2
	3
	4

4. 高绩效责任制

（1）人们积极地讨论备选方案，提出全面的大宗买进决策并严格执行。可选择的方案过多反而不是一种选择。

（2）人们定期从其主管那里得到有关绩效的反馈。需要改进的领域得到重点审核；所出现的肯定或否定的结果符合预定协议。

（3）人们定期直接得到改进指导，这对他们实现其目标是必不可少的。

（4）人们定期进行业务方案规划，包括描述绩效和非绩效的结果。

5. 快速创新与执行

（1）当遇到官僚主义的阻碍时，要立即明确并消除其根本原因。

（2）要对明确的目标达成一致，并确定截止时间。在制订计划时，应考虑可能影响绩效的各种因素，并与其直接主管达成共识，然后迅速且准确地执行这些计划。

（3）跨职能团队应由不同业务部门的成员组成，其目标是解决现有及预期的顾客问题。团队应定期开会讨论并解决顾客问题。

（4）跨职能团队应定期检查公司各部门的最佳实践，分享并利用内部及外部的最佳实践。一旦发现或设计出最佳实践，应立即通知其他部门。

6. 充满热情的协作

（1）积极向顾客了解其核心业务需求，认真倾听顾客的意见，解决其面临的问题或寻找扩大商机的机会。

（2）鼓励员工跨越组织边界，积极参与跨部门合作，根据其掌握的业务问题解决能力选拔进入决策团队，充分挖掘和利用不同背景和经验所带来的独特观点，以推动创新性解决方案的制定。

（3）组建团队时，注重选拔具备专业技能和知识的人才，充分整合团队成员的经验和智慧，制定具体的行动计划并设定完成时间。同时，定期召开进度检查会议，确保各项任务能够按时完成并及时提交报告。

（4）在跨业务部门的工作中，决策要着眼于整个公司的利益，鼓励员工以公司整体利益为重，推动各项任务的顺利完成，而不仅仅关注本部门的业绩。

第五步：确定将对创造和保持理想文化具有重大影响的人力资源管理活动

由于企业清楚地知道自己想要实现什么目标，以及为什么那样做。因此，与会者能进行实质性练习——设计最有可能让本公司取得成功的人力资源管理活动。

人力资源管理活动可以分成以下四个基本类别：

● 人员管理流程。招募、晋升、调动、向外安置，以及培训与开发（尤其是领导力开发）。

- 绩效管理流程。评价、奖酬以及跟进。
- 信息管理流程。使本组织始终了解重要的外部事实,管理内部沟通,以及设计信息技术基础建设。
- 工作管理流程。组织结构、工作流程设计,以及物质安排。

1. 目标的选择

人力资源部与各部门一样,承担着优化资源配置、提高工作效能的任务。日常工作中,我们需要明确哪些人力资源管理活动对营造和维持理想的企业文化和行为具有重要影响。尽管我们无法在短时间内做到面面俱到,但大部分公司在变革的强烈需求下,可以在短时间内迅速行动。

当然,在一两年的时间里,同时改革超过3-4种人力资源管理活动是不现实的。因此,在没有强烈的需求和足够的资源支持下,企业应该将目标集中在最关键的几项改革上。

2. 研讨过程

这阶段研讨的目标是检查本企业目前的人力资源管理活动,先回答以下两个问题:

(1)目前所有人力资源管理活动,哪一种是从清晰地建立理想文化的思路来设计和实施的?

(2)如果是,每一种人力资源管理活动在什么程度上,对建立理想的文化具有潜在的、强大的影响?我们提供了一张有用的工作表进行分析(表1-8)

表1-8 确定要改进的人力资源管理活动

人力资源管理活动	文化能力						重要性排序(第2列 X 第3列)
	现在与文化能力一致的程度(1=一致;3=不一致)			如果与实践一致,其影响如何?(1=低;3=高)			
人员招募	1	2	3	1	2	3	
晋升	1	2	3	1	2	3	

续表

文化能力						
人力资源管理活动	现在与文化能力一致的程度（1=一致；3=不一致）			如果与实践一致，其影响如何？（1=低；3=高）			重要性排序（第2列X第3列）
调动	1	2	3	1	2	3
向外安置	1	2	3	1	2	3
培训	1	2	3	1	2	3
开发	1	2	3	1	2	3
评价	1	2	3	1	2	3
奖酬	1	2	3	1	2	3
外部连通性	1	2	3	1	2	3
内部沟通	1	2	3	1	2	3
信息系统设计	1	2	3	1	2	3
组织结构	1	2	3	1	2	3
流程及工作设计	1	2	3	1	2	3
物质环境	1	2	3	1	2	3
领导力（2X）	1	2	3	1	2	3

表中第2列中的3个等级，说明目前人力资源管理活动与理想的文化能力之间的一致程度，具体标准如下：

（1）1=总体说来，该人力资源管理活动与理想的文化能力的目标是一致的。

（2）2=该人力资源管理活动有时候与理想的文化能力是一致的。

（3）3=该人力资源管理活动与理想的文化能力总是一致的。

例如，假设"快速创新"是既定的文化能力。以下问题能说明这种能力：

①招募。在进行人员招募时，企业在什么程度上是根据求职者快速创新的历史纪录来录用的？

②晋升。在进行人员晋升时，企业在什么程度上是根据其在快速创新方面的贡献来决定晋升的？

③调动。企业在什么程度上将员工到处调动，以便使他们能够体验快速创新的卓越角色模式和活动？

④向外安置。企业在什么程度上让员工离开其工作岗位或离开公司（如果他们没有表现出快速创新能力的话怎么办）？

⑤培训。企业在什么程度上采用正式培训以建设快速的创新能力？

⑥开发。企业在什么程度上采用在岗开发的方式去建设快速创新能力？

⑦评价。企业在什么程度上评价快速创新绩效，并为人们提供有关其快速创新绩效的反馈？

⑧奖酬。企业在什么程度上因快速创新而获得奖励？

⑨外部连通性。企业在什么程度上听取外部顾客和股东的意见，与他们讨论有关快速创新的重要性？

⑩内部沟通。企业的正式沟通手段（例如通信，高层管理人员的讲话，内部电视系统）在什么程度上传达了快速创新的重要性？

⑪信息系统设计。信息系统在什么程度上被设计的，能提供人们进行快速创新所必需的信息？

⑫组织结构。组织结构在什么程度上鼓励快速创新？

⑬流程及工作设计。工作流程在什么程度上被设计成鼓励快速创新的模式？

⑭物质环境。物质环境（办公室布局和标识）在什么程度上在鼓励快速创新？

⑮领导力。领导者在什么程度上能发挥有规律的、一贯的快速创新作用？

第3列中的3个等级说明了每一种实践活动的影响，承认每项活动具备某些方面能力的影响比对其他方面具备能力的影响更大

（1）1=如果该活动与理想的文化能力的目标一致，其可能有很小的影响或没有影响

（2）2=如果该活动与理想的文化能力的目标一致，其可能有中等程度的影响。

（3）3=如果该活动与理想的文化能力的目标一致，其可能有很大影响。

将第2列与第3列相乘，会得到有关该活动的指数，说明在这方面的投资将获得的最大收益。在这两列得分均为3分的活动，其指数为9，说明其正在被严重削弱，如果该活动曾得到过重视会产生很大的影响。

另一方面，那些相关性较差或者影响较小的活动将得到1分，被排到后面。

3. 企业在使用（表1-8）这个工具的时候，要实施以下六个步骤：

（1）对等级尺度作出解释并制作一个样本。

（2）分成若干小组，每个小组研讨一项既定的文化能力。

（3）在各小组里，讨论本公司目前在每个人力资源管理活动领域（见图表1-8）做些什么，对每项活动在第2列和第3列的得分得出一致意见。

（4）在全体会议上汇报小组讨论结果，然后共同确定，针对人力资源管理活动，企业需要关注和聚焦哪些关键领域。如果讨论发现需要改进的人力资源管理活动数量超出了企业所能承受的范围，就进行差距分析。相较于差距较小的活动，企业应更重视差距较大的活动。并在采取行动前，企业需要评估活动对公司或人力资源部门的意义有多大。

（5）基于选定的人力资源管理活动重新分小组。讨论为了建设你理想的文化能力，必须创造或改变什么创新活动。

（6）向全体会议报告，并提供一张图表（像表1-9），列出在每个人力资源管理活动领域必须发生的变革。

表1-9 关于所选人力资源管理活动的改进事项总结

人力资源管理活动	改进或变革
1	1
	2
	3
2	1
	2
	3
3	1
	2
	3

第六步：制定实施方案

在本阶段，实施方案是比较直截了当的，没有参加研讨会的人也会逐渐参与实施过程。但是，用研讨会的最后两到三个小时应当足以构建该方案的主要内容。

1. **关键问题**

以下6个问题，会议上必须得到解答：

（1）我们将做什么？

（2）谁担任领导？

（3）还必须让谁参与？

（4）什么时候必须提交中期报告？

（5）什么时候必须提交最终报告？

（6）谁拥有最终批准权？

2. **研讨过程**

全体会议可以直接从确定人力资源管理活动出发，进入到如何开展这些活动。在此过程中，我们将面临的问题转化为以下6个具体步骤：

（1）同意继续讨论被确定的活动，并确保所有参与者对活动的目标和预期结果有清晰的认识。

（2）决定由谁来负责把一般方法转化为具体的活动或政策。这个角色可以由人力资源部门的某位专业人士担任，或者由一位高级直线经理担任。

（3）确定其他参与方案制定过程的人，以及不参与方案制定的人。企业寻找具备技术技能的人才，他们应深入了解本企业的关键领域，热心参与规划工作，并拥有制定规划的职权。

（4）确定提交中期报告的日期。对于第一个报告而言，三个星期是最理想的时间。

（5）确定提交最终报告的日期。最终报告应在三个月内提交给适当的管理人员或人力资源管理团队。

（6）确定批准行动的权威人员。在大多数情况下，由于这个过程中产生的人力资源变革可能十分重要，因此应由高级直线经理来做最后决定。

在表1-10中所提供的表将可作为有效的最终决策记录表。

表1-10 行动方案表

活动	中期报告日期	完成日期	谁负责	谁参加

案例1：解密华为如何制定企业人才战略

企业战略作为企业长远发展的规划和方向，不仅对企业的决策和行动起着重要的指导作用，更是企业在复杂多变的市场环境中保持竞争力的关键。它是对企业未来发展方向的深刻洞察和明确规划，是企业在追求可持续发展过程中的核心指导思想。

华为作为一家全球领先的高科技企业，其成功背后离不开卓越的企业战略和人力资源管理。时至今日，华为的人力资源管理经历了四个阶段：

第一阶段是活下去——增长。这是华为初创时期的战略重心。在这一阶段，华为的人力资源管理主要关注企业的生存问题，通过引进和培养关键人才，确保企业能够在激烈的市场竞争中生存下去。

第二阶段是规范——全球化。在这一阶段，人力资源管理开始关注企业的规范化建设，通过建立完善的人才管理体系和激励机制，推动企业的快速增长。华为进入全球化阶段，人力资源管理不仅要关注企业内部人才的培养和管理，还要关注全球范围内的人才引进和整合。通过吸引全球优秀人才，为企业的全球化战略提供有力的人才保障。

第三阶段是超越——领先。华为的人力资源管理策略更加注重创新和变革，通过引领行业的人才趋势，吸引和保留顶尖人才，推动公司在技术和市场方面保持领先地位。

第四阶段是自我升华。人力资源管理在满足企业现阶段发展需求前提下，还要关注企业的未来发展。通过不断创新人才管理模式和激励机制，为企业培养更多的领导者和创新者，推动企业的持续发展和创新。

纵观华为的发展历史，其中人力资源部门始终扮演着举足轻重的角色。每个阶段，随着企业战略和市场环境的变化，人力资源部门都需承担不同的使命，以确保公司能够稳健发展并持续创造卓越业绩。

人力资源部存在的意义并非仅仅在于完成了多少琐碎的事务，而更在于其为企业带来的实质性成果。这些成果体现在多个层面，包括企业的财务绩效，还涵盖了客户满意度、投资者回报和员工满意度等关键指标。

事实上，华为的HR三支柱模式的构建并非一蹴而就，而是经历了多年的探索与实践。从2008年正式提出HRBP（人力资源业务伙伴）运作模式的实践开始，到2009年，华为开始正式落地推动三支柱模型，即人力资源的三大支柱：HRBP、HRSSC（人力资源共享服务中心）和HRCOE（人力资源领域专家中心）。这一模型的构建，使得人力资源部门能够更好地与业务部门协同，提供更为精准和高效的人力资源服务。

经过多年的努力，到2013年，华为基本完成了人力资源的转型。这不仅是人力资源变革升级的自然结果，也是华为在人力资源管理领域不断创新和进取的体现。

华为HR三支柱的核心是坚持"以客户为中心，以需求为牵引"的战略导向。这种导向不仅贯穿于整个组织的人力资源管理实践，更是华为HR工作的核心理念。华为坚信，只有深入了解并紧密围绕客户需求和业务需求，才能确保组织的长远发展和持续成功。

在华为的人力资源管理架构中，HRBP（人力资源业务伙伴）作为业务部门的合作伙伴，不仅深入了解业务需求，而且能够基于这些需求制定相应的人力资源解决方案。确保人力资源的配置、开发和管理与业务需求紧密相连，从而实现业务目标。与此同时，COE（人力资源专家中心）在华为HR三支柱中发挥着专业化支撑的作用。COE专注于人力资源领域的专业知识和技能，为整个组织提供高质量的人力资源咨询和解决方案。而以服务为导向的SSC（共享服务中心），则通过集中化的服务流程和高效的运营管理，为企业提供更高效的人力资源服务。

华为的HR三支柱模式的优势在于：

1. 提高人力资源管理的效率和专业性

将人力资源管理专业分工，每个角色都负责各自的专业领域，能够更好地解决复杂的人力资源问题。同时，技术专家还可以通过技术手段提高工作效率，提高人力资源管理的效率。

2. 优化人力资源管理的流程

通过HR三支柱模式，人力资源管理的流程更加清晰、规范和有效。HR专家负责设计和优化人力资源管理流程，服务专家负责执行和反馈，技术专家负责技术支持。

3. 提升员工体验和满意度

HR三支柱模式注重员工的需求和反馈，通过技术专家的支持，提供更高效、便捷的人力资源服务。同时，服务专家和HR专家与员工之间的沟通和协作也得到了加强，提升了员工的满意度和参与度。

4. 为企业战略的实现提供有力支持

HR三支柱模式能够更好地理解和支持企业的战略目标，为企业的发展提供人才和技术支持。同时，通过对人力资源的精细化管理，实现人力资源与企业战略的紧密结合。

华为对业务的交付意识显得尤为突出。这种端到端的交付理念，从客户需求端出发，直至满足客户需求端，确保了华为能够为客户提供全面、高效的服务。端到端的交付不仅要求速度快，更要求质量高。华为为了更好地实现端到端的交付，华为对业务流程和组织架构进行了深入的优化和升级。

首先，传统的基于职能设置的职位概念已经无法满足新的业务需求。因此，华为开始尝试将多种职位组合成一种新型职位。例如，通过设立全流程的项目负责人或小组长，使其能够掌握处理相关问题的多种技能，并在其管辖范围内拥有决策权。这样的变革不仅降低了管理费用，还大大提高了对客户的反应速度，使华为能够更好地满足客户的需求。

其次，华为还打破了业务流程中传统的线性工作方式。通过实行非线性管理，华为能够使多种工作得以同时开展，进一步提高了工作效率。

同时，对于管理过程中的检查点和控制点，华为也进行了重新设计。通过前移关键控制点，最大限度地减少了非增值的检查和控制工作，从而有效提升了交付质量，并驱动了目标的达成。

然而，成为端到端的解决方案提供商，最大的挑战并非来自于技术和流程，而是软实力。这包括企业的文化、价值观、领导力等多个方面。华为深知，只有具备了强大的软实力，才能真正实现端到端的交付，为客户提供卓越的服务。

华为HR三支柱的核心思想就是共享交付，这一理念贯穿于公司的各个层面和业务领域。通过为客户提供端到端的服务，华为不仅展现了自己的核心竞争力，更赢得了客户的信任和忠诚。

案例2：小米集团扁平化组织结构，打造商业生态

随着数字时代的飞速发展，互联网已经从一个新兴的技术工具逐步演变为推动商业革新的强大引擎。它不仅重塑了信息传播的方式和销售渠道，更对供应链管理及整个价值链的结构产生了深远影响。在这一时代背景下，对于众多传统企业来说，拥抱互联网化转型不仅是顺应时代潮流的必然选择，更是其生存与发展的关键所在。而在这场转型的征途中，组织变革显得尤为重要。

在众多成功实现互联网化转型的企业中，小米凭借其独特的管理哲学和高效的运营模式脱颖而出，成为业界的佼佼者。作为一家全球知名的科技企业，小米自成立以来，始终坚持扁平化管理的核心理念。这种理念的核心在于通过减少管理层级，缩短管理链条，提高组织的效率和灵活性，从而在激烈的市场竞争中抢占先机。

小米的扁平化管理实践主要体现在以下几个方面：

1. 对组织结构进行了彻底的优化

它围绕"做爆品""做粉丝""做自媒体"的运营战略，将组织结构高度扁平化。这种结构以小米CEO雷军直接领导的核心团队为最高一级管理，中间是各个部门主管，最基层是直面消费者的员工。这种简化的层级关系使得决策过程更加迅速和高效，避免了传统组织结构中常见的冗余和低效问题。

2. 决策权下放，缩短中层管理者在处理日常事务上的时间

在小米，基层员工被赋予较大的自主权，能够快速响应市场变化和客户需求。这种管理方式不仅提高了决策效率和灵活性，还增强了员工的责任感和主动性。

3. 提高信息传递的效率

通过减少中间层对信息的弱化和流失,小米确保了信息在公司内部流通的顺畅性。通过内部通信软件、线下活动等各种渠道,小米确保了员工的想法和意见能够直接传达至决策层,从而实现了信息的透明和快速流通。

4. 团队协作方面,扁平化管理也发挥了重要作用

小米打破了传统层级制度的束缚,鼓励员工跨部门协作,打破部门间的隐形壁垒。同时,通过各种项目和团队活动,小米加强了团队合作的培养,促进了员工之间的交流与合作。这种团队协作的方式不仅激发了员工的创造力,还大大提高了工作效率。

5. 激励机制的设计也是小米扁平化管理成功的关键之一

通过合理的激励机制,小米激发了员工的积极性和创造力。它采用多种激励方式,如股票期权、绩效奖金等,并采取了比市场高20%～30%的薪水标准来吸引和留住人才。同时,小米去掉了传统企业在用的KPI、考勤等管理手段,而是将员工的业绩考核与用户反馈直接挂钩。这种激励方式不仅提高了员工的工作投入度,还激发了他们的潜力。

6. 在产品开发流程中,小米也非常注重快速迭代和用户反馈

它坚持以用户需求为导向的产品开发策略,将整个组织的资源聚焦在打造让用户尖叫、有参与感的爆品上。通过敏捷的开发流程,小米大大缩短了产品上市时间,并能够迅速做出调整以适应市场变化。这种反应速度让小米在激烈的市场竞争中始终保持领先地位。

7. 市场反应速度也是扁平化管理的重要优势之一

通过基层员工对分散、碎片化用户消费习惯的掌握,小米能够快速地向上反馈市场变化。围绕用户需求,小米迅速调整产品战略,快速响应市场变化。这种反应速度让小米能够敏锐地捕捉市场动向,并始终抓住机遇保持行业领先地位。

8. 在人才选拔和培养方面,小米也采取了扁平化管理的理念

通过内部培训、导师制度等多方位的培训方式,小米不断提升员工的素

养和技能，培养他们的创新精神和实践能力。同时，小米还提供了良好的职业发展空间，为公司的持续发展提供了可靠的人力保障。

总之，组织变革对于传统企业的互联网化转型至关重要。而小米通过实施扁平化管理不仅实现了高效管理和业绩增长还构建了互联网生态圈达成了企业转型升级的重要一步。这一成功的实践对其他企业具有重要的借鉴意义。然而，组织变革并非一蹴而就的，它需要企业在内部文化的塑造、员工心态的转变以及激励机制的设计等多方面进行综合考虑和规划。只有这样企业才能真正实现互联网化转型并在激烈的市场竞争中立于不败之地。

HR

第 2 章

极往知来　高屋建瓴

概念先行，认识人力资源规划

人力资源规划（HRP）作为企业人力资源开发与管理的重要工作，需要制定符合企业自身发展的人力资源计划。

1. 什么是人力资源计划

人力资源计划是指为了达到企业的战略目标与战术目标，根据企业目前的人力资源状况，为了满足未来一段时间内企业的人力资源质量和数量方面的需要，决定引进、保持、提高、流出人力资源的可作的预测和相关事项。

人力资源计划的类型主要有：人事计划、人力资源计划、战略人力资源计划和战术人力资源计划。

（1）人事计划。也称劳动力计划，主要工作内容涉及员工的招聘和解雇，是非常传统的人力资源规划。由于没有重点考虑人力资源的保留与提高，因此很难达到企业的目标。因此，在现代企业中较少运用。

（2）人力资源计划。作为现代人力资源规划，它需要全面考虑企业的需求，关注企业人力资源的引进、留存、提高和流出四个环节，才能较好地达成组织目标。

（3）战略人力资源计划。企业为了长远发展，考虑各种宏观因素后，为达到企业的战略目标而制定的3年以上的人力资源计划。在一个战略人力资源计划中常常包含若干个战术人力资源计划。

（4）战术人力资源计划。企业为了目前的发展，较多地考虑微观的影响因素，以此达到企业的战术目标而制定的3年以内的人力资源计划。通常也称之为年度人力资源计划。

一般认为，人力资源部负责制定人力资源计划。其实不然。制定人力资源规划涉及企业高层管理人员其他职能部门管理人员以及相关的管理专家。各有关人员在制定人力资源计划中的作用请见表2-1。

表2-1　制定人力资源计划中各相关人员作用表

制定人力资源计划的项目	高层管理者	其他职能部门经理	人力资源部门	相关专家
制定企业战略目标	√			√
制定企业技术目标	√	√		
制定人力资源目标	√	√	√	√
收集信息		√	√	
预测内部HR需求		√	√	
预测外部HR供应			√	√
预测内部HR供应			√	
分析企业HR现状	√	√	√	
制定企业战略HRP	√		√	
制定企业战术HRP		√	√	
实施HRP	√	√	√	
收集HRP实施反馈信息		√	√	

制定战略性人力资源计划的时间安排并非固定不变的，通常在企业战略目标得以明确并掌握了充足信息之后，才开始着手制定。通常情况下，该计划在制定后三年进行一次修订。

年度人力资源计划的制定工作当然每年都要进行。为了获得足够的反馈并确保更准确地执行，许多大型企业通常在当年的十月份就开始启动下一年度人力资源计划的制定工作。该计划一般在当年的十月份完成制定，并留有两个月的时间用于沟通，以利于该人力资源计划的顺利实施。

2. 人力资源计划的模型

为了更好地了解人力资源规划的内容与步骤，我们可以先了解两个相关的模型。

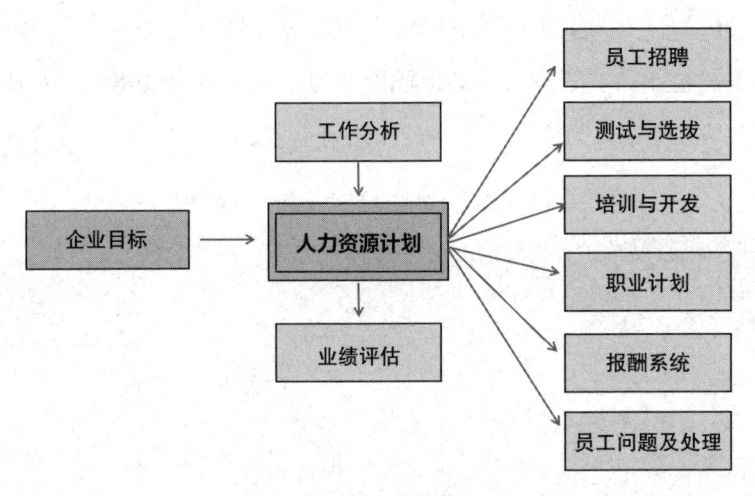

图2-1　人力资源计划模型

根据图2-1所示的人力资源计划模型，我们可以明确以下几点：首先，人力资源计划的制定必须以企业发展目标为基础，主要任务是确保企业目标的实现。其次，人力资源计划还需要依赖于工作分析和业绩评估。这两项工作对于制定一份理想的人力资源计划至关重要。

进一步观察人力资源规划的内容模型，可以看到一份完善的人力资源规划应包含员工的招聘、测试与选拔、培训与开发、职业的规划、报酬系统以及员工问题的处理等多个领域。这意味着人力资源规划不仅关注员工的选拔和招聘，还重视员工的培训和发展，以及解决员工面临的问题。这些方面都是企业实现可持续发展的重要因素。

人力资源计划的步骤模型（详见图2-2）显示，人力资源计划共分为七个步骤：确立目标、收集信息、预测人力资源需求、预测人力资源供应、制定人力资源计划、实施人力资源计划和收集反馈信息。

```
确立目标 ──→ 收集信息 ──────────→ 预测人力资源需求
                                              ↓
                                        预测人力资源供应
                                              ↓
收集反馈信息 ←── 实施人力资源计划 ←── 制定人力资源计划
```

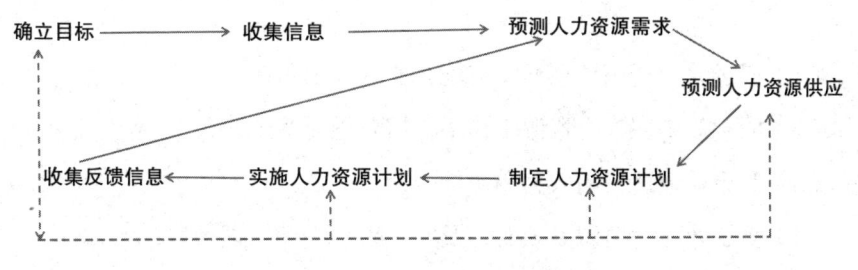

图2-2 人力资源计划的步骤模型

（1）确立目标。人力资源规划的第一步主要根据企业的目标来制定。这一步相当重要，一旦做错了，以下的每一步再好也没用。因此，要十分谨慎地确立目标，使它真正地符合企业目标。

（2）收集信息。根据已确立的目标，广泛收集外部和内部的各种有关信息。

①外部信息主要包括：宏观经济发展趋势、本行业的发展前景、主要竞争对手的动向、相关技术的发展、人口情势、社会发展趋势、劳动力市场的趋势、政府政策法规、风俗习惯演变等。

②内部信息主要包括：企业发展规划、企业流动人员的趋势、人力资源成本的发展、岗位演变等。

（3）预测人力资源需求。根据收集来的信息，可以预测人力资源的需求。

（4）预测人力资源供应。根据收集来的信息，也可以预测人力资源的供应。

（5）制定人力资源计划。在预测的基础上，制定出具体的适合企业发展的人力资源计划，这是很重要的步骤。

（6）实施人力资源计划。只有通过这一步骤才能实现原先确立的目标。

（7）收集反馈信息。最后一步是常被忽视的重要步骤。收集到的信息可以知道在前面的几个步骤中有无问题，以利于及时修正。

3. 人力资源计划的意义及其影响因素

对于企业的人力资源开发与管理来说，人力资源规划具有十分重要的意义：

（1）通过人力资源计划切实实施企业的发展目标；

（2）明确规定在人力资源工作中，需要做哪些工作；

（3）为企业做适当的人力资源储备；

（4）当企业人力资源紧缺时，及时提出引进和培训预警；

（5）明确管理层与员工对人力资源开发与管理的目标，并达成共识。

影响人力资源计划的因素有如下几个方面：

（1）宏观经济剧变。例如：地区性的金融危机，人口流动迅速增加，等等。

（2）企业管理层变更。企业由于高层管理人员的变化，会使企业的战略目标发生变化，进而影响到企业的人力资源计划。

（3）政府的政策法规。政府由于各种需要，制定、修订或取消一些政策法规，进而影响到企业的人力资源规划，例如：外来人员的用工制度、工资最低限制线、员工的保险制度，等等。

（4）技术创新换代。市场的竞争极大地推动了技术发展，电脑的广泛使用，以及一些新技术的推广会出乎人们的预料，这样会改变企业中原来的人力资源需求与供应，进而影响人力资源计划。

（5）企业的经营状况。一旦企业的经营状况不佳，或者明显好于预期，也可能影响到企业的人力资源计划。

（6）企业的人力资源部门人员的素质。一个企业的人力资源计划在一定程度上反映了该企业人力资源部门人员的素质。

精准预测，内外部人力需求

企业要制定一份既具有前瞻性，又具有实用性的人力资源计划，事前进行人力资源需求与供应的预测必不可少。

1. 人力资源需求预测

人力资源需求预测必须在收集信息时进行，其实这也是分析信息的一种方式，人力资源需求预测主要有以下一些方式：

1）总体需求结构分析预测法

总体需求结构分析预测法可以用下列公式来表示：

$$NHR = P + C - T$$

NHR指未来一段时间内需要的人力资源；P指现有的人力资源；C指未来一段时间内需要增减的人力资源，如果未来一段时间内由于业务发展，C就是正的；如果未来一段时间内由于业务萎缩，C就可能是负的；T是指由于技术提高或设备改进后节省的人力资源。

> 例如：某烘焙企业目前员工是300人，在三年后由于业务发展需要增加150人，但由于技术提高后可以节省30人。
>
> 即：P=300, C=150, T=30，可得：
>
> NHR（三年后需要的人力资源）= 300+150-30=420（人）

2）人力资源成本分析预测法

人力资源成本分析预测法是从成本的角度进行预测，其公式如下：

$$NHR = TB/[S+BN+W+O) \times (1+a\% \cdot T)]$$

NHR是指未来一段时间内需要的人力资源；TB是指未来一段时间内人力

资源预算总额；S是指目前每人的平均工资；BN是指目前每人的平均奖金；W是指目前每人的平均福利；O是指目前每人的平均其他支出；a%是指企业计划每年人力资源成本增加的平均百分数；T是指未来一段时间的年限。

例如：某科技企业三年后人力资源预算总额是500万元/月，目前每人的平均工资是2000元/月，每人的平均奖金是300元/月，每人的平均福利是760元/月，每人的平均其他支出是100元/月。公司计划人力资源平均每年增加6%。

即：TB=5 000 000，S=2 000，BN=300，

W=760，O=100，a%=6%，T=3

NHR（三年后需要的人力资源）

=5000000/[（2000+300+760+100）×（1+6%×3）]=1867（人）

3）人力资源发展趋势分析预测法

人力资源发展趋势分析预测法和人力资源成本分析预测法有相似之处，前者着眼于发展趋势分析，后者着眼于人力资源成本分析。人力资源发展趋势分析预测法的公式如下：

$$NHR=a \cdot [1+(b\%-c\%) \cdot T]$$

NHR是指未来一段时间内需要的人力资源；a是指目前已有的人力资源；b%是指企业计划平均每年发展的百分比；c%是指企业计划人力资源发展与企业发展的百分比差异，主要体现企业在未来发展中提高人力资源效率的水平；T是指未来一段时间的年限。

例如：某互联网企业目前的人力资源是600人，计划平均每年以16%的速度发展，计划人力资源发展与企业发展的百分比差异是10%，三年后需要多少人力资源？

即：a=600，b%=16%，c%=10%，T=3

NHR（三年后需要的人力资源）

=600×[1+（16%-10%）×3]=708（人）

4）人力资源学习曲线分析预测法

人力资源学习曲线分析预测法包括两部分内容：生产率预测法和进步指数预测法。

生产率预测法的公式是：

$$NHR = TP（生产总量）/XP（个体平均生产量）$$

例如：一家制造业设备销售公司计划明年销量20 000 000元的产品，每个推销员平均每年销600 000元产品，那么明年需要多少推销员？

根据公式：NHR = 20000000/600000 = 33（人）

5）进步指数预测法

每个人的效率由于个人的经验不同会有变化，因此，加上进步指数而得出一条学习曲线可以更加精确地预测人力资源的需求，见图2-3。

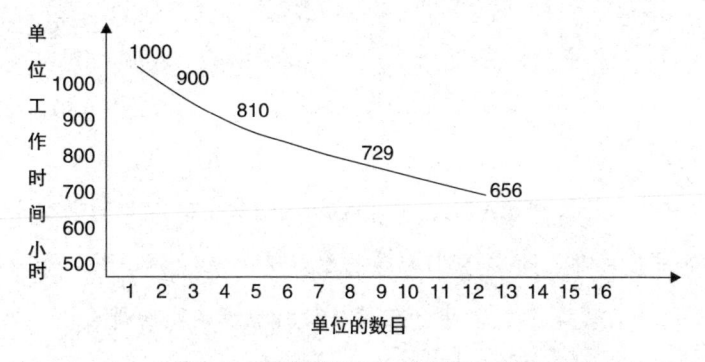

图2-3 进步指数为0.90的学习曲线

从图2-3可以看出，如果我们把单位设定为年，那么完成同样的工作任务，只有一年推销经验的推销员需要1000小时，而有16年推销经验的推销员只需

656小时，后者的效率与前者的效率相比提高了：（1000-656）÷1000 =34.4%。这样我们可以更精确地预测人力资源的需求，进步指数一般在0.80-0.90之间。

2. 人力资源内部供应预测

我们进行了人力资源需求预测后，要开展人力资源供应预测。首先做人力资源内部供应预测，应用方法如下：

1）内部员工流动可能性矩阵图

企业内部员工每年都在流动，了解了流动的趋势就可以知道人力资源内部可能的供应量，具体方法详见表2-2。

表2-2　员工流动可能性矩阵图

工作级别		终止时间								流出	总量
		A	B	C	D	E	F	G	H	I		
起始时间	A	1.00									—	1.0
	B	0.17	0.78								0.05	1.0
	C		0.22	0.76	0.1						0.1	1.0
	D		0.01	0.23	0.72						0.04	1.0
	E				0.23	0.65	0.02				0.10	1.0
	F					0.21	0.67	0.07			0.05	1.0
	G						0.20	0.49	0.01		0.30	1.0
	H						0.02	0.15	0.74		0.09	1.0
	I								0.30	0.50	0.20	1.0

表2-2中，工作级别从A到I，其中A最高，I最低。起始时间如果是前年，终止时间如果是去年，那么这张矩阵图就是员工流动调查图，如果起始时间是今年，终止时间是后年，其中的数据一般根据调查图而得出。

小框中的数字是百分比，例如：AA为1.00是指在这个时间段内最高工作级别的人员未流动；BB为0.78，是指在这个时间段内，这个级别的人员留住78%，其中17%晋升到A岗位，5%流出企业，以此类推。

从矩阵图中，我们可以看出员工流动的趋势，例如，G岗位上流走的人最多，占30%；其次是I岗位，占20%；D和H两岗位只有晋升，没有降级；C和E两岗位晋升比例较大，但有降级。

2）马科夫（Markov）分析矩阵图

马科夫分析矩阵图与流动可能性矩阵图有相似之处，但前者更清楚一点，马科夫分析矩阵图的上半部分与流动可能性矩阵图完全相同，只是多了下半部分的现任者应用矩阵。

从现任者应用矩阵来看，A岗位原有员工35人到了AA便只有25人（35×70%≈25人）；到了AB便只有4人（35×10%≈4人）；到了AC便只有2人（35×5%≈2人）；流出人数为4（35×15%≈4人），以此类推。

表2-3 马科夫分析阵图

终止时间→		流动可能性矩阵				
		A	B	C	D	流出
起始时间	A	0.70	0.10	0.05	0.00	0.15
	B	0.15	0.60	0.05	0.10	0.10
	C	0.00	0.00	0.80	0.05	0.15
	D	0.00	0.00	0.05	0.85	0.10
		现任者应用矩阵				
		原有员工人数	A	B	C	D	流出
A		35	25	4	2	0	4
B		28	5	17	2	3	3
C		42	0	0	34	3	7
D		25	0	0	4	22	3

根据马科夫分析矩阵图，企业就可以很清楚地看出在终止时间时，各工作岗位的在岗和流出人数。

3）技术调查法

技术调查法是为了追踪员工的工作经验、教育程度、特殊技能等与工作有关的信息而设计的一套系统。表2-4是一张典型的技术调查表。其中的信息可以根据企业的不同需要而修改。

表2-4 技术调查表

技术调查表				
姓名：李华		性别：男	出生年月：1961年7月	
工号：9535		部门：财务部	填表日期：2022.7.4	
关键词			教育程度	
词	描述	活动	学位	专业	年份
1.会计	税务会计	监督和分析	1.MBA	工商行政管理	1996
2.簿记	一般总账	监督	2.ME	经济学	1986
3.审计	电脑记录	分析	3.BS	数学	1983
工作经验			受训经历	
1985–1989	在A商店任会计主管		1.《管理技能》		1994
1989–1996	在B工厂任财务经理助理		2.《对卓越的投资》		1995
1996–现在	在C银行任审计部经理		3.《应用电脑》		1996
学术团体：中国会计协会、中国管理协会			专业证书：中国注册会计师 1996	
外语：英语（流利）、日语（能阅读）			曾工作、居住地点：北京、福州、厦门	
兴趣爱好：桥牌、乒乓球、保龄球				
备注：				
员工签名：		直属上级签名：	人力资源部签名：	

运用技术调查法可以知道企业内人力资源供应的状态，主要作用如下：

（1）评价目前不同种类员工的供应状况；

（2）确定晋升和换岗的候选人；

（3）确定员工是否需要进行特定的培训或发展项目；

（4）帮助员工确定职业计划与职业途径。

4）继任卡法

继任卡法就是运用继任卡来分析和设计管理人才的供应状态。详见表2-5。

表2-5 继任卡

A				
B				
C		D		E
C1	1	D1	B1	A1
C2	2	D2	B2	A2
C3	3	D3	B3	A3
Ce	紧急继任者		De	Be

表2-5中的继任卡，1、2、3分别代表三位继任者。

A填入现任者晋升可能性：A1、A2、A3分别填入三位继任者晋升的可能性。用不同颜色填入不同等级：甲（红色）表示应该立即晋升；乙（黑色）表示随时可以晋升；丙（绿色）表示在1-3年内可以晋升；丁（黄色）表示在3-5年内可以晋升。

B填入现任者的职务：B1、B2、B3分别填入三位继任者的职务。

C填入现任者的年龄：C1、C2、C3分别填入三位继任者的年龄，只是为了考虑何时退休之用。

D填入现任者姓名：D1、D2、D3，分别填入三位继任者的姓名。

E填入现任者任现职的年限。

继任卡的运用，是为了更好地满足管理人员，尤其是高级管理人员的供应，企业应该运用继任卡，称之为替补图（见表2-6）

表2-6 替补图

乙（黑）			
销售副总经理			
50岁	吴伟		5年
45岁	1	周新	销售部经理	乙（黑）
41岁	2	朱明	市场部经理	丙（绿）
36岁	3	陈东	销售助理	丙（绿）
45岁	紧急继任者	周新	销售部经理

乙（黑）					丙（绿）			
销售部经理					市场部经理			
45岁	周新		7年		41岁	朱明		4年
36岁	1	陈东	销售助理	乙（黑）	42岁	1	贺春	市场助理	乙（黑）
40岁	2	林明	东区经理	乙（黑）	35岁	2	苏伟	广告经理	丙（绿）
38岁	3	叶晓	西区经理	丙（绿）	32岁	3	季海	品牌经理	丙（绿）
42岁	紧急继任者	贺春	市场助理		36岁	紧急继任者	陈东	销售助理

由于继任卡的制定，企业不会由于某个人的离去而使工作受到太大的影响。另外，以组织突围基础的替补图有利于调动员工的积极性。当然，继任卡也可以显示某些员工需要经过一段时间的培训和实践才能晋升，这样有助于员工的提高又有助于晋升人员的高水准。

3. 人力资源外部供应预测

人力资源外部供应预测在某些时候对企业制定人力资源计划十分重要。而人力资源外部供应预测受到的影响因素又较广泛而且不易控制，因此应该引起足够的重视。

1）相关概念

在收集人力资源外部供应的信息时，涉及一些概念，主要有：公民劳动力、劳动力储备、劳动力参与率、失业率，等等。

（1）公民劳动力（CLF）是由所有十八岁以上的公民组成。不包括军人，也不包括放弃寻找工作的病残者，当然也不包括在押犯人。

（2）劳动力储备（LR）是由十八岁以上，暂时不寻找工作的公民组成，他们主要包括在校学生、全职家庭主妇（或男）以及退休人士。在紧急情况下，或在适当的鼓励下，这些人员会变成劳动力。

（3）劳动力参与率（LPR）是指目前劳动力占全部工作年龄群的百分比。LPR往往根据不同群体来分别计算。例如：男性、女性、20~30岁的男性、大学本科以上的女性，等等。

（4）失业率（UR）是指正在寻找工作的人员与正在工作的人员的百分比。UR高即意味着劳动力市场较充裕，企业聘用人力资源将较容易；UR低即意味着劳动力市场较紧张，企业聘用人力资源将较困难。

2）劳动力市场

企业做人力资源外部供应预测，必须考虑劳动力市场这个重要因素。

（1）劳动力市场，也称人才交流市场，是指劳动力供应和劳动力需求相互作用的场所。通俗地讲，劳动力市场就是指员工寻找工作、雇主寻找员工的场所。目前传统的劳动力市场正在逐步被各种网络招聘平台所替代。

（2）劳动力市场对预测的影响。劳动力市场对企业的人力资源供应的预测有十分重要的影响，主要涉及以下方面：

① 劳动力供应的数量；
② 劳动力供应的质量；
③ 劳动力对职业的选择；
④ 当地经济发展现状与前景；
⑤ 雇主提供的工作岗位数量与层次；
⑥ 雇主提供的工作地点、工资、福利等。

3）人口发展趋势

人口发展趋势对人力资源供应预测有着重要影响。我国人口发展有以下一些趋势。

（1）人口绝对数增加较快。

（2）老年人口比例正逐步增加。主要得益于我国医疗条件不断改善和营养状况显著提高，为人均寿命延长打下基础，很多城市已步入老年化行列。

（3）男性人口的比例增加。由于种种因素，使我国的男性人口的比例比以往有所提高，如果不改变一些错误的世俗观念，这种人口发展趋势还将延续。

（4）沿海地区的人口比例逐渐增加。

（5）城市人口的比例逐渐增加。

4）科学技术的发展

科学技术的发展对各行各业人力资源的需求有很大的影响，各种网络信息科技、人工智能的发展更使人产生一日三秋之感。科学技术的发展，对企业人力资源供应预测的几点重要影响：

（1）掌握高科技的白领员工需求量正逐步增大。比如过去需要大量蓝领员工的纺织业和冶金业，自动化和智能化的生产方式逐渐取代了人力劳动，导致这些行业对蓝领员工的需求减少。然而，在电子工业、生物工程材料工业等领域，对具备专业知识和技能的白领员工的需求却在迅速增长。

（2）随着办公室自动化的普及，中层管理人员的数量正在大规模削减，企业需要能够灵活应对挑战、提出创新解决方案的人才。

（3）科学技术的发展使得人们从事生产的时间减少，闲暇时间增多，服务行业对劳动力的需求量越来越大。

5）政府的政策法规

企业的人力资源供应预测对政府的政策法规绝对不能忽视。这些法规不仅反映了国家对于劳动力市场的宏观调控，也体现了对本国劳动者权益的保护，来规范劳动力市场的运行。

比如：禁止外国劳动力无序进入中国劳动力市场；严禁童工就业；不准歧视妇女就业；保护残疾人就业；从事危险工种保护条例；员工安全保护法规等。

6）工会

工会是代表员工利益的群众组织，一旦员工的利益受到侵犯，工会将出面交涉。因此，企业在进行人力资源供应预测的时候，也要考虑工会的作用。

工具掌握，实践人力资源计划

人力资源计划中的一项重要内容是人力资源政策。企业的人力资源政策是根据不同情景而灵活制定的，情景主要有两种：人力资源短缺和人力资源富余。

1. 人力资源政策的制定

1）人力资源短缺时的政策制定

企业发展过程中出现人力资源短缺时，应该制定以下政策来弥补人力资源不足的问题。

（1）企业把岗位富余员工安排到短缺的岗位上；

（2）增强内部培训，让员工可胜任人员短缺又重要的岗位；

（3）鼓励员工加班加点；

（4）提高员工工作效率；

（5）聘用部分兼职员工；

（6）聘用部分临时的全职员工；

（7）聘用一些正式员工；

（8）将一部分工作转包给其他公司；

（9）减少工作量（或产量、销量等）；

（10）购买新设备来减少人员的短缺。

以上的政策中（1）（2）（3）（4）是内部挖掘潜力，虽然也要增加一些成本，例如增加工资、奖金、福利等，但相对代价较低，有利于企业的长期发展，是企业首选的政策。

其中的（8）（9）（10）属于较为消极的方案，不利于企业的发展，而且代价也大。如果企业不到绝境，不要轻易使用。（3）（6）（7）属于中策，当内部挖掘潜力已相当充分时不妨运用一下，但也要谨慎。

2）人力资源富余时的政策制定

企业人力资源出现富余时，可制定以下政策：

（1）培训员工，通过培训提高一部分员工的素质、技能和知识，为他们走上新岗位做准备；

（2）扩大企业有效业务量，比如提高产品质量、增加销售量、完善售后服务等；

（3）提前退休；

（4）降低工资；

（5）减少福利；

（6）鼓励员工辞职；

（7）减少每个人的工作时间；

（8）临时下岗；

（9）辞退员工；

（10）关闭一些子公司。

以上的政策中（1）（2）是非常积极的政策，但不一定有很多企业能做到。这两个政策对企业家是一种挑战，可以借助人员富余的危机，发展企业。其中的（9）（10）是十分消极的，但在紧急关头也不得不用，因为这种舍卒保车的措施毕竟可以帮助企业渡过难关，以利于以后发展。其中的（3）

（4）（5）（6）（7）（8）均属于中策，企业中运用最多，也较易起作用。

2. 制定人力资源计划

1）计划的时间阶段。要具体写出开始到结束的时间。如果是一份战略性的人力资源计划，可以长达十年以上；如果是一份年度人力资源计划，通常以一年为期限。详见图2-4。

ABC公司人力资源计划

1. 计划的时间阶段

2. 计划达到的目标

3. 目前情景分析

4. 未来情景预测

5. 具体内容：执行时间　负责人　检查人　检查日期　预算

（1）

（2）

（3）

（4）

（5）

……

6. 计划制定者

7. 计划制定时间

图2-4　人力资源计划范本

2）计划达到的目标。

3）目前情景分析。收集信息后，分析企业当前人力资源供需的情景状况，提供制定计划的依据。

4）未来情景分析。收集信息后，预测企业在一定时间段内的人力资源供需状况，提供制定计划的依据。

5）具体内容。人力资源计划内容核心涉及多个方面，例如：如何启动工作、如何改进报酬系统、如何计划培训工作、如何制定新员工绩效评估系统、如何推进员工职业计划、如何制定招聘方案等。每一方面都要写上以下几项内容：

（1）具体内容。要十分具体，要写上：某公司招聘几位，什么部门，什么岗位，什么职务的人才。

（2）执行时间。写上从启动到完成的日期，例如：2023年6月1日至2023年8月31日。

（3）负责人。即负责执行该具体项目的负责人，例如：人力资源部经理某某先生/女士。

（4）检查人。即负责检查该项目的执行情况的人，例如：分管人力资源管理的副总经理某某先生/女士。

（5）检查日期。写上检查的具体日期与时间，例如：2023年8月31日上午9点。

（6）预算。写上每一项内容的具体预算，例如：人民币X万元整。

6）计划制定者。可以是一个人（例如：人力资源部经理某某先生/女士），也可以是一个群体（例如：公司董事会），也可以包含个人与群体（例如：公司人力资源部经理某某先生/女士草拟，由董事会通过）。

7）计划制定时间。主要指该计划正式确定的日期，例如：董事会通过的日期、总经理批准的日期，或总经理工作会议通过的日期。

制定人力资源范本要遵循三个原则：

（1）人力资源计划要结合企业目标制定，因为人力资源计划是企业局部性计划，它为企业的发展目标服务；

（2）人力资源计划要做具体，最好有数据支撑；

（3）不要太啰嗦，要简明扼要，使人们容易记忆。

3. 执行人力资源计划

执行人力资源计划是最重要的一环。如果前面的计划定得十分理想，但是在执行过程中出了问题将前功尽弃。

执行人力资源计划主要包括四个步骤：实施、检查、反馈、修正。

1）实施

实施是最重要的步骤。在实施过程中要注意以下几点：

（1）不折不扣地按计划执行；

（2）在实施前要做好准备工作；

（3）实施时要全力以赴。

2）检查

在人力资源计划执行过程中，检查这一环节是至关重要的。不少企业由于未进行充分的检查，导致实施过程中出现了许多问题，如形式主义、缺乏必要的压力以及无法掌握第一手信息等。

为了确保检查的准确性和有效性，检查者应当由实施者的上级或平级人员担任，尽量避免由实施者本人或其下级进行自我检查。在检查前，检查者应列出详细的检查提纲，明确检查的目的和内容，确保检查工作的系统性和完整性。在检查过程中，检查者应根据提纲逐条进行核查，避免随意或草率地进行。

检查结束后，检查者应及时将检查结果与实施者进行沟通，以便激励其实施者更好地推进项目，同时也有利于实施者及时调整和改进实施方案。这一环节是确保项目顺利实施并取得预期效果的关键环节。

3）反馈

反馈是人力资源计划执行过程中的一项重要环节。通过反馈，我们可以获悉原计划内容中哪些部分是准确的、哪些是错误的、哪些不够全面、哪些与实际情况不符，以及哪些需要加强和引起注意等重要信息。

在反馈过程中，最为关键的是确保信息的真实性。由于环境和个体差异，许多信息可能并不准确。因此，筛选真实信息、摒弃虚假部分显得尤为重要。

反馈可以由计划的实施者进行，也可以由检查者进行，甚至可以由两者共同进行。

4）修正

修正计划是不可或缺的一环，任何人在制定人力资源计划后都无法保证其完全准确无误。因此，为了应对环境、实际情况以及实施中的反馈信息的变化，及时修正原计划中的一些项目显得尤为必要。通常来说，对一些小的项目或项目中的局部内容进行修正并不会涉及很大的范围。然而，如果需要修正一些大的项目，或者对原计划中的许多项目进行修正，或者对预算进行较大的修正，那么往往需要经过最高管理层的批准才能进行。

案例：阿里巴巴在多变业务环境下的人力资源管理之道

阿里巴巴作为中国乃至全球知名的互联网巨头，具有前瞻性战略眼光的人力资源管理是其成功的关键之一。无论是从最初的B2B业务，还是到如今聚焦无线、数据及云计算等核心领域，阿里巴巴的人力资源管理始终紧密贴合业务发展的脉搏，迅速调整策略，为业务的突破和创新提供源源不断的动力。

阿里巴巴集团人力资源部资深总监吴航曾指出，"作为阿里巴巴的HR，我们的挑战在于，在如此快速成长且多变的业务形态下，要如何才能够兜底、托得住、稳住整个团队，同时引进人才。"

阿里巴巴在制定人力资源管理制度时，始终保持着灵活应变、与时俱进的管理智慧，使得企业能够在激烈的市场竞争中保持领先地位。

1. 秉持适度空间的人才培养理念

阿里巴巴的创始人马云曾说："人才是可以精心培育的。"那么，何为

"培"？"培"就是适度地关注。既要关心其成长，又不能过度干涉。正如一棵树，过多的水分会使其窒息，过少的水分则会导致其枯萎。因此，如何恰到好处地给予关注，实则是一门艺术。至于"养"的内涵，则是企业要为他提供失败与成功的机会，让他们在实践中摸爬滚打，领导们只要在旁观察指导就好。既要允许他们试错，也不能让他们受到致命打击，以致一蹶不振，丧失前进的动力。

2. 价值观为先的招聘战略

在阿里巴巴，价值观始终被视为决定一切的准则。无论是招聘人才、培养人才还是考核人才，公司始终坚守着自己的价值观和用人理念，以确保每一位新员工都能与公司的文化和发展方向相契合。

阿里巴巴的招聘战略与NCSOFT（NCSOFT在韩国是一家最具代表性的网络游戏公司，它以提供全世界玩家们新经验和快乐为目标，不断地发展。）公司有着异曲同工之妙。两家公司都注重人才的内在品质和潜力，而非仅仅看重外在的学历和经验。马云在一次访谈中曾表示，阿里巴巴拥有两万多名员工，但他从未看过任何人的简历。他更倾向于选择那些自认为平凡，但愿意学习、愿意尝试的人。因为这类人群往往具有更强的学习能力和适应能力，能够在公司的培养下不断成长和进步。

对于阿里巴巴来说，不同基因的企业需要的人才也各不相同。作为一家以电子商务和云计算为核心的公司，阿里巴巴更加注重市场类职员的培养和引进。学历不再是企业唯一的衡量标准，还有员工的实际能力和综合素质。

3. 系统性员工培训战略

马云曾经强调："一个公司要成长，主要取决于两样东西的成长：一是员工的成长，二是客户的成长。"为了实现这一目标，阿里巴巴成立了阿里学院，专门负责员工和客户的培训工作。通过系统的培训课程和实践机会，公司帮助员工不断提升自己的专业技能和综合素质，以更好地适应公司的发展需求和市场变化。

4. "选择平凡人"的用人观

在用人方面，马云始终坚持选择平凡的人。他认为，没有把自己当精英的人更能够脚踏实地、虚心学习，也更能够与团队其他成员融洽相处。而那些自视甚高、认为自己很聪明的人往往缺乏团队精神和合作意识，难以在公司中发挥出真正的价值。因此，阿里巴巴更看重员工的品格和态度，而非仅仅看重其能力和学历。

马云还强调，阿里巴巴是靠团队打天下的，而不是靠个人英雄主义。他能够认识到每个员工的长处和短处，并了解自己在哪些方面需要得到帮助和支持。这种互相弥补的心态对于组建高效团队至关重要，可以避免因为个人差异而产生怨气和冲突。

5. 具有吸引力的员工激励模型

在阿里巴巴，激励对象不分三六九等，公司努力使每一个员工都紧密地与公司捆绑在一起。特别是对于核心人才，公司更加注重双赢思想的强调，通过提供具有吸引力的薪酬和福利、晋升机会以及职业发展路径等方式，留住这些对公司发展至关重要的关键人才。

6. 充满人情味的员工管理

阿里巴巴认为，只有给员工提供一个良好的成长环境和广阔的成长空间，才能让他们心甘情愿地留在公司，并为实现企业的梦想而奋斗。因此，阿里巴巴注重员工的个人发展和职业规划，通过提供多样化的培训和学习机会、鼓励员工参与公司的决策和项目管理等方式，激发员工的积极性和创造力。同时，公司也注重员工的心理健康和福利保障，努力营造一个温馨、和谐的工作氛围。

7. 公平有效的员工考核

在企业管理中，员工考核是一项至关重要的工作。优秀人才往往渴望自己的努力和成果得到他人的认可，尤其是来自上级领导的肯定。而对于那些缺乏工作动力的员工，他们则往往希望自己的不足被忽视，避免受到过多的关注和批评。

为了留住优秀的员工并淘汰表现不佳的员工，企业需要建立一套科学、公正、有效的绩效考核体系。一个良好的绩效评估系统应该能够全面、客观地评价员工的工作表现，从而帮助企业识别出那些真正具备潜力和能力的优秀人才。同时，通过绩效考核，企业还可以为优秀员工提供相应的奖励和晋升机会，进一步激发他们的工作热情和创造力。

8. 多方位培养企业"干部"

随着企业的不断发展和壮大，单靠领导的人格魅力来管理已经无法满足企业的需求。当企业规模扩大到成千上万人的程度时，企业需要培养一支高效、专业的管理团队来支撑企业的持续发展。

在培训企业"干部"时，领导需要树立威信并发挥核心作用、制定明确的目标和战略，并通过培训和管理团队来实现这些目标。阿里巴巴人力资源制定了"接班人计划""每个干部必须后继有人"等专业的培训课程和实践机会，帮助团队成员提升管理技能、沟通能力、协调能力等方面的能力，推动整个团队朝着共同的目标前进。

9. 用企业价值观留住人才策略

在留住人才方面，马云强调，企业不应该仅仅依靠物质待遇来留住员工，而应该通过构建共同的使命和愿景来增强员工的归属感和凝聚力。在阿里巴巴，有一句名言："远景吸引高管；事业和待遇留住中层；薪酬福利安定员工；注资员工，感情银行。"这句话很好地概括了阿里巴巴通过构建共同使命和愿景、提供职业发展机会和培训资源、建立公平激励机制以及注重员工情感关怀等方式，吸引和留住一大批优秀人才，为企业的持续发展提供了有力的人才保障。

10. 经济危机下的人力资源策略

在经济危机时期，许多企业为了应对财务压力而采取裁员措施。然而，阿里巴巴却采取了截然不同的策略。他们不仅没有裁员，反而积极吸纳人才，为企业的未来发展储备力量。阿里巴巴认为，经济危机虽然带来了短期的挑战和困难，但也为企业提供了吸纳优秀人才的机会。通过积极招聘和培养具备潜力和能力的员工，企业可以在危机过后迅速恢复并实现更快速的发展。这种前瞻性的人力资源策略不仅展现了阿里巴巴对人才价值的重视，也为企业实现可持续发展提供了有力的支撑。

阿里巴巴通过制定科学的人力资源管理策略，并持续优化人力资源管理，成功构建了一个既稳定又充满活力的团队，为公司的长远发展奠定了坚实基础。

HR

第3章

躬身入局　老板掌舵

老板掌舵企业文化思维

创业像是一条有始无终的旅程，它不仅需要创业者在起点有着清晰的目标和强烈的动力，更需要在整个过程中不断地适应环境变化、解决问题并持续发展。同时，还要为企业打造一种独特的企业文化，从而在激烈的市场竞争中占领一席之地。

领导者作为企业的核心成员，是打造企业文化的掌舵者，企业的价值观、使命、愿景等，对企业成员的行为具有指导作用。一个强大的企业文化可以激发员工的归属感、积极性和创新能力，使企业能够应对各种挑战。

1. 领导者对企业文化的引领之光

企业文化的打造和企业历史发展、领导者文化观念、经营风格有着密切关系。尤其是中小企业老板，可以是企业的垫脚石，也可能是发展的天花板。因此，打造企业文化必须和领导者本身紧密结合。

1）领导者是核心

领导者不仅是企业发展的引航者，更是团队精神的塑造者和价值观的捍卫者。他们的作用不可或缺，如同一支部队中不可或缺的灵魂旗帜。

企业领导者肩负着引领企业快速发展的重任。他们需要站在时代的前沿，审视市场趋势，制定科学的决策，确保企业在激烈的竞争中抢占先机。同时，领导者还要具备卓越的管理能力，通过合理的组织架构和人员配置，激发团队的潜能，提升整体执行力。

正如"兵熊熊一个，将熊熊一窝"所言，领导者的素质直接影响到团队的表现。一个优秀的领导者，能够以身作则，用自己的标准要求自己，用实际行动感染和带动员工，形成强大的向心力和凝聚力。

2）企业文化的含义

企业文化是企业发展的灵魂和内在动力。美国学者约翰·科特和詹姆斯·赫斯克特认为，企业文化是指一个企业中各个部门，至少是企业高层管理者们所共同拥有的那些企业价值观念和经营实践。

企业文化是在企业解决生存和发展的过程中，逐渐积累和沉淀下来的共有文化现象。这些文化包括了组织内部的共同信念、价值观、行为规范以及对外的交流方式等，它们是企业成员因不同部门、职能、所处环境、发展问题等因素形成的共有的认知和信仰。

企业文化作为企业发展赖以生存的指导思想，需要得到企业从上到下的员工普遍的认同。但是，企业文化并非一成不变。随着市场的变化、人员的更迭，企业文化也需要不断地适应和调整。

2. 领导者在企业文化建设中的不同定位

企业领导者对企业文化的塑造和传承，扮演着至关重要的角色，甚至与领导者的个人形象也有很密切的关系。

1）领导者是企业文化的奠基人

我们要盖一座传承百年的城堡，地基打好是非常重要的环节，它直接影响着城堡在百年风雨洗礼后能否屹立不倒。

打造企业文化就是打造企业发展的地基，领导者的言行举止是企业文化建设的基础之一，领导者作为企业文化的缔造者，要具备各种条件，才能形成让所有员工普遍认可的领导风格。

那么，作为企业文化的缔造者，领导者要具备什么条件呢？

（1）企业相关知识和技能必须掌握。如市场情况、竞争情况、产品情况和技术情况、企业的组织体系、企业的历史、企业的制度等。

（2）精神内核必须强大。企业文化说到底是企业思想高度聚合的产物，领导者是否有"开拓性""专业性""亲和力""守正道""严于律己""以身作则"等都是企业文化塑造的核心内容。

2）领导者是企业文化的缔造者

当企业文化的地基构架搭建完毕后，领导者就要承担起建设者的作用。

一家企业的价值观、使命和愿景，往往是由领导者首先提出并不断强化的。在建设过程中，领导者的思想、风格、经验等会在企业的日常运营中逐渐渗透，成为员工共同的信念和追求，这个愿景是企业文化的早期雏形。而且，企业领导者的个人烙印也会逐渐体现在企业文化体系上。

领导者的言行举止都会对员工产生潜移默化的影响，它和企业规章制度有机结合，逐渐形成企业标杆，形成一种积极向上的氛围。这些核心理念如同灯塔，指引着企业和员工在发展的海洋中正确航行。

3）领导者是企业文化的改进者

企业文化建设不会是完美无缺的，会有许多细节问题需要领导者在日常经营中不断改进和完善。同时，企业文化应该与时俱进，紧跟时代潮流，不能停滞不前。因此，领导者在企业文化建设完成后仍面临重大责任和挑战。企业文化的改进是一个漫长的过程，需要领导者持续关注。主要改进方法有以下两种：

（1）企业文化诊断：持续反馈与评估。通过定期的员工调研、客户反馈以及内部审查等方式，了解企业文化在实际应用中的表现。同时，领导层要时常自我检查，检测存在于企业文化中的弊端，提出改进方法。这包括员工对文化的认知度、接受程度以及文化在促进工作效率、提高团队凝聚力等方面所起的作用。根据收集到的信息进行评估，找出需要改进的方面，最终形成一整套企业文化能够自我诊断矫正的系统。

（2）企业文化成长：动态调整与创新。企业文化应当制定成长方向，能够随着外部环境和内部发展的变化而变化。否则，最终会被时代淘汰。企业文化发展方向要适合企业自身的发展、利益最大化。领导者要关注企业各阶层的接受能力，应该鼓励开放的交流环境，让员工提出创新点子和建议，并把这些新鲜血液融入到企业文化之中。同时，领导者也需根据市场趋势、技术进步等因素来更新企业文化元素，确保其与企业战略保持一致，避免调整方向太过激进或是停滞不前。

4）领导者是企业文化的传播者

新生的企业文化总是脆弱的，它不一定能得到所有人的理解和接受。于是，领导者的作用变得至关重要，他不仅要为企业文化发展保驾护航，还要承担起传播者的责任。

企业文化也是一种集体意识形态的体现，这种力量具有很强的凝聚力、导向性。同时，领导者也要意识到企业文化对员工行为具有约束性。领导者作为企业的领头雁，必须以身作则，把文化的内涵和意义自上而下传递给每一位员工。如果传播不到位，员工就无法理解这种以他人意识所形成的文化愿景，进而形成逆反心理。

领导者还必须具备开放的心态，尊重每一位员工的个性和意志。在"以人为本"的管理理念指导下，领导者应关注员工的成长和发展，为他们提供一个充满激励和支持的工作环境。

3. 领导者在企业文化建设中遵循的基本要求

企业文化是一套完整的系统，建立的时候要考虑各方面的问题以及各种要求和原则：

1）领导者必须以身作则

领导者作为企业文化的奠基者、建造者、传播者，言行举止都会受到每个员工的关注，成为影响和塑造企业文化的影响因素，所以领导者一定要以身作则，用自己的行为去践行和强化企业的核心价值观。

俗话说，知易行难。领导者要想真正做到以身作则，就必须时刻自我反省，诚实面对自己。同时，要深刻认识到自身行为对企业的影响力，不断强化自身领导力，最终推动企业文化落地生根。

2）企业文化建设要行之有效

企业文化要有内化于心、外化于行，要让每个员工都能清晰地领会，即便是新加入的员工，也能迅速地融入企业氛围中。

这需要企业文化建设能为企业发展做出实际贡献，如增强员工的归属感和忠诚度，降低人才流失率，促进企业的持续创新和竞争力的提升，并通过一系列行之有效的制度，把文化理念转化为员工的自觉行动。

3）企业文化必须有独特性

为了在广泛的社会文化中找到差异化的定位，企业需要通过创新来塑造自己的独特性。在建设符合自身特点的企业文化道路过程中，领导者的独特气质不可或缺，这也决定了企业文化的内核与众不同。但是，企业在追求独特性的过程中，要与企业实际情况相结合，不能不切实际，好高骛远。

4）企业文化要与时俱进

企业置身于时代发展的潮流中，要想发展壮大就必须与时俱进，必须不断地汲取新知，更新观念，以适应不断演变的市场和社会需求。只有与时俱进才能经常给企业文化注入新鲜的血液，从而让企业文化得以生生不息，充满活力。

5）企业文化并不是领导者的文化

领导者虽然在企业文化的建设和完善过程中起着至关重要的作用，但是并不意味着企业文化是领导者的文化。企业文化包括民族文化、组织文化、群体文化和个人文化四个方面。这是一种组织文化，需要得到全体员工的认同才能有实施的可能性。

4. 领导者在企业文化建设中的主要任务

领导者在企业文化的建设过程中主要有以下三项重要任务：

1）企业价值观塑造

企业价值观是指企业在追求成功的过程中，所推崇的基本信念和奉行的目标。作为企业文化的核心部分，它需要领导者和员工共同配合，达成对本企业的共同价值取向。企业的核心价值观必须适合企业自身的价值标准，还要注意建立一种制度保障，在企业发展过程中不断修缮，进而成为企业价值观的传承和保障。

2）企业制度建设

企业是由各种各样的人组成的组织，企业运转就会发生各种各样的事。所谓无规矩不成方圆，企业制度建设对企业发展必不可少。企业制度是指在一定的历史条件下所形成的企业经济关系，包括企业经济运行和发展中的一些重要规定、规程和行动准则。作为企业文化的一部分，企业制度要具有人性化，要和企业文化相配合，不能相背离。

3）企业行为规范制定

企业行为规范是指由目标体系和价值观念所决定的企业经营行为和由此产生的员工所特有的工作态度和行为方式，是企业文化的重要构成要素。企业行为规范在制定时，必须做足准备，深入一线了解基层员工的心态，确保行为规范具有人性化。同时，还要建立专门的行为规范的编制和监督部门，让企业文化能够顺畅推广。

案例：商界铁娘子董明珠打造高效企业文化

董明珠作为格力电器的创始人之一，不仅以她坚韧不拔的商业精神闻名于业界，更因她独特的管理哲学而备受瞩目。在她的领导下，格力电器不仅实现了跨越式的发展，更在员工心中树立了一座坚固的信仰之塔。董明珠坚信，员工不仅是公司的生产力，更是公司的创新力和竞争力。她不仅为员工提供具有竞争力的薪资和福利，还通过举办各种培训和活动，帮助员工制定职业规划，提升自我，实现个人价值。

那么，这位"铁娘子"是如何打造自己的钢铁之师的呢？

1. 忠诚第一，拒绝跳槽的人

1）信仰观念必须和企业价值观保持一致。

2）追求长远的收益和稳定性而非短期的利益最大化。

3）着重培养员工的忠诚感和归属感。

在格力内部，有一条虽然没有明文规定但却被广泛遵循的原则，那就是来自同行业其他企业的人才，不论其能力有多么出众，若是想要跳槽到格力来，往往不会得到接纳。这一策略背后所蕴含的理念，实际上与格力一贯坚持的人才培养和使用策略紧密相连。

董明珠对于这一原则有着自己的深刻理解和坚定信念。她认为，那些选择跳槽到其他企业的员工，原因固然复杂多样，但归根结底，很多情况下是出于个人的利益和愿望无法得到满足。这种选择本身并不代表他们缺乏能力或职业道德，但从一个侧面反映出他们对于原企业的忠诚度和归属感有所欠缺。

董明珠尝过被挖角的痛苦，所以她对挖其他企业优秀人才的做法持有一种谨慎甚至排斥的态度。她坚信，"企业高管应该来自内部培训。他们培养的人才对企业有感情，员工也有信心。"董明珠曾颇为自豪地公开表示："这么多年来，我从来没有雇佣过一个跳槽的人到格力。"这一表态不仅彰显了格力对于内部人才培养的坚定信念，也反映了其对于保持企业核心竞争力的独特见解。

2. 铁的手腕，用制度做好管理

1）制定完善的考核制度，悬崖勒马，杜绝犯错。

2）深挖细节，善于利用数据监控和精细化管理。

3）坚持高压推进、严格执行。

格力电器，是一家以"铁的手腕"管理而闻名的企业，其独特的考核制度不仅仅是一个框架，更是一种精准的量度，严格地衡量着效率与秩序。这种考核制度并非空洞无物，而是深入到企业的每一个角落，确保了企业运行的稳定性和高效性。

在格力，错误的代价是沉重的。企业坚信一个原则："第一次犯错可能是因为无知，但第二次犯错则是故意的。"这种原则犹如一道不可逾越的红线，时刻提醒着每一位员工，必须保持高度的警觉性，绝不能触碰这条红线。尽管这种制度看似严苛，但它确实有效地降低了错误和违规行为的发生。员工在这样的制度下，不仅学会了自律，更在不断地自我完善，努力提升自己的业务能力。

此外，格力对细节的管控和数据的重视也值得一提。在格力看来，数据并非仅仅是冰冷的数字，而是企业管理的"眼睛"。通过深入的数据监控和分析，管理层能够洞察到工作中的每一个环节，从而及时发现问题并进行调整和优化。这种精细化管理不仅提高了工作效率，更让每个员工感受到自己的工作受到了重视，每一份努力都能得到应有的认可。

而在格力，决策的执行更是铁板钉钉的事情。一旦决策下达，就必须无条件执行，没有任何余地和借口。这种不妥协的精神确保了格力产品的品质始终如一，也为企业在市场上赢得了"品质保证"的金字招牌。

作为一个有着丰富团队管理经验的人士，过于宽容的管理方式往往会滋生懈怠。一个优秀的团队不仅需要激励和鼓舞，更需要严格的规则来约束和引导。当然，格力这种管理模式并非适用于所有企业，但对于那些追求极致效率和卓越成果的企业来说，格力的做法无疑具有很高的参考价值。

3. 多听意见，不让自己犯错误

1）建立开放的沟通机制，听取意见建议。

2）对于问题不要遮遮掩掩，追究根源。

3）以数据说话，科学决策。

在格力，这句"多听意见，不让自己犯错误"不仅仅是一句空洞的口号，而是被深深地植入了企业的骨髓，转化为了实实在在的行动准则。这一准则的推行，得益于格力建立的超级开放的沟通机制。在这个机制下，无论是内部的员工，还是外部的客户、合作伙伴，他们的声音都能被听到，都能为格力的发展贡献智慧和力量。

这种开放的沟通机制，使得格力能够全方位、多角度地了解问题的真相。他们不会选择性地听取某些声音，也不会忽视那些可能带来挑战的意见。相反，格力鼓励所有利益相关者深入挖掘问题的根源，追根溯源，找到问题的真相。这种态度，使得格力在面对问题时，能够迅速找到解决之道，然后一一击破。

格力也深信数据的力量，相信只有依靠科学数据，才能做出明智的决策。因此，每项决策的背后，都隐藏着大量的数据分析和研究。这些数据，不仅为决策提供了有力的支撑，也使得每一个选择都显得有理有据，让人心服口服。

4. 给员工准备优越的福利

1）给予员工高薪资，并提供股权激励。

2）扶持员工成长，培养他们的能力。

3）提供完善的福利，保障员工权益。

格力被员工誉为"温暖的大家庭"。加入格力电器，你将享有行业领先的薪酬待遇，这不仅仅是对你当前贡献的认可，更是对你未来潜力的期待。格力电器还为员工提供股权激励计划，让你不仅仅是公司的雇员，更是企业的主人，能够与公司共同成长，共享成功。

格力电器深知人才是推动企业发展的核心动力。因此，在格力，每一位员工都被视为宝贵的财富。为了不断提升员工的专业技能和综合素质，格力电器提供了一系列专业的培训课程和导师制度，旨在帮助员工实现自我价值，发掘更大的潜能。无论你是初入职场的新人，还是经验丰富的资深专家，都能在这里找到适合自己的成长路径。

格力电器还注重员工的身心健康和家庭幸福。从五险一金到员工旅游、健康体检、节假日福利等一应俱全，公司时刻关心着每一位员工的实际需求。在格力，你可以无后顾之忧地投入到工作中去，实现个人与企业的双赢。

作为制造业的领军企业，格力电器对创新型人才的需求尤为迫切。公司秉承"让世界爱上中国造"的理念，致力于打造具有国际竞争力的研发团队。在这里，你将有机会与国内外顶尖专家合作，共同推动科技进步和行业创新。格力电器被誉为家电业的"黄埔军校"，不仅为中国培养了大量优秀人才，更向世界展示了中国制造的魅力和实力。董明珠作为格力电器的掌舵人，她的坚持不懈和开拓进取精神为企业的成功提供了强大动力。在她的领导下，格力电器不断创新、追求卓越，成为行业的佼佼者。

PART 2

实操篇

五大管理模块拆解

本篇通过五大模块拆解,帮助人力资源从业人员尽快进入角色,帮助管理人员了解人力资源管理运作思维,提高员工素质和企业竞争力。让企业拥有更多优秀人才,取得更大的市场竞争优势,实现可持续发展。

第 4 章

招兵买马
——四步精准找到契合型人才

方向：招聘四大决策引擎

企业员工招聘是一项至关重要的任务，它涉及到企业的长期发展和人才储备。为了确保招聘过程的顺利进行，企业需要遵循一定的基本程序。这些程序包括招聘决策、发布信息、招聘测试和人事决策等四大步骤。

1. 招聘决策

招聘决策是指作为企业人力资源管理中的一项核心活动，指的是企业最高管理层针对关键和大量工作岗位所做出的招聘策略与选择过程。

招聘决策是每个企业不可或缺的重要环节，招聘决策制定得好与坏，直接关系到企业人力资源的质量和数量，从而影响到企业的整体运营和发展。一个明智的招聘决策能够为企业引进优秀的人才；而一个错误的招聘决策则可能导致企业资源的浪费，甚至影响到企业的稳定发展。

1）招聘决策的意义

（1）适应企业的需要。企业的发展离不开人才的流动和补充，要不断吸引和培养高素质人才来担任新增的工作。

（2）使招聘更趋合理化、科学化。由于招聘决策影响其他步骤，一旦失误，后续工作就很难开展。

（3）统一认识。最高管理层对招聘的观点统一后，人力资源部门才能顺利完成招聘全部工作过程。

（4）激励员工。企业通过招聘新的员工和提供新的职位，可以激发员工的斗志和创新能力，推动企业的持续发展。同时，企业也需要关注现有员工的成长和发展，为他们提供必要的支持和帮助，以实现企业和员工的共同成长。

2）招聘决策的原则

（1）少而精原则。可招可不招时尽量不招，可少招可多招时尽量少招。

（2）宁缺毋滥原则。做招聘决策时一定要树立起"宁缺毋滥"的观念。

（3）公平竞争原则。只有通过公平竞争才能使人才脱颖而出，才能吸引真正的人才，起到激励作用。

3）招聘决策的运作步骤

（1）用人部门提出申请。用人部门负责人在向人力资源开发管理部提出增员请求时，需要综合考虑业务需求、岗位类型、人员要求以及背后的原因等多方面因素。

（2）人力资源开发管理部复核。主管部门与用人部门复核申请，是否要这么多人员，减少行吗？并写出复核意见。

（3）最高管理层决定。根据企业现阶段人力资源供需情况，由高层管理者做出最终决定。

4）企业的招聘决策包括的内容

（1）具体的招聘岗位？招聘人数？每个岗位具体工作要求是什么？

（2）招聘信息发布时间？发布招聘信息用什么渠道？

（3）明确哪个部门进行招聘测试？

（4）招聘预算多少？

（5）何时结束招聘？

（6）新进员工何时入职到位？

2. 发布信息

招聘决策确定后，迅速发布招聘信息。

发布招聘信息不仅是向潜在应聘者传递企业信息的重要途径，更是企业人才引进和发展的重要保障。而且，发布招聘信息的质量直接关系到招聘的效果和质量。

1）发布招聘信息的原则

（1）面广原则。通过扩大招聘信息的覆盖面，接触到更多的潜在应聘者，从而增加找到合适人选的机会，提高招聘的成功率。

（2）及时原则。在条件允许的情况下，及时发布招聘信息可以缩短招聘周期，加快招聘进程。还可以给潜在应聘者更多的时间来准备应聘材料，提高应聘质量，增加应聘人数。

（3）层次原则。招聘的人员处在不同的社会层次，企业需要根据招聘岗位的特点向特定层次的人员发布招聘信息，确保招聘信息能够准确地传达给目标人群，提高招聘的针对性和效率。

2）发布招聘信息的类型

发布招聘信息的类型又可称为发布招聘信息的渠道。信息发布的渠道有社交媒体、招聘网站、行业协会、校园招聘等。

除以上主要渠道外，还有非正式传播的发布形式。这是有关部门或有关人员用口头的、非正式的方式进行发布招聘信息，其主要特点是：费用最低，可以进行双向交流，速度较快。缺点是覆盖面窄，一般在劳力市场上明显供大于求，而且招聘层次不是很高时可以选用这种类型。

3. 招聘测试

在企业招聘过程中，招聘测试占据了举足轻重的地位。

招聘测试是指在招聘流程中，运用一系列科学和经验方法对应聘者进行客观、全面地评估与鉴定的过程。这种评估不仅涵盖了应聘者的专业技能、知识背景，还深入到了他们的个性特质、潜力以及适应组织文化的能力等多个层面。

1）招聘测试的意义

（1）挑选合格的员工。这不仅关系到企业文化的建立，更直接影响到生产效率的提升和企业的长远发展。应聘者的条件虽然重要，但并不一定完全符合招聘者的所有要求。因此，我们需要通过一系列严谨的测试来筛选出真正具备潜力和才能的员工。

（2）让适当的人担任适当的工作。当应聘者同时申请多个岗位时，企业需要通过测试来准确评估每个应聘者的能力和特长，以便将他们安排到最适合的岗位上。

（3）体现公平竞争原则。当应聘者数量超过招聘名额时，只有通过公平、公正的测试，才能让最合适的人选脱颖而出。同时，落选者也能通过测试了解自己的不足之处，从而更加客观地评估自己的能力和发展方向，让应聘者更加信任和尊重企业的招聘流程。

2）招聘测试的种类

企业员工招聘测试的种类繁多，国内企业目前比较常用的有以下四种：

（1）心理测试。心理测试是指通过一系列精心设计的心理学方法，深入探索被试者的智力水平和个性特征，以揭示其内在的心理差异。心理测试在企业招聘中被广泛应用，为企业提供了一种更加客观、科学的评估手段，有助于企业更准确地识别和选拔适合的人才。心理测试要遵循以下基本原则：

①保护好个人隐私。心理测试涉及到个体在智力、能力等多方面的个人隐私信息。测试的结果仅限于面试者本人及其授权的人员知晓。

②心理测试前，要做好预备工作。心理测试的选择、实施、计分以及结果解释，每一个步骤都需要遵循严格的顺序和标准。主试和测试者必须接受严格的心理测试方面的训练，以确保他们具备进行心理测试所需的专业知识和技能。

③主试要做好充分的准备。主试要准备好测试材料，包括测试题目、测试工具，确保被测者明确测试的目的、要求和流程，尽可能使每一次测试的条件相同，确保测试结果的准确性和可靠性。

（2）知识考试。知识考试是一种系统的评估方法，主要通过纸笔测验的形式来探究被试者的知识广度、深度和知识结构。标准化的试题，能够评估被试者在特定领域或综合知识方面的掌握情况，有效地帮助招聘者了解面试者的知识背景和专业水平，为后续的招聘决策提供重要依据。

（3）情景模拟。情景模拟是把面试者置于一个模拟的工作环境中，要求他们处理各种可能遇到的实际问题，从而全面评估其心理素质、潜在能力以及实际操作能力。但是，情景模拟的实施过程相对复杂，需要投入大量的时间和精力，而且费用较高，因此通常只在招聘高级管理人员或特殊人才时才会运用此方法。

（4）面试。面试是员工招聘过程中最常用的一种测评方法，通过口头交流的形式，让被试者直接回答主试者的问题，从而了解被试者的心理素质、潜在能力以及语言表达能力。它的优点在于其灵活性和直观性，主试者可以根据被试者的回答和表现，对其进行全面的评估。同时，面试的结果可能会受到主试者经验、偏见以及面试技巧等因素的影响。因此，需要主试者具备丰富的经验和专业的技能，以确保面试结果的客观性和准确性。

4. 人事决策

广义的人事决策是一个综合性的过程，涉及到人力资源开发与管理的各个层面。主要包括岗位定员决策、岗位定额决策、工资报酬决策、职务分类决策、员工培训决策、劳动保护决策、人事任免决策等。

狭义的人事决策主要聚焦于人事任免决策，是决定企业人员配置的关键环节。人事决策作为员工招聘流程中至关重要的环节，即便前几个步骤都准确无误，如果最终的人事决策出现偏差，企业依然难以招聘到理想的员工。

人事决策的步骤如下：

（1）对照招聘决策；

（2）参考测试结果；

（3）确定初步人选；

（4）查阅档案资料；

（5）进行体格检查；

（6）确定最终人选。

方法：打通招聘多条路径

企业中员工的招聘可以有多种形式，其主要形式有三种：内部选拔、收集网络信息和公开招聘。

1. 内部选拔

内部选拔作为员工招聘的一种特殊形式，虽然从严格意义上讲，它并不属于人力资源吸收的范畴，而是更贴近于人力资源开发的领域，但它与传统的员工招聘工作紧密相连，共同构成了企业人力资源管理的完整体系。

1）内部提升

在企业运营中，当某些关键岗位出现空缺，需要从内部寻找合适的人选进行填补时，内部提升机制就显得尤为重要。这一过程不仅是对员工个人能力的一种认可，更是对员工长期以来为企业作出贡献的肯定。内部提升不仅仅是岗位的调整，更是员工职业生涯发展的重要里程碑。通过内部提升，员工有机会从一个较低级的岗位晋升到一个更高级别的岗位，这不仅能够为员工提供更高的薪酬和更广阔的视野，还能为员工提供更多的挑战和成长机会。但是，内部提升也可能导致企业难以吸收外部优秀人才，陷入自我封闭的境地，使企业缺乏活力，阻碍企业的创新和发展。

内部提升应遵循以下原则：

（1）唯才是用；

（2）有利于调动大部分员工的积极性；

（3）有利于提高生产率。

2）内部调用

当企业需要招聘的岗位与员工原来的岗位层次相当或略有降低时，将该员工调动至同层次或下一层次岗位工作的过程。这一过程体现了企业在人力资源管理上的灵活性和效率性。优点在于，员工对于新岗位往往已经具备一定的熟悉度和经验，大大缩短了适应期，提高了工作效率。同时由于对于企业文化、工作流程等都了解，这有助于新岗位的快速融入和团队协作的顺利。缺点是可能会导致其他员工的不满和失落感，这种情绪可能会影响到团队的凝聚力和员工的工作积极性。

内部调用应遵循以下原则：

（1）尽可能事前征得被调用者同意；

（2）调用后更有利于工作；

（3）用人之所长。

3）内部选拔的评价

在企业的人力资源管理中，内部选拔作为一种招聘策略，是极为常见的。每当一个岗位出现空缺，企业的管理人员首先会考虑是否可以通过内部选拔来填补这一空缺。内部选拔作为一种招聘策略，具有费用低廉、流程简便、人员熟悉等优势，适用于少数人员招聘的情况。但在企业内部员工不足或没有合适人选时，企业仍需采取其他招聘形式，以满足企业的人力需求。

2. 收集网络信息

每个企业都与不少个人或组织有着千丝万缕的关系，这些关系总称为网络。通过网络收集信息，也是企业员工招聘的一个重要形式。

1）熟人介绍

当一个工作岗位空缺时，可由企业内外的熟人介绍人选，经过测试合格后录用。

（1）熟人介绍的优点：由于熟人的情况较了解，被介绍人的情况也相对较熟悉，一旦聘用，离职率较低，费用较便宜。

（2）熟人介绍的缺点：易形成非正式群体，选用人员的面较狭窄，易造成任人唯亲的现象。

（3）熟人介绍的运用原则：经过测试后方可聘用；熟人的面要尽可能广泛；被介绍人尽可能不在介绍人领导下工作；请相关专业的熟人介绍；鼓励

员工介绍有能力的人应聘。

2）职业介绍机构

目前，我国的职业介绍机构大部分是政府部门中的人事部门或劳动部门负责的。随着市场机制的不断引入，其他类型的职业介绍机构将越来越多。企业在员工招聘时运用职业介绍机构这种形式十分普遍。

（1）职业介绍机构的优点：应聘者面广；很难形成裙带关系；时间较短。

（2）职业介绍机构的缺点：需要一定的费用；应聘者的情况不够了解；不一定有需要岗位的合适人选；有些机构鱼龙混杂，应聘人员素质较低。

（3）职业介绍机构的运用原则：要选择信誉较高的机构；对应聘者尽可能再测试一次；要求机构提供尽可能准确而详细的信息。

3）职业招聘人员

职业招聘人员又称"猎头者"，是指一些专门为企业招聘高级人才或特殊人才的人员，这些人员可能隶属于某公司，也可能是自由职业者，主要特点是有针对性地提供招聘服务。

（1）职业招聘人员的优点：针对性强，聘用的人员马上可以上岗并立即发挥重大作用，有时因此而能击败竞争对手，效果立竿见影。

（2）职业招聘人员的缺点：费用较高；不利于调动本企业员工的积极性；策划难度较高。

（3）运用职业招聘人员的原则：确定招聘对象的人选要谨慎；要选用高水平的职业招聘人员；在适当时机应向有关人员做出适当的解释；事先尽可能保密，相关措施要跟上。

4）求职者登记

求职者登记是一种"愿者上钩"式的被动招聘形式，有时也可以招聘到合适的人选。

（1）求职者登记的优点：费用低廉；可以直接进行双向交流。

（2）求职者登记的缺点：随机性较大；时间较长；合适人选不多。

（3）运用求职者登记的原则：有关部门要有一个人兼管这项工作；要有

详细的登记表，要尽可能鼓励求职者。

3. 公开招聘

公开招聘是一种被广泛采用的招聘方式，企业向企业内外人员公开宣布其招聘计划，从而提供一个公平、公正的竞争环境。这种招聘方式不仅有助于吸引更多有才华的候选人，还确保了企业能够从众多应聘者中选拔出最适合的人选来担任企业内部的关键岗位。公开招聘可分为以下六个步骤。

1）刊登广告。有效的广告不仅能够吸引众多潜在应聘者，还能确保吸引到的人才与企业所需岗位高度匹配。因此，选择合适的时机、恰当的渠道以及精确的广告内容都显得尤为重要。否则，很可能导致应聘者的素质参差不齐，甚至人数不足，从而给企业带来招聘上的困难。

2）报名。确保了企业能够收集到潜在应聘者的基本信息，通过设定合理的报名时间、地点和程序，确保收集到高质量的应聘者信息，为后续的筛选和面试提供基础数据。企业还可以根据招聘的具体需求，设置一些额外的报名要求或流程，如在线测试、初步面试等。

3）招聘测试。由于招聘岗位不同和应聘人数不同，测试的方法可简可繁，具体操作请参阅本书有关章节。

4）筛选。根据应聘者的测试结果、背景材料和工作经验，初步决定合格者的名单。

5）录用。最后决定应聘者录取名单。向应聘者发出录用通知，告诉其何日何时来何地报到。

6）招聘评定。对招聘的每一个步骤进行检查，对照招聘目标，并对录用人员的表现进行评价，确定这次公开招聘是否成功，是否有改进之处。

工具：招聘工作三大抓手

1. 招聘广告的设计

招聘广告是企业员工招聘的重要工具之一，设计的好坏，直接影响到应聘者的素质。这里主要介绍运用最多的网络招聘广告。

1）网络招聘广告的设计原则

（1）准确；

（2）吸引人；

（3）内容详细；

（4）条件清楚。

2）网络招聘广告的主要内容

（1）本企业的基本情况；

（2）是否经过有关方面批准；

（3）招聘人员的基本条件；

（4）报名的方式；

（5）报名的时间、地点；

（6）报名需带的证件、材料；

（7）其他注意事项。

2. 招聘登记表格的设计

各种登记表格是招聘工作顺利进行下去的重要工具。

1）设计原则

（1）简明扼要；

（2）包括所有想要了解的信息；

（3）站在应聘者立场上考虑某些问题。

2）报名表

报名表的主要功能是统计和分析报名人数，以便招聘团队了解应聘者的整体情况和分布特征（详见表4-1）。报名表的设计需要精心考虑，涵盖应聘者的个人基本信息、教育背景、工作经历、语言能力、个人兴趣、身体状况等多个方面。

表4-1　某公司应聘人员报名表

应聘岗位			照片
报名日期			
姓名		性别	
出生日期			编号
最高学历		目前单位	
职称		专业	
身高		体重	外语水平
兴趣爱好		健康状况	
现工作单位			
通讯地址			
邮政编码		联系电话	期望月工资
备注：			

3）简历表

简历表有时与报名表可以合为一张表，有时可以单独成为一张表（详见表4-2）。简历表主要包括：学历、工作经历和工作成就。

表4-2　某公司应聘人员简历表

应聘岗位		姓名	
主要学历：			
主要工作经历：			
主要工作成就：			
注：如填写不下，请另附纸			

4）信息反馈表

信息反馈表能够了解应聘者对招聘测试形式的看法，还为企业提供宝贵的参考意见，以便我们在未来的招聘工作中做出改进（详见表4-3）。

表4-3 某公司应聘人员信息反馈表

应聘岗位		姓名	

1. 你认为本次招聘测试环节中,哪种形式最有效?为什么?

2. 你认为本次招聘中,有哪些方面需要改进?

3. 请你谈谈参加本次招聘测试的感受。

3. 招聘测试图表的设计

在招聘过程中,测试涉及的图表很多,图表设计好坏直接影响招聘效果。

这里就有关的测试图表设计做一个简单的介绍,供大家使用时参考。

1. 心理素质测试一览表(详见表4-4)。

2. 综合知识测试一览表(详见表4-5)。

3. 职业能力(人机对话)测试一览表(详见表4-6)。

4. 专业技能(情景模拟)测试一览表(详见表4-7)。

5. 专业技能(专家面试)测试一览表(详见表4-8)。

6. 测试优胜者名单(详见表4-9)。

7. 各岗位候选者名单(详见表4-10)。

8. 候选人各类测评成绩与评价表(详见表4-11)。

**表4-4 某公司员工招聘
心理素质测试成绩一览表**

测试日期：　　年　　月　　日

准考证号	姓名	应聘岗位	智力				创造力				备注
			抽象思维能力	文字掌握能力	分析判断能力	综合能力	快速联想能力	发散思维能力	独特构想能力	综合能力	

测评单位：　　　　　　　　　　　　　项目负责人：＿＿＿＿＿＿＿＿
填表日期：　　年　　月　　日　　　　主考官：＿＿＿＿＿填表人：＿＿＿＿

**表4-5 某公司员工招聘
综合知识测试成绩一览表**

测试日期：　　年　　月　　日

准考证号	姓名	应聘岗位	学科知识										市场营销知识					专业基础知识					总分	备注
			1	2	3	4	5	6	7	8	9	10	1	2	3	4	5	1	2	3	4	5		

测评单位：　　　　　　　　　　　　　项目负责人：＿＿＿＿＿＿＿＿
填表日期：　　年　　月　　日　　　　主考官：＿＿＿＿＿填表人：＿＿＿＿

表4-6　某公司员工招聘
职业能力（人机对话）测评结果一览表

测试日期：　　年　　月　　日

准考证号	姓名	应聘岗位	普通思维力	名次	职业兴趣	职业能力	名次	备注

测评单位：　　　　　　　　　　　　　　项目负责人：_____

填表日期：　　年　　月　　日　　　　　主考官：_____　填表人：_____

表4-7　某公司员工招聘
专业技能测评（情景模拟）成绩一览表

测试日期：　　年　　月　　日

准考证号	姓名	应聘岗位	基础知识（20分）	专业知识（20分）	应变能力（10分）	综合能力（10分）	经历状况（10分）	事业心（10分）	总体印象（20分）	总分（100分）	名次排列	备注

测评单位：　　　　　　　　　　　　　　项目负责人：_____

填表日期：　　年　　月　　日　　　　　主考官：_____　填表人：_____

表4-8　某公司员工招聘
专业技能测评（专家面试）成绩一览表

测试日期：　　年　　月　　日

准考证号		姓名		性别		年龄		文化程度	
应聘专业			测评结果				名次排列		
测评阶段	成绩	评价							
基础知识（20分）									
专业知识（20分）									
应变能力（10分）									
综合能力（10分）									
经历状况（10分）									
事业心（10分）									
总体印象（20分）									

测评单位：　　　　　　　　　　　　项目负责人：_____
填表日期：　　年　　月　　日　　　主考官：_____填表人：_____

表4-9　某公司员工招聘
第（　）轮测试优胜者名单

准考证号	姓名	应聘岗位

测评单位：　　　　　　　　　　　　项目负责人：_____
填表日期：　　年　　月　　日　　　主考官：_____填表人：_____

表4-10　某公司员工招聘
各岗位候选者名单

准考证号	姓名	应聘岗位	名次排列

测评单位：　　　　　　　　　　　　项目负责人：_____
填表日期：　年　月　日　　　　　　主考官：_____　填表人：_____

表4-11　某公司员工招聘
候选人各类测评与评价表

测试日期：　年　月　日

准考证号		姓名		应聘岗位	
测评阶段	综合成绩	评价			
一、心理测试					
二、综合知识考试					
三、职业能力测试（人—机对话）					
四、岗位技能测试（情景模拟）					
五、专业技能测试（专家面试）					

测评单位：　　　　　　　　　　　　项目负责人：_____
填表日期：　年　月　日　　　　　　主考官：_____　填表人：_____

标准：多维度评估招聘结果

一个完整的招聘过程中，应该有一个评估阶段。

1. 招聘成本评估

招聘成本评估涵盖了对招聘过程中产生的各项费用进行详尽的调查与核实，进而与预设的预算进行对比分析，是鉴定招聘效率的一个重要指标。当招聘成本较低，而录用的员工质量却相对较高时，这通常意味着招聘活动具有较高的效率。反之，若成本高昂而录用人员的质量并不理想，那么招聘效率则相对较低。

$$招聘单价=总经费（元）/录用人数（人）$$

小型企业由于其招聘规模相对较小，因此成本评估工作相对简单。大型企业由于其招聘活动通常规模庞大、涉及面广，必须重视成本评估工作。尤其在大型招聘活动中，企业需对各个环节的成本进行细致的核算与分析，确保招聘活动在经济效益上实现最优化。

1）招聘预算

企业在制定年度预算时，应充分考虑到招聘预算的分配与规划。招聘预算的构成相对多元化，主要包括招聘广告预算、招聘测试预算、体格检查预算以及其他预算。为了确保招聘预算的合理分配，一般推荐采用4:3:2:1的比例进行预算分配。

如：一家企业招聘预算是十万元，那么，招聘广告预算是四万元，招聘测试预算是三万元，体格检查等预算是两万元，其他预算是一万元。企业可根据自己的实际情况分配招聘预算。

2）招聘核算

招聘核算涉及到对招聘活动经费使用情况的全面度量、审计、计算和记录。这一流程不仅关乎到公司财务的透明度和准确性，更是对招聘活动效率和质量的重要评估手段。

2. 录用人员评估

录用人员评估是根据招聘计划对录用人员的质量和数量进行全面、客观地评价。在大型招聘活动中，录用人员的质量直接决定了企业未来的发展潜力和竞争力。如果录用的人员不合格，那么整个招聘过程中所投入的时间、精力和金钱都将付之东流。这不仅是对企业资源的浪费，更是对招聘团队工作成果的否定。只有当招聘团队成功招聘到全部合格的人员时，才能说真正完成了招聘任务。

录用人员的数量可用以下几组数据来表示。

（1）录用比

录用比=[录用人数/应聘人数]×100%

（2）招聘完成比

招聘完成比=[录用人数/计划招聘人数]×100%

（3）应聘比

应聘比=应聘人数/职位空缺数量

录用比越小，录用者的素质相对越高；反之，录用者的素质较低。招聘完成比等于或大于100%，说明在数量上全面或超额完成招聘计划。应聘比越大，说明发布招聘信息效果越好，同时说明录用人员可能素质较高。

除了运用录用比和应聘比这两项数据来反映录用人员的质量，另外也可以根据招聘的要求或工作分析中的要求对录用人员进行等级排列来确定其质量。

3. 撰写招聘小结

撰写招聘小结的原则：

（1）真实地反映招聘的全过程；

（2）由招聘主要负责人撰写；

（3）明确指出成功之处和失败之处。

招聘小结应包括以下内容：

（1）招聘计划；

（2）招聘进程；

（3）招聘结果；

（4）招聘经费；

（5）招聘评定。

案例：英特尔多管齐下拓展招聘渠道

在科技行业日新月异、竞争激烈的今天，英特尔公司作为全球领先的半导体制造商，深知人才是推动公司持续发展和创新的核心力量。为了应对不断变化的市场需求和行业挑战，英特尔公司积极采用多渠道招聘策略，以在全球范围内寻找并吸纳顶尖人才。

英特尔公司一直秉承以人为本的理念，重视人才引进和培养。传统的招聘方式虽然在一定程度上能够满足企业对人才的需求，但随着科技的快速进步和行业竞争的加剧，这种单一的招聘方式已经难以满足企业对多样化人才的需求。因此，英特尔公司决定打破常规，通过多种渠道进行人才的搜寻和招募。

为了更有效地吸引顶尖人才，英特尔公司不仅通过传统的招聘网站和校园招聘等渠道发布职位信息，还积极参与各类行业会议、研讨会和技术交流活动，与优秀人才建立联系。公司采用严格的面试流程，通过技术面试、行为面试等多个环节，全面评估候选人的专业技能、综合素质和发展潜力。对于符合要求的优秀人才，英特尔公司提供丰富的培训和发展机会，帮助他们不断提升技能和能力，实现个人价值。

1. 加强校招

英特尔积极加强与全球高等院校的合作，旨在从源头上吸引和培养优秀的毕业生。通过与各大高校建立紧密的合作关系，英特尔不仅参与校园招聘会，更推出实习生项目和暑期临时工计划，为学生提供实践机会，让他们在实际工作中了解并热爱英特尔的文化和使命。

除此之外，英特尔还设立了奖学金计划，为那些在技术、创新和领导力方面表现出色的学生提供资金支持，鼓励他们继续在学术和研究领域追求卓越。这一系列的举措，不仅增强了英特尔在学术界的影响力，也使其成为了许多优秀毕业生梦寐以求的工作场所。

然而，英特尔对于人才的追求并不仅仅局限于新毕业生。为了提升在职员工的技能和知识水平，公司与多家职业培训机构建立了合作关系，为员工提供了丰富多样的继续教育和技能提升机会。这些培训课程不仅涵盖了最新的技术知识，还包括了领导力发展、团队协作和沟通技巧等非技术性内容，旨在帮助员工全面提升个人素质和综合能力。正是因为英特尔在人才培养方面的持续投入和不懈努力，使得公司吸引了大量高校优秀学生的加入。这些新生力量为英特尔注入了新的活力和创意，推动公司在全球范围内不断取得新的突破和成就。

2. 广告式招聘

英特尔充分利用了现代科技的优势，尤其是线上招聘平台，以更广泛、更高效的方式吸引和筛选人才。

首先，英特尔会选择在官方网站、行业杂志等多元化的线上平台发布招聘广告信息。这种多渠道的招聘策略不仅展现了企业的品牌形象和实力，也确保了招聘信息能够迅速覆盖更广泛的受众群体。通过这些平台，英特尔能够接收到来自世界各地的求职者的简历，这不仅大大增加了应聘者的信息量，而且使得求职者的层次更加丰富多样，从而有效扩大企业的求职者数据库。

与此同时，英特尔的官方网站也扮演着重要的角色。官网上不仅定期更新职位空缺信息，还提供了详尽的职位描述和任职要求，为应聘者提供了清晰的职业发展方向。更重要的是，应聘者可以通过官网直接提交简历，这不仅简化了应聘流程，也提高了招聘效率。英特尔的人力资源团队会对收到的简历进行筛选，一旦认为某份简历与公司的需求相匹配，应聘者就有机会接到面试通知，从而进入下一轮的选拔过程。

此外，英特尔还充分利用了网络平台的大数据分析能力。通过收集和分析求职者的个人信息、职业背景、技能特长等多方面的数据，英特尔能够更精准地匹配求职者的技能与公司的实际需求。这种基于大数据的人才筛选方式不仅提高了招聘的精准度，也为企业节省了大量的时间和人力资源。

3. 中介机构合作

为了在全球范围内吸引并招募那些具有国际视野的顶尖人才，英特尔公司积极开展一系列全球性的招聘活动。这些活动不仅涵盖了参加各类国际性的大型招聘会，还深入到与国际知名猎头公司的紧密合作中。通过这些多元化的招聘策略，英特尔旨在打破地域限制，将全球范围内最优秀的人才纳入其精英团队。

1）人才交流服务中心：通过当地人才交流中心的资料库进行人才筛选是一种常见且经济实用的解决方案。优势在于其明确的目标导向和相对较低的成本。用人单位可以根据自身的用人需求，如职位要求、专业技能、工作经验等，在人才交流中心的资料库中筛选出符合条件的人才。这种方式不仅能够帮助企业快速定位到合适的人才，而且费用相对较低，适合那些需要大量基层员工的企业。对于这些高素质、高技能的稀缺人才，单纯依靠资料库筛选可能无法找到满意的人选。

2）招聘会：参加国际招聘会是英特尔全球化招聘战略的重要组成部分。随着全球人才交流市场的不断成熟，招聘会的形式也在经历着由全行业覆盖向专业方向发展的转变。通过参加对口专业举办的招聘会，企业招聘人员能够直接了解当地的人力资源素质和走向，这有助于他们更好地把握市场脉搏，为企业的发展找到合适的人才。此外，还使得企业招聘人员有机会与同行进行深入的交流，了解彼此的人事政策和人力需求情况，从而为企业制定更为合理的人力资源战略提供参考。

4. 熟人推荐

英特尔十分注重内部员工推荐机制。通过激励现有员工积极向公司推荐优秀人才，英特尔搭建了一个高效、精准的人才引进渠道。在英特尔，员工推荐不仅仅是一种招聘方式，更是一种文化。员工是企业最宝贵的资源，他们的眼光和经验对于识别潜力人才至关重要。因此，当员工成功推荐一位优秀人才并促成其加入公司时，公司会给予推荐者相应的激励奖金，以表达对其贡献的感激，有助于增强员工的参与感和归属感。

此外，通过员工、客户、合作伙伴等熟人推荐的人选，英特尔能够更快速、更准确地了解候选人的能力、经验和潜力。这种内部和外部的联合推荐，不仅减少了公司在筛选候选人时所需的时间和精力，还提高了招聘的效率和准确性。

5. 建立外部人才库

英特尔还与国际猎头公司建立了紧密的合作关系。这些猎头公司凭借其全球网络和专业经验，能够为英特尔推荐那些具有卓越才能和丰富经验的国际人才。通过与猎头公司的合作，英特尔不仅能够扩大其人才搜索的范围，还能够确保招募到的人才与公司文化和业务需求高度契合。

英特尔的这一系列多渠道招聘策略，不仅提高了招聘效率，也为公司带来了更多元化的人才结构。这种不断创新和适应市场变化的能力，正是英特尔保持行业领先地位的关键因素之一。

总之，英特尔公司的多渠道招聘策略是对传统招聘模式的一次重大革新。它不仅展现了公司对人才的重视和对未来发展的深远考量，也反映了企业在全球化竞争中不断求新求变的决心。随着这些策略的实施，我们有理由相信，英特尔将继续在科技创新的道路上，引领行业发展，继续书写新的辉煌篇章。

第 5 章

选贤任能
——四步实现可量化人效提升

方向：新常态下培训与开发认知

1. 什么是员工培训与开发

1）培训与开发的区别

培训与开发（又称发展）在定义上很难划分，许多时候常常混为一谈。如果一定要把培训与开发区别开来，以下几点可供参考：

（1）培训时间较短，开发时间较长；

（2）培训阶段性较清晰，开发阶段性较模糊；

（3）培训的内涵较小，开发的内涵较大。

本书中培训和开发两个概念可以混用，不做严格区分。

2）培训与开发的定义

企业员工的培训与开发（简称培训）是一个系统性的过程，旨在提高员工的知识、技能、动机、态度和行为，从而更好地实现企业的目标。这一过程不仅涉及员工个人能力的提升，更与企业整体绩效的改进紧密相连。培训的特点：

（1）培训的主要目的：提升员工绩效、推动实现企业目标。

（2）培训的直接任务：确保员工能够获取或改进与工作相关的知识、技能和动机。

（3）培训通常采取有计划的、有系统的各种努力。

3）培训与开发的角色分析

在企业的培训与开发活动中，参与的角色并非单一，而是涵盖了多个层面。他们各自发挥着独特的作用，从而共同推动企业人才的成长与发展。这些角色主要包括最高领导层、人力资源部、职能部门以及员工自身。这四种角色在培训中的作用有很大差别（详见表5-1）。

表5-1 不同角色在培训中的作用

培训活动	最高管理层	职能部门	人力资源部	员工
确定培训需要和目的	部分参与	参与	负责	参与
决定培训标准	—	参与	负责	—
选择培训师	—	参与	负责	—
确定培训教材	—	参与	负责	—
计划培训项目	部分参与	参与	负责	—
实施培训项目	—	偶尔负责	主要负责	参与
评价培训项目	部分参与	参与	负责	参与
确定培训预算	负责	参与	参与	—

从表5-1可以看出，在企业的培训工作中，人力资源部扮演着至关重要的角色，负责统筹、规划和执行大部分的培训活动，同时还需要对培训效果进行评估，以持续改进培训质量。职能部门几乎参与到了所有的培训活动，从培训需求的提出，到培训项目的实施，再到培训效果的反馈，都能看到他们的身影。最高管理层主要负责制定培训预算，确保有足够的资源来支持培训工作。员工不仅是培训的对象，更是培训的参与者和评价者。员工需要积极参与培训，在结束后还需要对培训效果进行评价，为未来的培训工作提供宝贵的反馈和建议。

4）培训与开发的作用模型

根据培训与开发的基本定义，我们可以构建出一个作用模型，用于描述培训与开发如何影响员工的绩效。如图5-1所示，该模型清晰地展示了员工绩效与员工行为、动机以及知识、技能和态度之间的关联。

因此，培训与开发的核心目标应当是提升员工的知识、技能和态度。在这三个方面中，态度的培养尤为重要，帮助员工建立正确的态度，使他们具备积极向上的工作心态。这将有助于激发员工的动机，使他们产生积极的行为，并最终实现组织的绩效目标。

然而，在现实中，一些企业在选择培训项目时，往往过于关注员工知识与技能的提升，甚至片面追求证书和学历。这种做法虽然看似投资巨大，但往往难以实现理想的绩效。

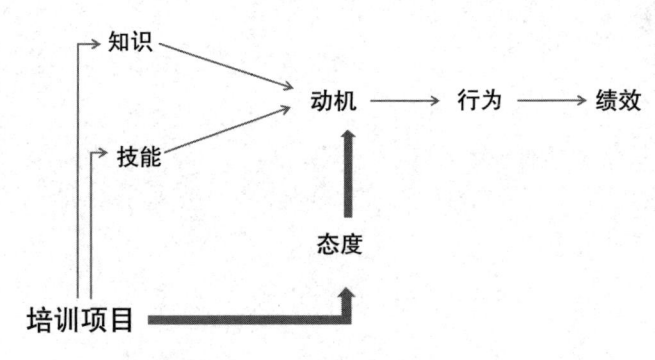

图5-1 培训与开发的作用模型

2. 员工培训与开发的重要意义

1996年1月在美国《管理新闻简报》中发表的一项调查指出，68%的管理者认为由于培训不够而导致的低水平技能正在破坏本企业的竞争力，53%的管理者认为通过培训明显降低了企业的支出。

1）员工培训与开发的重要性

（1）适应环境的变化。企业所处的环境在急剧地变化，就算曾经合格的员工，如果不经常培训，也可能会变成不合格的员工。

（2）满足市场竞争的需要。市场竞争不断升级，从资本竞争、研发竞争、产品竞争、质量竞争、销售竞争，终归都是人力资源的竞争。企业如果不重视员工培训，在激烈的市场竞争中很难摆脱灭顶之灾。

（3）满足员工自身发展的需要。员工追求自身发展不仅体现在职业技能的提升上，更体现在个人价值实现、职业成就感以及生活质量的提升等多个方面。如果企业不能满足员工，员工可能会感到工作缺乏激情，生活失去色彩，长期下去，消极情绪会严重影响工作效率，甚至导致优秀员工的流失。

（4）提高企业的效益。培训的终极目标是提高企业短期业绩增长和长期的可持续发展上。企业应该将培训工作纳入战略发展规划，持续投入资源，不断优化培训体系，以实现企业效益的最大化。

2）影响员工培训的因素

影响员工培训的因素主要有两大类：外部因素和内部因素。

（1）外部因素主要有以下几个方面：

①政府。在任何一个国家内，政府对企业员工培训都有重大影响。例如，有些国家规定企业的员工必须经过某些培训，或规定每个员工每年最低培训时间，或规定什么岗位上的员工必须经过某种培训等。

②政策法规。各国、各地区的政策法规因社会、经济、文化等因素的差异而有所不同，这些差异直接影响到企业的员工培训策略。例如，劳工法规定了员工的权益和待遇，要求企业为员工提供必要的培训，以保障其劳动权益。职工安全条例则要求企业对员工进行安全培训，预防工作场所的事故等。

③经济发展水平。在经济发展水平较高的地区，企业往往需要更高端的人力资源来支撑其业务发展，会投入更多的资源进行员工培训。这些培训不仅提高了员工的职业技能，也推动了地区经济的发展，形成了一种良性循环。而在经济发展水平较低的地区，由于企业资源和市场需求有限，对员工的培训投入相对较少，这在一定程度上限制了地区经济的发展。

④科学技术发展水平。随着人们对科学技术作用的日益重视，企业也更加愿意投入资源进行员工培训，以提高员工的科技素养和创新能力。

⑤工会。工会的一项主要任务是保护员工的利益，培训可以提高员工的素质和技能，满足员工自身发展的需要，同时也可以增加员工的收入。工会在员工培训方面的推动作用尤其体现在员工下岗或失业时，通过提供培训帮助员工提升竞争力，重新找到工作。

⑥劳动力市场。劳动力市场影响企业员工培训的作用是巨大的，当劳动力市场有大量符合企业需求的人力资源时，企业可能会减少对员工培训的投入，因为可以很容易地找到具备所需技能的员工。然而，当劳动力市场缺乏企业所需的人力资源时，企业就必须通过培训来提升现有员工的技能和素质，以满足业务需求。

（2）内部因素主要有以下几个方面：

①企业的前景与战略。一般而言，那些拥有远大前景和明确战略的企业，更注重员工的培训和发展。相比之下，那些缺乏前景和战略的企业，往往容易忽视员工的培训，导致员工能力滞后，企业发展受限。

②企业的发展阶段。企业的发展阶段可以分为启动期、成长期、成熟期、保持期以及衰退期（或再创业期）。在每个阶段，企业的战略目标和市场环境都会发生变化，因此员工培训的内容和数量也会相应调整。

③企业的行业特点。不同行业的企业对培训的需求和重视程度各不相同。一般来说，第三产业和高新技术的企业对培训的需求较大，人力资源的好坏直接关系到企业的生存和发展。因此，这些行业的企业更加注重员工的培训和发展。

④员工的素质水平。一般来说，素质水平较高的员工更加渴望得到培训和发展机会，因为他们希望通过学习来提升自己的能力和价值。相反，素质水平较低的员工可能更加排斥培训。

⑤管理人员的发展水平。管理人员的发展水平与重视员工培训的程度成正比。那些发展水平较高的管理人员，往往更加注重员工的培训和发展，会积极推动员工培训计划的制定和实施，为员工提供更多的学习和发展机会。

3. 员工培训与开发中的五大误区

既然员工培训与开发对企业来讲是如此重要，为何许多企业却不重视培训？主要是他们陷入了一些认识上的误区。其主要误区有以下五种：

1）以为新进员工天然会胜任工作。在新员工加入企业时，许多管理者存在一个普遍的误解，认为这些新员工会随着时间的推移自然而然地适应工作环境并胜任其职责。因此企业没有为新进员工提供必要的培训。据统计，高达80%的企业在未经有效培训的情况下，便匆忙地将新员工投入到实际工作中。这种做法不仅可能导致新员工在较长时间内难以提升工作绩效，而且可能增加员工的缺勤率和离职率。

2）流行什么就培训什么。在当前商业环境中，随着各种管理理念和工具的不断涌现，一些企业的管理者往往容易陷入盲目追求流行培训的误区。他们热衷于参加各种时髦的培训课程，如资产重组、精益生产、ISO9000研讨会等，而忽视了培训的实际需求和效果。

这种盲目追求流行的做法往往导致培训内容与企业的实际需求脱节。虽然表面上看起来企业开展了许多培训活动，但这些培训可能并不符合企业的实际需求，这种无的放矢的培训方式不仅会浪费企业的人力、物力和财力，还可能使员工对培训产生抵触情绪，从而影响培训的效果。组织低效率培训的结果只能是浪费人力、物力、财力。

3）高层管理人员不需要培训。在一些企业中，高层管理人员往往认为培训是基层管理人员和员工的专属，而他们自己则不需要参加培训。这种观念往往基于以下几个理由：他们非常忙碌，没有时间参加培训；他们具有丰富的经验，无须接受新的培训；他们本身就是企业的人才，不需要额外的培训。

然而，高层管理人员的素质和能力对企业的发展具有至关重要的影响。他们的决策、战略规划和领导能力直接决定了企业的成败。许多成功的企业鼓励高层管理人员参加各种培训课程和研讨会，以拓宽视野、增强领导力、提高战略思维能力。

4）培训是一项花钱的工作。一种常见的误解是，培训被视为一种纯粹的成本，应当尽量降低这一成本。因此，一些企业可能会选择在培训方面的投入几乎为零。然而，这种观点忽视了培训所带来的长远利益。

事实上，任何设备的功能都是有限的，而人的潜力却是无限的。通过培训，企业可以激发员工的潜力，提升他们的工作效率和创新能力，从而为企业带来更大的效益。

5）培训时重知识、轻技能、忽视态度。在培训过程中，一些管理者往往过于注重知识的传授，而忽视了技能和态度的培养。知识固然重要，但知识和技能的学习过程通常较慢，而且容易遗忘。相比之下，建立正确的态度对于员工的成长和企业的发展更为重要。一旦员工具备了正确的态度，他们就会自觉地去学习知识、掌握技能，并在工作中积极运用这些知识和技能。

正确的培训观点应该是：在培训中以建立正确的态度为主，同时注重提高员工的技能水平。

美国太平洋研究院根据现代认知心理学和社会学理论，开发的一套《对卓越的投资》高级研讨会课程，对建立员工正确的态度、积极的思维模式有明显的效果，国际上许多成功企业都引进了该培训课程，并取得了良好的效果。

企业中的管理人员在培训方面还存在许多误区。例如，有些企业认为有什么就培训什么，缺乏系统性的培训计划；有些企业则认为效益好时无须培训，效益差时无钱培训，忽视了培训对企业长远发展的重要性；还有一些企业认为忙人无暇培训，闲人正好去培训，这种观点忽视了员工个人发展的需求。甚至有些企业认为人多的是，不行就换人，用不着培训，这种短视的行为只会导致企业人才流失，影响企业长久的竞争力。

为了消除这些误区，企业中的管理人员需要加深对培训的理解，重视培训对企业和员工的重要性。只有这样，才能确保员工素质的提升，进而在市场竞争中保持领先地位。

方法：分层推进培训 & 开发

在企业中，员工的培训与开发的方法与类型是否恰当，与最终结果有极大的关系。

1. 培训与开发的方法

员工培训的方法要与成人学习的原则联系起来。

1）成人学习的原则

由于成年人的心理、生理状态与未成年人不同。因此，掌握了成人学习的原则，就可以更好地运用各种培训方法，来达成培训的目标。成人学习必须掌握以下六点原则：

（1）成年人的逻辑记忆力较强，机械记忆力较弱；

（2）当有学习欲望时，能学习；没有学习欲望时，学不了；

（3）当与过去、现在的经验有关联时，容易学习；

（4）通过参加实践活动，容易学习；

（5）当与未来情景有关联时，有指导意义的内容比较容易学；

（6）在自然、无胁迫的环境下学习，效果较佳。

2）各种培训方法的效果

培训方法有许多种，例如：专家授课、开研讨会、视频课、录像、计划性指导、计算机辅助教育、师父带徒弟、工作轮换、案例研究、游戏、角色扮演、T小组（敏感性小组）、行为造型、读书，等等。在企业中较常用的方法有八种：案例研究、研讨会、授课、游戏、视频课、计划性指导、角色扮演、T小组。

（1）各种培训方法的学习效果比较

从表5-2中可以看出，授课的效果最差，费用最低；计划性指导的费用最高，但效果并非最好；效果最好的是研讨会，其费用仅为中偏低，应该是企业培训的首选方法。

表5-2 各种培训方法学习效果比较

培训方法	反馈	强化	实践	激励	转移	适应个体	费用
案例研究	中	中	良	中	中	差	低
研讨会	优	良	良	优	良	中	中偏低
授课	差	差	差	差	差	差	低
游戏	优	中	差	良	中	差	中偏高
视频课	差	良	差	差	差	差	中
计划性指导	优	中	良	良	差	中偏良	高
角色扮演	良	良	中	良	中	中	中偏低
T小组	中	良	良	中	中	中	中偏高

（2）从各种培训方法与内容的效果比较

在表5-3中可以看出，如果要让员工获得知识，可以选用研讨会、角色扮演、计划性指导等方法；如果要让员工转变态度，可以选用T小组、角色扮演、研讨会等方法；如果要让员工掌握解决问题技能，可以选用案例研究、游戏、角色扮演等方法；如果要让员工掌握人际关系技能，可以选用角色扮演、T小组、游戏等方法；如果要让员工保持知识，可以选用计划性指导、研讨会、授课等方法。而参与者接受性以案例研究为最佳，以计划性指导为最差。

表5-3 各种培训方法与内容的效果比较

方法 \ 内容 等级	获得知识	转变态度	解决问题技能	人际关系技能	参与者接受性	保持知识
案例研究	4	5	1	5	1	4
研讨会	1	3	4	4	5	2
授课	8	7	7	8	7	3
游戏	5	4	2	3	2	7
视频课	6	6	8	6	4	5
计划性指导	3	8	6	7	8	1
角色扮演	2	2	3	1	3	6
T小组	7	1	5	2	6	8

3）主要培训方法介绍

（1）案例研究。案例研究的目的在于培养受训者分析信息、生成解决方案以及评估这些方案的能力。这种方法通常通过口头讨论或书面作业的形式进行，为受训者提供及时反馈和强化。案例研究使受训者能够将在课堂上学到的原则应用于现实生活中的复杂问题。由于其成本相对较低，因此在企业培训中得到了广泛应用。

（2）研讨会。研讨会旨在激发受训者的学习兴趣和参与度。研讨会根据不同主题分为特色演讲和互动讨论两种形式。在特色演讲中，培训师会围绕受训者感兴趣的题目进行深入的讲解，并分发相关材料以引导受训者进行深入讨论。互动研讨会可以结合其他培训方法，如案例研究、电影、游戏和角色扮演等，以增强培训效果和受训者的参与度。

（3）授课。授课通常由培训师向受训者传授知识。授课过程中，培训师会穿插提问环节，以检验受训者的理解程度。然而，这种单向沟通的培训方式在成人学习中可能不太适用，因为成年人更倾向于通过互动和实践来学习。因此，授课通常只能作为一种辅助方法。

（4）游戏。游戏是一种寓教于乐的培训方式，可以分为普通游戏和商业游戏两种。普通游戏通常具有高度的互动性和趣味性，能够吸引受训者积极参与。这些游戏通常内含许多与管理或员工工作密切相关的元素，使受训者在游戏过程中潜移默化地掌握相关知识和技能。商业游戏则更注重决策能力的培养，可以看作是案例研究的动态化表现。虽然商业游戏的效果良好，但由于设计成本较高，因此在推广上会受到一定限制。

（5）视频课。视频课培训是一种基于视听教材的培训方式，与录像培训相似。它的优点在于能够直观地展示许多过程细节，帮助受训者更好地理解和记忆所学内容。还可以随时重播，方便受训者反复学习和巩固。它的缺点是，如受训者可能处于消极的学习状态，缺乏反馈和强化的机会，以及制作成本较高或与实际情境不符等。

（6）计划性指导。计划性指导是一种分阶段提供信息的培训方法，通常通过书面材料或电脑屏幕进行。在每个阶段学习后，受训者需要回答相关问题以检验自己的理解程度。它的优点在于受训者可以根据自己的速度进行学习，反馈及时且充分，同时提供了大量练习机会，不受时间和地点的限制。但是，计划性指导的开发成本较高，且所学知识很难直接应用于实际工作中。

（7）角色扮演。角色扮演是一种在模拟真实情境中进行的培训方法，强调受训者之间的相互作用和合作。通过扮演不同角色，受训者可以掌握必要的人际关系技能和处理实际问题的能力，如沟通、协商和冲突解决等。

角色扮演的效果通常较好，但成功与否很大程度上取决于培训师的水平。如果培训师能够提供及时、适当的反馈和强化，那么学习效果将更加理想，且更容易将所学内容应用于实际工作中。然而，由于这种培训通常以小组形式进行，人均费用会相应提高。

（8）T小组。T小组（敏感性小组）是一种在六七十年代非常流行的培训方法。它通常由12人以下的受训者组成，每个小组配有一位积极观察组员行为的培训师。T小组没有固定的日程安排，讨论的问题往往涉及小组形成中"现时、现地"的问题，主要集中在人际关系和情感互动方面。

通过T小组的培训，受训者可以显著提高人际关系技能，并促进个人成长与发展。然而，T小组的效果在很大程度上依赖于培训师的水平。如果培训师无法提供有效的指导和反馈，那么很难将培训效果转移到实际工作情境中。

2. 培训与开发的类型

1）培训与开发的主要项目

在企业中，员工培训与发展的项目有无数种，有些是企业内部培训的项目，有些是请外部培训公司来培训项目，还有内外结合的培训项目。

（1）几十种培训项目。当今企业较为常用的几十种培训项目有：新进员工定向培训、领导技能、业绩评估、团队建设、招聘与选择、时间管理、解决问题技能、决策技能、新设备操作、开会技能、信息沟通、防止性骚扰、安全常识、产品知识、全面质量管理、公共演讲技能、演示技能、压力管理、目标管理、信息管理系统、计算机编程、多元化管理、激励员工、书写技能、谈判技巧、计划、战略管理、市场营销、开发创造力、财务管理、防止浪费、职业道德、采购流程、阅读技巧、外语、推销技能、组织发展、人力资源管理、生产管理、大众心理学、追求卓越心态，等等。

（2）企业内部培训的项目。企业根据自身现况常见的培训项目有：新进员工定向培训、业绩评估、产品知识、招聘与选择、新设备操作、防止性骚扰、安全常识、生产管理等。

（3）请外部培训公司培训的项目。企业常请外部培训公司安排的培训项目有：追求卓越心态、信息管理系统、演示技能、时间管理、公共演讲技能和谈判技巧、财务管理等。

（4）内外结合的培训项目。企业内外结合的培训项目，常用的有：领导技能、人际关系技能、追求卓越心态、团队建设、解决问题技能、决策技能、安全知识、激励员工等。

（5）企业进行最频繁的几大培训项目，一般为：新进员工定向培训、推销技能、领导技能、业绩评估、人际关系、团队建设、外语、市场营销等。

2）新进员工定向培训

新进员工定向培训，也称为定向培训，是一种专门为新聘用的员工设计的培训形式。其目的在于帮助新员工更好地融入组织，理解其工作任务，并熟悉其上级和同事。通过这种培训，新员工能够更快地适应新的工作环境，减少因不熟悉而产生的误解和困惑。在当今的商业环境中，大约80%的企业都会为新进员工提供某种形式的定向培训。但其具体实施方式却并不统一，甚至可能存在一定的不规范之处。

（1）定向培训的目的主要有：

①降低启动费用；

②化解新进员工的焦虑与困扰；

③降低新进员工的离职率；

④为管理层和同事节约时间；

⑤明确具体的工作期望；

⑥培养积极的态度、价值观；

⑦使新进员工养成良好习惯；

⑧树立正确的工作满意度。

（2）定向培训主要涉及以下内容：

①企业历史概况；

②企业文化与经营理念；

③企业经营政策和组织结构；

④员工规范与行为守则；

⑤企业报酬系统；

⑥安全与事故的预防机制；

⑦员工权力和工会；

⑧职能部门介绍；

⑨具体工作责任与权力；

⑩企业规章制度；

⑪明确工作场地与上下班时间；

⑫介绍新进员工的上级、同事、下级关系。

（3）定向培训的方法。定向培训时间从半天到三个月不等，主要根据企业的实际需要为准，一般以二至三天为佳。定向培训常用的方法如下：

①授课；

②研讨会；

③户外训练；

④视频课。

3）管理人员培训

当前企业进行的最普遍的一类培训。培训的目标在于提升管理人员的专业技能和领导能力。因此，除了管理人员本身，一些具有潜力的非管理人员也会被邀请参加这种培训。

（1）管理人员培训的主要目的：

①让未受过正规管理学习的管理人员迅速掌握必要的管理技能；

②增加管理人员对新知识和先进技能的学习；

③帮助管理人员建立正确的心态，提升自我认知，更好地领导和管理下级；

④致力于建立积极向上的企业文化；

⑤提高企业的效益。

（2）管理人员培训的项目。管理人员除特定的职能部门培训项目外，还有以下培训项目：领导技能、追求卓越心态、人际关系技能、团队建设、公共演讲技能、解决问题技能、决策技能、开会技能、职工道德、组织发展、企业再造等。

（3）管理人员培训方法主要有以下几种：

①研讨会；

②案例研究；

③角色扮演；

④T小组；

⑤游戏。

4）科技人员培训

科技人员培训主要聚焦于专业领域的学习。然而，要更全面地发挥科技人员的潜力，必须将培训范围扩大至其他多个方面。

（1）科技人员培训的主要目的有：

①开发出满足消费者需求的产品；

②主动为企业战略目标作出贡献；

③提高指导员工操作的能力；

④顺利完成企业各项重大科技任务。

（2）科技人员培训的项目。越来越多的企业重视科技人员综合素质的提高。因此，除了一些特定的专业培训之外，还进行以下一些培训项目：创造性思维训练、财务知识培训、市场营销培训、时间管理、内部沟通、员工指导、大众心理学等。

（3）科技人员培训的方法主要有以下几种：

①研讨会；

②授课；

③计划性指导；

④案例研究；

⑤视频课。

5）操作人员培训

操作人员培训又称为工人培训，是指对第一线员工的培训。

（1）操作人员培训主要目的有以下几点：

①培养员工积极心态；

②全面完成各项任务；

③掌握正确做事情的原则；

④掌握正确做事情的方法；

⑤提高工作效率。

（2）操作人员培训的项目。每个企业的操作人员由于工种不同，其需要的知识和技能也不同。因此，企业对操作人员安排专项知识和技能培训外，还安排其他培训项目：追求卓越心态、安全与事故防止、减少浪费、全员质量控制、企业文化、新设备操作、人际关系技能、时间管理等。

（3）操作人员培训的方法主要有以下几种：

①研讨会；

②游戏；

③视频课；

④户外训练；

⑤授课。

工具：三项培训实施模型

我们可以从培训与开发的实施模型来了解如何全面、正确地实施培训与发展。

1. 实施模型简介

培训与开发实施模型（详见图5-2）由三个阶段组成：前期准备阶段、培训实施阶段和评价培训阶段。

整个培训过程由培训需求分析开始，到评价结果的转移结束。通过对不同培训阶段的结果进行反馈，完整地实施整个模型过程。下面分三个阶段来阐述。

前期准备阶段

培训需求分析
确立目标

培训实施阶段

制定培训计划
1. 希望达到的结果
2. 学习的原则
3. 组织的制约
4. 受训者的特点
5. 具体的方法
6. 预算
实施培训

评价培训阶段

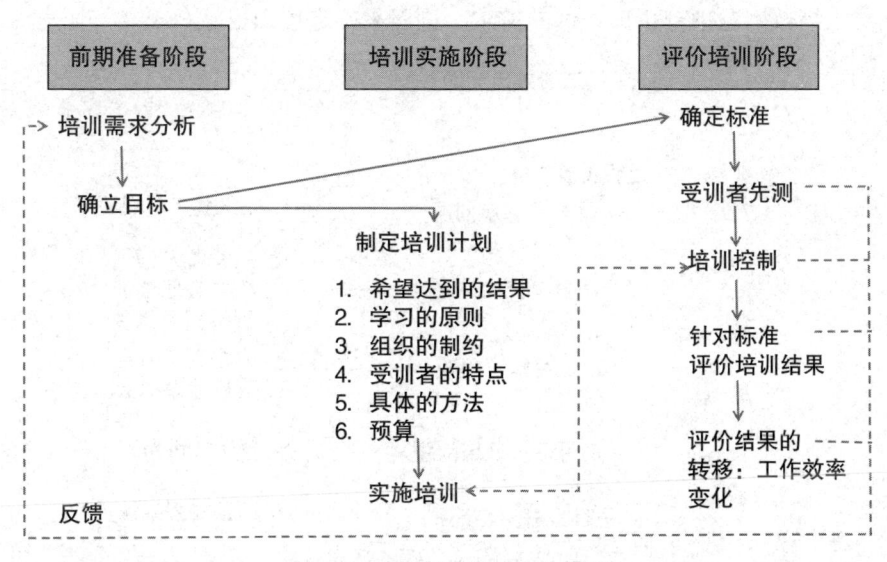

确定标准
受训者先测
培训控制
针对标准评价培训结果
评价结果的转移：工作效率变化

反馈

图5-2 培训与开发的实施模型

2. 前期准备阶段

前期准备阶段由两步骤组成：培训需求分析和确立目标。

1）培训需求分析

培训需求分析旨在深入了解员工需要接受哪些培训以满足企业和个人的

需求。这种需求主要源于企业的长远发展目标和战略计划，同时也需要考虑员工个人的职业发展规划和成长需求。

（1）培训需求分析的参与者。培训需求分析涉及到多个参与者的协作与贡献。这些参与者包括人力资源部的工作人员、员工、管理层、专家、客户，以及其他相关人员，如培训师、顾问等。

（2）现有记录分析。为了获取全面、准确的培训需求信息，对现有记录的分析也是不可或缺的。这些记录涵盖了企业的各个方面，如产品数量、产品质量、客户投诉率、事故率、绩效评估等，深入地了解员工的培训需求。

（3）培训需求分析的方法。根据企业的实际情况和员工的需求来灵活选择和应用培训需求分析方法，如个人面谈、小组面谈、问卷、观察法、关键事件等方法等。

（4）解决员工绩效问题的流动模型。根据流动模型（详见图5-3）可以从员工绩效问题中分析出培训的需求，进而来确定培训目标。

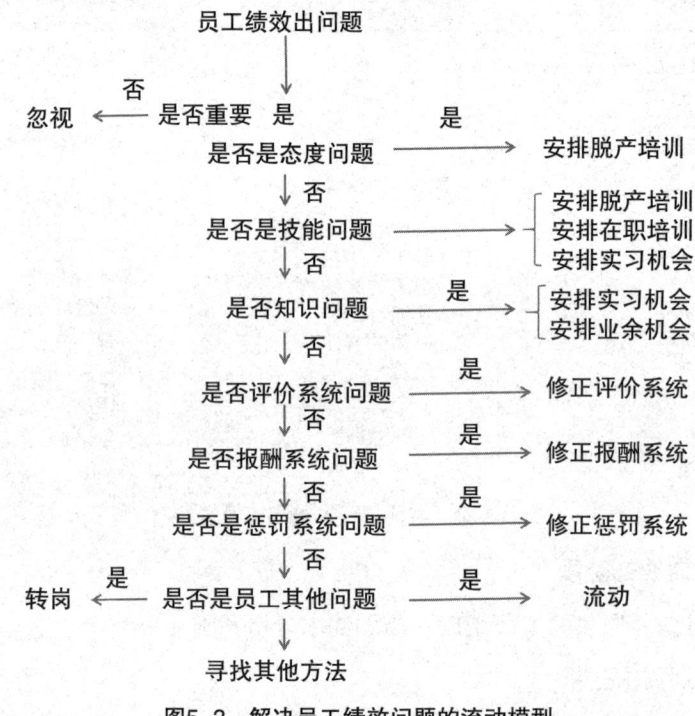

图5-3 解决员工绩效问题的流动模型

2）确立目标

企业根据培训需求分析结果明确目标，目标明确要注意以下几点：

（1）与组织长远发展目标相契合；

（2）培训目标不要太多；

（3）目标要具体可操作。

3. 培训实施阶段

培训实施阶段有两个步：制定培训计划和实施培训。

1）制定培训计划

培训计划有长期、短期计划。例如季度培训计划、年度培训计划等。每次培训计划实施需要包括以下几点：

（1）明确培训期望达到的结果；

（2）明确学习方式，如是否脱产等；

（3）组织的制约，例如部门经理必须参加等；

（4）受训者筛选维度，如新员工、应届生、年龄28岁以下等；

（5）明确培训具体事务，主要包括：时间、地点、培训教材、培训的方法；

（6）根据培训种类、内容等制定预算。

2）实施培训

实施培训是确保项目或计划成功落地的关键环节。在实施培训时，我们需要关注以下几个方面，以确保培训的有效性和高效性。

（1）确定培训师。培训师的选择直接关系到培训的质量和效果。优秀的培训师不仅应具备扎实的理论基础和丰富的实践经验，还应具备出色的培训技巧和高尚的人格魅力。他们能以富有吸引力和启发性的方式传授知识，激发学员的学习兴趣和动力。

（2）确定教材。教材是培训内容的载体，包括市面上公开出售的教材、企业内部编制的教材、培训公司开发的教材以及培训师自行编写的教材。一套优秀的教材应该围绕培训目标，内容简明扼要、图文并茂、引人入胜，以便学员能够迅速掌握关键知识点。

（3）确定培训地点。培训地点的选择应根据培训内容、参与人数以及预算等因素综合考虑。常见的培训地点包括企业内部的会议室、企业外部的会议室以及宾馆内的会议室等。

（4）准备好培训设备。准备好培训设备可以确保培训顺利进行，包括电视机、投影仪、屏幕、摄像机、黑板、白板、纸、笔等。对于一些特殊的培训，如技术操作培训或模拟演练等，可能需要特殊的设备或器材。

（5）决定培训时间。在选择培训时间时，应充分考虑参与者的时间安排和便利性，是白天还是晚上，周末还是工作日，开始与结束的时间等。

（6）发通知。在发出培训通知时，应确保通知内容清晰明了，包括培训的时间、地点、内容和要求等。同时，要采用多种通知方式，如邮件、短信、电话等，以确保每个参与者都能收到通知。

4. 评价培训阶段

评价培训阶段主要有五步：确定标准、受训者测试、培训控制、针对标准评价培训结果和评价结果的转移。

1）确定标准

（1）要以目标为基础；

（2）要与培训计划相匹配；

（3）要具体和可操作。

2）受训者先测

为了确保培训效果的最大化，在培训开始前对受训者进行一次先测试，掌握受训者现有水平的信息。这些信息包括受训者在知识、技能和态度等各个方面，受训者先测的主要作用如下：

（1）能够引导培训的侧重点；

（2）为正确评价培训效果做铺垫；

（3）让受训者在正式培训前就接受到一次培训。

3）培训控制

培训控制涉及在培训实施期间，根据预设的目标、标准和参与者的特性，对培训方法和流程进行适时的调整和优化。这种控制机制是培训实施过程中的重要组成部分。培训控制要注意以下几点：

（1）要善于观察细节；

（2）增加与培训师的沟通频率；

（3）紧抓培训目标的核心方向；

（4）了解受训者的真实反应；

（5）方法要运用适当。

4）针对标准评价培训结果

受训者在培训结束后，填写针对当次培训的评价反馈。一份好的培训评价表需要有以下几个特点：

（1）能紧密联系培训目标；

（2）以培训标准为基础；

（3）和受训者先测的内容有关；

（4）培训主要因素评估，如培训师、场地、培训教材、方式等；

（5）培训主要环节评估，如第一部分、市场影响、案例讨论部分等；

（6）评价结果便于数量化；

（7）鼓励受训者反映真实的结果。

5）评价结果的转移。

评价结果的转移是培训过程中至关重要的环节，却常在许多培训项目中被忽视。所谓的评价结果转移，实际上是将培训中所获得的成效切实地融入到工作实践中，从而转化为实际的工作效率提升。这与培训目标的设定紧密相连，正确评价结果的转移不仅关乎培训项目的成功与否，更是衡量一次培训是否真正产生效果的关键。评价结果的转移要注意以下几点：

（1）需要得到其他职能部门的支持；

（2）需要有效的评价工具；

（3）评价内容可数量化，如销量、产品合格率、事故次数、产量等；

（4）培训效果时效性明确，有的培训立竿见影，有的需要时间沉淀才能有效，有的则会失效；

（5）真实反映培训结果是否转移，便于改进培训工作。

标准：关注培训&开发三因素

企业员工的培训与开发非常重要，令人遗憾的是，仍有许多企业对此持轻视态度。背后有多重因素交织，但核心问题可归结为两个方面。首先，最高管理层对于培训的误解，认为培训是一项成本而非投资，担心投入大量资源后，员工可能会选择离职，导致这些投入化为乌有。其次，培训效果不佳也是导致企业不重视培训的重要因素。培训的效果受到多种因素的影响，其中最主要的三个因素是培训师的选择与培养、培训预算及其使用和培训效果的测定与反馈。

1. 培训师的选择与培养

培训师的优劣程度在员工的培训与开发中决定着培训效果。因此，应该充分重视培训师的选择与培养。

1）培训师的类型

在培训领域中，培训师的类型多种多样，他们的能力、经验和风格各不相同。判断培训师能力高低有三个维度：知识和经验、培训技能、个人魅力。根据三个维度，培训师可以分为八种类型，了解这些不同类型的培训师，对于企业选择适合自己的培训师资非常重要。

（1）卓越型培训师。这类培训师是培训界的佼佼者。他们不仅拥有扎实的理论基础，还具备丰富的实践经验。这类培训师能够熟练运用各种培训技能，展现出独特的个人魅力，使得培训效果达到最佳。

（2）专业型培训师。这类培训师同样具备扎实的理论功底和丰富的实践经验。他们熟练掌握各种培训技能，但可能在个人魅力方面略显不足。尽管如此，他们的培训效果依然较为出色。

（3）技巧型培训师。这类培训师以其独特的个人魅力脱颖而出。他们擅长运用各种培训技巧，但在理论知识和实践经验方面可能有所欠缺。这类培训师在培训过程中往往能够赢得受训者的喜爱，但实际效果可能并非最佳。

（4）演讲型培训师。这类培训师以其极富感染力的演讲风格著称。他们拥有丰富的知识和经验，但可能缺乏专业培训技能。这类培训师在授课时往往口若悬河、妙趣横生，能够吸引受训者的注意力，但培训效果可能并不理想。

（5）肤浅型培训师。这类培训师虽然熟练掌握培训技能，但既缺乏个人魅力，又缺乏必要的知识和经验。这类培训师在培训过程中可能缺乏深度和针对性，导致培训效果不佳。企业应尽量避免选择这类培训师。

（6）讲师型培训师。讲师型培训师多以大学教师为主，他们拥有丰富的知识和经验，但可能缺乏专业培训方面的训练和个人魅力。这类培训师在授课时可能过于理论化，缺乏实践性和趣味性，导致受训者难以投入。

（7）敏感型培训师。这类培训师富有个人魅力，但可能既缺乏培训技能，又缺乏相关知识和经验。这类培训师在培训过程中可能过于依赖受训者的回答，缺乏有效的指导和引导，导致受训者感到困惑

（8）弱型培训师。这是最差的一类培训师，他们在个人魅力、培训技能、知识和经验三个维度都处于较低水平。这类培训师在培训过程中可能缺乏条理和重点，导致受训者浪费时间和精力。企业在选择培训师时应坚决避免这类培训师。

总之，企业在选择培训师时应充分考虑其类型和特点，结合实际需求进行选择。

卓越型培训师是最佳的选择，但如果无法获得，也可以考虑选择专业型、技巧型和演讲型培训师。同时，企业应尽量避免选择肤浅型、讲师型、

敏感型和弱型培训师，以确保培训效果达到最佳。

2）了解培训师的途径

我们了解了培训师的八种类型后，评估培训师的方法有以下几种：

（1）"试一下"。让培训师试合作一次，便于了解其知识、经验、培训技能和个人魅力等。

（2）索要培训师简历。通过简历判断培训师受过什么教育、从事过什么工作、做过什么培训等。

（3）针对性提问。如是否了解企业职能部门具体运作方式、是否熟练掌握培训方法、要达到什么培训目标等。

（4）索要培训大纲。培训大纲中可以看出培训内容是否专业，是否能达成企业培训目标。

3）寻找卓越型培训师

优秀人才一定是紧缺人才，同样，卓越型培训师在市场上也不多见。寻找卓越型培训师可以通过以下途径：

（1）参加各种培训班。通过培训班，可以直接与各种培训师接触，可以观察到各位培训师的风格，从而可以寻找到企业需要的卓越型培训师。

（2）去高校旁听。高校是一个藏龙卧虎之地，可以去高校旁听各门相关课程，从中发掘出一些卓越型培训师。

（3）熟人介绍。通过亲朋好友，或者通过同事，相互介绍后可以知道各位培训师的水平，从而选择到合适本企业的培训师。

（4）专业协会介绍。可以多参加专业协会的活动，尤其是专业协会组织的培训或演讲会，从中也可以寻找到一些优秀的培训师。

（5）与培训公司保持接触。应该说，培训公司是卓越型培训师最集中的地方，而许多培训公司为了拓展市场，经常会主动与企业接触。因此，企业也应该与多个培训公司保持接触。

4）培养企业内部培训师

企业内，经常要进行的一些培训项目，如追求卓越心态、领导力、市场营销、新进员工定向培训等，可以通过培养自己企业的培训师来达到组织目标。

（1）培训师候选人需要具备以下条件：

①喜欢培训工作；

②有一定的相关知识；

③具有一些实践经验；

④善于沟通；

⑤心态较积极；

⑥善于学习；

⑦善于语言表达。

（2）培养培训师的方法有以下几种：

①参加"培训培训师"的研讨会；

②请企业内部培训师进行辅导；

③让培训师候选人在恰当的场合进行实践。

2. 培训预算及其使用

企业的培训预算分配的多寡、如何正确使用预算，直接关系到培训效果的好坏。

1）企业培训的总预算及其使用

（1）企业培训的总预算。各企业培训的总预算多少不一，但都有适当的分配比例。国际大公司的培训总预算一般占上一年的总销售额的1%~3%，最高的达7%，平均达1.5%。而我国的许多企业都低于0.5%，甚至不少企业在0.1%以下。

（2）企业培训总预算的使用。如果培训总预算包括内部人员的费用，总预算比例大多是：30%内部有关人员的工资、福利及其他费用、30%企业内部培训，30%派遣员工参加外部培训，10%作为机动。如果不包括企业内部人员的费用，总预算比例大多是：50%企业内部培训，40%派遣员工参加外部培训，10%作为机动。

119

2）派遣员工参加外部培训

（1）培训公司的成本分析。一般来说培训公司是一种微利行业，许多培训公司目前在中国都处于负债经营状态。国际培训公司由于看重中国市场，往往由母公司出钱支持在中国的子公司运作。

（2）培训公司的运营成本比例大致如下：20%培训师费用、20%开发教材或支付版税、20%市场营销费用、20%交税和管理费用、10%操作费用、10%利润。一旦培训师的差旅费及市场营销费用突破后，利润就所余无多了。国内培训公司目前的费用在每人每天200～2 000元之间，国际培训公司目前的费用在每人每天100～1 000人民币之间。而且以每年10%的速度递增。

3）企业内部培训

企业内部培训简称内训，其费用由于形式不同而差异较大。

（1）企业自己培训。企业内部的培训师培训是最为经济的方式。这种培训方式如果不涉及教材的版税，仅需支付内部员工的工资、设备折旧以及材料损耗等费用。但是培养和储存优秀的内部培训师需要投入大量的资源和时间，甚至导致某些关键技能的培训无法得到有效覆盖。因此，尽管这种方式成本低廉，但对于许多企业，尤其是中小企业来说，可能并不适合。

（2）聘请培训师内训。聘请外部培训师的费用根据水平和经验而有所不同，一般来说，国内培训师的市场价格在每天600～6 000元之间，而国际培训师大约在每天600～25 000元之间。虽然聘请外部培训师的费用相对较低，但企业需要投入大量的精力进行配合，尤其是在教材开发方面。这些因素都可能导致内训的效果不尽如人意。

（3）聘请培训公司内训。这种方式的费用最高，但其效果是最为显著的。与派遣相同人数的员工参加外部培训相比，聘请培训公司进行内训的费用可能会更为经济。目前，聘请培训公司内训的费用大约在每天2 000元至20 000元之间，一些国际培训公司的收费可能会更高。由于这些培训公司具有规范的操作流程、优质的服务以及一流的培训师团队，许多企业仍然愿意选择这种方式进行内训。

3. 培训效果的测定与反馈

通过对企业员工的培训与开发的测定与反馈，不仅能够全面了解培训所产生的效益，还可以为未来的培训活动奠定坚实的基础，进而推动人力资源的深入开发。

1）培训效果测定的四个层次

（1）反应层次。这是评估培训效果的基础。通过问卷调查等手段，收集受训者对于培训的直观感受和评价。例如，我们可以询问他们是否喜欢这次培训？培训师的表现是否出色？以及培训对他们的工作是否有所帮助？哪些地方需要改进？

（2）学习层次。学习层次是对受训者知识、技能掌握情况的评估。通过书面测试、操作测试以及等级情景模拟等方法，企业可以了解受训者在培训前后知识和技能的变化。这有助于判断培训的有效性，并为后续的培训内容和方法提供参考。

（3）行为层次。行为层次关注的是受训者在培训后的行为改变。通过上级、同事、下级、客户等相关人员的评估，可以了解受训者是否将培训中学到的知识和技能应用于实际工作中，以及他们在工作中的态度是否有所改善。

（4）结果层次。结果层次是培训效果评估的最高层次。它主要关注个体、群体和组织在培训后的整体表现。通过产品合格率、产量、销量、成本、利润、离职率等指标，全面评估培训对于企业和员工的影响。

2）培训效果的量化测定

培训效果的量化测定方法运用较广泛的是下列公式：

$$TE = (E_2 - E_1) \times TS \times T - C$$

其中：

TE ＝培训效益；

E_1＝培训前每个受训者一年产生的效益；

E_2＝培训后每个受训者一年产生的效益；

TS =培训的人数;

T=培训效益可持续的年限;

C=培训成本

举例:

x公司进行了一期推销员推销技能培训班,受训的推销员40人,为期3天,培训费20万元。受训前每位推销员一年的销售净利为20万元。受训后,每位推销员一年的销售净利为22万元,培训的效果可持续3年。

根据上述公式,可得:

TE =(22万元-20万元)×40×3-20万元=220万元

3)培训效果测定方案的设计

企业常用的培训效果测定方案,主要有以下四种(详见图2-18)。

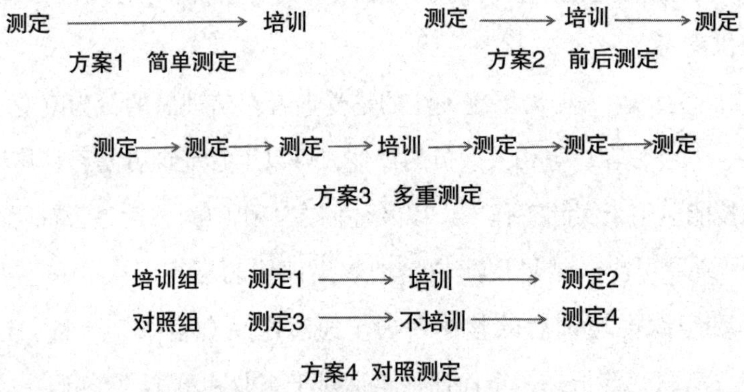

测定 ⟶ 培训
方案1 简单测定

测定 ⟶ 培训 ⟶ 测定
方案2 前后测定

测定 ⟶ 测定 ⟶ 测定 ⟶ 培训 ⟶ 测定 ⟶ 测定 ⟶ 测定
方案3 多重测定

培训组　测定1 ⟶ 培训 ⟶ 测定2
对照组　测定3 ⟶ 不培训 ⟶ 测定4
方案4 对照测定

图5-4 培训效果测定方案

(1)简单测定。简单测定方案是一种相对直接且成本较低的评估方法。由于操作简单易行,其准确性和可靠性往往较低。

(2)前后测定。通过在培训前后分别进行测定,对比受训者在培训前后的变化,从而更准确地评估培训效果。这种方法的关键在于选择合适的测定方法和工具,以确保前后测定的结果具有可比性和可信度。

(3)多重测定。这是一种更为严谨和精确的评估方法。它通过在培训前后进行多次测定,并计算其平均值,以消除单次测定可能存在的偶然误差和偏差。这种方案通常适用于那些难以量化的培训效果，如文化、态度、价值观等。通过多次测定和取平均值，可以更准确地反映受训者在培训前后的真实变化和进步。但是，多重测定方案的操作难度和成本相对较高，需要投入更多的时间和精力。

（4）对照测定。对照测定则是一种最为科学和客观的评估方法。在对照测定中，测定者和被测定者都不知道测定的目的，从而避免了心理暗示和期望效应对测定结果的影响，效果比较理想。

在进行培训效果评估时，企业需要采用科学、合理的方法，以确保评估结果的准确性和可靠性。首先，要选择好培训组后，用相同的方法选择对照组。这两个测定结果应该是相似的。

然后，我们需要对培训组进行培训。在培训期间，对照组照常工作而不进行培训。最后，在同一时间内对培训组和对照组分别进行测定2和测定4。测定2和测定4的差距就是培训的效果。通过比较两组之间的差异，我们可以评估培训效果的大小和方向，从而为后续的培训计划提供有力的支持。

虽然对照测定比较复杂，但是由于它的正确性较高，较有说服力，能对企业的发展提供更加有力的支持。

案例：特变电工新员工职业规划

员工职业生涯规划作为近年来在发达国家备受推崇的人力资源管理技术，其实质在于充分发挥员工的个人潜能，实现人力资源的最大化利用。通过为员工制定个性化的职业规划，不仅可以创造一个高效的工作环境，还能营造出吸引人才、培养人才、留住人才的良好工作氛围。

这种以人为本的管理理念，有助于提升员工的归属感和忠诚度，从而为公司带来更加稳定和高效的团队。在实施员工职业生涯规划时，我们必须紧密结合企业的实际情况。这意味着，我们需要全面分析公司的战略目标、行业特点、员工结构等因素，确保所设计的职业规划方案既符合公司的长远发展需求，又能满足员工的个人成长愿望。

特变电工股份有限公司地处新疆，是为全球能源事业提供系统解决方案的服务商，由全球24个国家2万余名员工组成。2022年实现营业收入960亿元，同比增长56%，实现归母净利润159亿元，同比增长119%；2023年一季度公司实现营业收入263亿元，同比增长37%，实现归母净利润47亿元，同比增长51%。然而，取得辉煌成绩的特变电工，曾经也因为人才流失问题，已经成为制约公司进一步发展的重要因素。

2002年，特变电工尽管在人力资源管理工作上取得了一定的成绩，但与公司的快速发展相比，这些成就仍然显得相对滞后，人才流失问题严重。

这些流失的人才，主要是那些毕业三年以内的大学生，他们已经度过了职场新手期，逐渐积累了经验和技能，开始在公司中发挥着不可忽视的重要作用。他们的离开，无疑给公司的长期稳定发展带来了深远的影响。为了深入了解这些员工离职的原因，公司人力资源部特别开展了一次针对往届大学生的员工满意度调查，以找出潜在的问题和改进措施。

在调查过程中，人力资源部采用了问卷和访谈两种形式来收集数据。问卷调查涵盖员工对工作环境、职业发展、薪酬福利等方面内容。为了确保数据的真实性和有效性，调查问卷共发出了40份，并经过严格的筛选和审核，最终有效回收的问卷为39份。

参与调查的人员涵盖了公司的各个层面，包括部门领导2人，一般财务、营销、管理人员15人，以及技术人员23人。这样的调查样本保证了调查结果的全面性和代表性。

调查问卷的结论显示，员工对公司的企业文化、有效激励等方面表示满意。然而，他们对公司薪酬结构和水平的满意度却不高。此外，个人职业发展的问题也是员工普遍关注的焦点。

在访谈中，员工们进一步表达了他们对职业发展的不满，认为公司的职业设计过于单一，且内部发展道路不够清晰。

面对这些问题，公司人力资源部深知，为员工设计有吸引力的职业发展道路并提供合理的薪酬是关键所在。特别是针对不同类型的员工，如何量身定制符合他们个人特点的职业发展道路，确保员工在公司内部能够感受到持续的上升空间和广阔的职业前景，已成为人力资源部亟待解决的重要问题。

为了解决这些问题，公司人力资源部决定从新员工入手，为他们提供系统的职业生涯规划设计。通过深入交流，了解他们的兴趣、能力和职业期望，以便为他们提供更具针对性的指导。

1. 特变电工新员工职业规划

1）初步岗位定位

在新员工入职之初，公司人力资源部会根据各部门的实际人才需求以及新员工的个人背景和技能特长，为其初步确定所属部门和具体岗位。这一过程旨在确保新员工能够迅速融入公司的工作体系。需要强调的是，新员工的岗位定位并非由其自主选择，而是基于公司整体人力资源规划和部门需求进行的科学决策。

2）系统化的入职培训

新员工的入职时间定在每年7月初，以确保他们能够在公司最忙碌的季节之前完成入职培训和适应期。入职后，安排他们接受为期30天的入职培训。这一培训旨在使新员工全面了解公司的企业文化、战略规划、组织架构、产品知识以及相关人事制度，并帮助他们明确自己与公司、岗位的适应程度。此外，培训还包括职业发展教育，帮助新员工设计自己的职业生涯规划，明确未来的发展方向。入职培训分为两个阶段：

（1）职前培训，内容涵盖公司文化、战略规划、组织结构、产品知识等方面，帮助新员工对公司有一个整体的认识。

（2）部门培训，新员工将深入了解自己初定岗位的相关知识、技能和经验，以便更好地适应未来的工作。这一阶段的培训通常采用讲座、案例分析、实践操作等多种形式，确保新员工能够全面、系统地掌握所需知识和技能。

3）入职引导人的角色与职责

人力资源部给每位新员工匹配一名入职引导人。入职引导人要么是新员工初定部门的领导人或者在公司有5年以上工作经验的资深员工担任。他们帮助新员工熟悉工作环境、了解公司文化、解决生活问题，以及提供职业发展的建议和指导。入职引导人会带领新员工熟悉公司的各个部门和区域，介绍公司的基本情况和规章制度，解答新员工的疑问。同时，他们还会关注新员工的生活需求，协助解决住宿、交通、餐饮等问题。在入职一个月后，入职引导人的角色将转变为辅导员，他们将继续关注新员工的工作、生活和学习情况，及时发现问题并提供解决方案。通过与新员工的定期沟通和交流，入职引导人将帮助新员工解决工作中遇到的难题，提升他们的专业技能和综合素质。

4）新员工自我规划

特变电工的自我规划由新员工自己完成，同时安排人力资源部和入职引导人进行必要的帮助、引导或监督、检查。在自我规划的过程中，新员工需要完成一系列的任务，包括确定志向、综合评估、职业选择、职业生涯路线选择、设定职业生涯目标以及制定行动计划与措施等。

（1）确定志向。志向是事业成功的基本前提，没有明确的志向，职业发展的道路就会变得模糊不清。因此，新员工需要认真思考自己的职业兴趣和目标，明确自己想要从事的职业领域和职位。

（2）综合评估。

①自我评估：自我评估需要新员工通过SWOT分析，全面了解自己的兴趣、特长、学识、专业能力、情商、思维方法等方面的优势和不足。

②职业生涯机会的评估：新员工根据SWOT分析出各种环境因素对自己职业发展的影响，包括工作特点、技能发展、本人和环境的关系、本人在这个环境中的定位等。

③职业的选择。应至少考虑性格、兴趣、特长等与职业的匹配度以及内外环境与职业的适应性。通过深入了解自己的优势和不足，以及职业发展的机会和挑战，新员工可以更加准确地选择适合自己的职业方向。

（3）职业生涯路线的选择。在选择职业生涯路线时，新员工需要综合考虑自己的职业目标、个人优势和不足、市场需求等因素。同时，还需要结合公司的战略目标和业务发展方向，选择与公司发展相契合的职业生涯路线。

（4）设定职业生涯目标。目标可以分为短期目标、中期目标、长期目标和人生目标。短期目标一般为一至二年，中期目标一般为三至五年，长期目标一般为五至十年。设定目标时，新员工需要充分考虑自己的实际情况和能力水平，确保目标是具有可行性和挑战性的。

（5）制定行动计划与措施。落实目标的具体措施主要包括工作、学习、培训、轮岗等。在制定行动计划时，新员工需要充分考虑自己的职业目标和个人能力，制定切实可行的计划，并严格按照计划执行。同时，还需要结合公司以及部门的计划目标，确保个人发展计划与公司发展相契合。

2. 职业发展通道

特变电工深知员工的职业发展是其持续成功的关键，因此积极为新员工提供多元化的职业发展通道。这些通道满足了员工个人的职业追求力。在特变电工，员工的职业发展道路可以概括为三种类型：纵向发展、横向发展和综合发展。

1）纵向发展

纵向发展是指企业内部传统的晋升通道，即行政级别的晋升。作为传统的晋升道路，是指员工在行政级别上的提升。特变电工的行政级别分为生产类和非生产类两大类：

（1）生产类为总经理、车间主任、班组长和工人共四级。

（2）非生产类为总经理、部门主任、一般员工共三级。

虽然公司的管理层级相对较少，管理幅度相对较大，使得纵向发展通道相对较为狭窄，但这并不意味着纵向发展不重要。实际上，对于某些具有出色领导才能和管理能力的员工来说，纵向发展仍然是一个可行的选择。

2）横向发展

横向发展通道则为员工提供了更多的发展机会。特变电工鼓励员工根据自己的特长和兴趣进行工作轮换，以培养和发展自己的多重技能。这种工作轮换不仅限于同一部门内，还包括跨部门的轮岗。例如，会计和出纳之间、销售业务员和技术员之间都可以进行轮岗。此外，员工还可以通过钻研本职岗位业务，从一般科员逐步发展成为有关方面的专家。这种职级发展为员工提供了广阔的职业发展空间，使他们能够在自己擅长的领域里不断精耕细作，成为行业内的佼佼者。

3）综合发展

综合发展是特变电工为员工提供的最为全面的发展通道。它结合了横向发展和纵向发展的优点，使员工能够在不同的岗位和职能之间灵活转换，实现个人职业目标的同时，也为公司的发展贡献更多的价值。例如，一个技术员可以通过不断学习和努力，逐步晋升为销售业务员，进而成为车间主任，甚至质检部门负责人，最终成为某一领域的专家。这种综合发展通道不仅要求员工具备扎实的专业知识和技能，还需要他们具备良好的沟通能力和团队协作精神。

为了帮助员工更好地规划管理职业生涯，提高专业能力和长期工作绩效，公司致力于为员工提供个性化的职业发展指导。这一举措旨在让员工根据自身特点，明确职业目标，制定合理的发展计划，并在实践中不断提升自身技能和知识。同时，公司也关注员工的职业成长与满足，为员工提供多元化的职业发展路径和广阔的晋升空间，以激发员工的工作热情和创造力。

第 6 章

优胜劣汰
——三步创建多维度评估体系

方向：科学制定绩效评估体系

绩效评估，又称为人事评估、绩效考核或员工考核。是由企业主管或相关人员对员工的工作表现进行系统性、全面性的评价。其目的不仅可简单地对员工工作好坏进行判断，更可以深度揭示员工的工作潜能以及所达到的有效程度。

对于大多数企业来说，绩效评估还是对整个组织人力资源管理水平的检验。通过绩效评估，企业可以清晰地掌握每个员工对公司的具体贡献或存在的不足，从而在整体层面上为人力资源的开发、培训、激励和调整提供决策依据。这一评价体系之所以被称为"绩效评估系统"。它包括工作成果、工作态度、工作能力等多个维度的评价指标。要建立良好的绩效评估系统，组织必须做到：

第一，明确组织发展目标以及对人力资源管理的要求。

第二，分析确定各项工作的权责，制定相应的绩效评估标准。

第三，制定切合实际的绩效评估方法来评价员工的工作表现和成果。

第四，在评估之前，向员工传达其需要达成的工作目标。

第五，建立与工作绩效相关的反馈机制。

第六，评价PAS[①]对于达到既定目标的有效程度，并对PAS做出修订。

1. 绩效评估的重要性

在当前的商业环境中，无论是大型企业还是初创公司，都面临着外部竞争的巨大压力，而内部生产率的增长速度逐渐放缓，这使得提高组织生产率成为了一个迫切的需求。企业涉及到对员工的调任、升迁和加薪等重大决定时，比较深思熟虑。这些决策不能仅凭个人喜好或主观判断，而必须建立在精确、客观的考核结果之上。

但是，许多企业在人力资源管理方面存在明显的短板。尽管绩效评估是人力资源管理中不可或缺的一环，但在实际操作中，却总不能有效实施。

绩效评估重要性主要有三个方面：

1）影响组织的生产率和竞争力

员工的表现对于组织的生产率和竞争力具有深远的影响，可以通过简单的出勤率和工作绩效来评估。出勤率只能告诉企业员工是否按时到达工作岗位，但无法揭示他们在岗位上的实际表现和贡献。而工作绩效则是一个更为全面和深入的衡量标准，它能够真实反映员工在其职责范围内的工作表现和达成目标的能力。工作表现可以用以下三方面来评估。

（1）工作成果。指员工在一定时间内完成的任务数量、质量以及效率。例如，销售员虽然完成了高额的销售额，但如果交易的价格水平远低于市场平均水平，那么他的工作成果同样不能令人满意。

（2）工作中的行动。不同的岗位需要员工采取不同的行动来达成目标，这些行动的选择和实施直接决定了员工的工作成果。例如，产品经理需要能够与团队成员有效协作，共同解决问题；而高层管理者则需要广泛听取民意，做出明智的决策。

（3）工作态度。工作态度体现了员工对工作的投入程度和责任感，它是员工的主观色彩和心理状态，直接影响员工的工作行为和工作成果。如果

[①] PAS，绩效考核体系 Performance Appraisal System，以实际的业绩效果为考核评价依据的价值衡量体系。

基层员工对工作持有消极态度，则无法全身心地投入到生产，导致合格率低下，造成工作失误。

在西方许多企业中，已经有很多企业开始重视员工的工作绩效对公司生产力和竞争力的重要性。他们纷纷加强了员工绩效管理，通过制定明确的绩效目标和考核标准，激励员工提高工作绩效。他们不仅关注员工的出勤率，也重视员工的工作质量和效率，以此来提升整个企业的生产力和竞争力。

2）作为人事决策的指标

绩效评估在人事决策过程中不仅是衡量员工工作表现的重要工具，还是制定人事政策、进行人事调整以及激励员工的重要手段。在升迁、任免调任、加薪等关键人事决策中，绩效评估结果往往成为决策者的重要参考指标。

有一家美妆制造公司，高薪聘请了一位生物医药研究方面的海外博士担任该公司xx产品部经理，结果发现该产品的销售业绩非但没有起色，还有严重滑坡迹象。经调查，该经理虽然是生物医药领域的专家，但缺乏产品上市运作等企业管理经验。另外，由于其本人性格过于独立，不善于处理员工关系，导致部门不和谐，工作效率下降。人事部决定将其调到公司的研发中心，不久这位博士就在新岗位上取得了出色的成绩。

在员工升迁或加薪的过程中，如果没有进行绩效评估，决策者将缺乏一个客观、公正的衡量尺度，难以判断员工是否具备相应的能力和贡献。绩效评估增强了选拔标准的透明度。通过公开、公正的绩效评估，员工可以清晰地了解自己在组织中的定位和发展方向，从而明确自己的努力方向。

3）有助于更好地进行员工管理

绩效评估在员工管理中主要服务于两个核心目标：一是对员工的表现进行评价，二是推动员工的个人发展，这两个方面相辅相成。

（1）评价方面

①绩效衡量。绩效衡量是对员工工作表现的具体量化，它直接反映了个

人对组织目标的贡献程度，能够识别出优秀或表现不佳的员工，为人事任免提供决策依据。

②补偿。它根据员工的工作绩效大小来决定其应获得的薪水和奖金，确保员工的付出能够得到合理且对等的回报。

③激励。当评价过程公正、公开，且奖罚分明时，员工会感到他们的努力得到了应有的认可，这将激发他们的工作热情和积极性。

（2）帮助员工发展

①加强员工的自我管理。员工能够更清楚地了解自己的工作要求和目标，增加自我管理意识，有助于员工更好地规划自己的职业发展路径。

②发掘员工的潜能。评估过程中，管理者可以观察到员工在不同任务中的表现，从而发现他们的优势和特长，并将员工调整到更适合他们的工作岗位，使他们的潜能得到充分发挥。

③实现员工与上级更好的沟通。绩效评估过程中，上级可以与员工就工作表现、职业发展等方面进行深入的交流和讨论，通过了解彼此的想法和期望，上下级之间可以更容易地达成一致目标，实现默契配合。

④提高员工的工作绩效。员工可以清楚地了解到自己在工作中的成绩和不足，从而有针对性地调整自己的工作方式和方法，有助于员工扬长避短，发挥自己的优势，提高整体工作绩效。

2. 绩效评估的阻力

绩效评估在现代企业中占据着举足轻重的地位，然而在实际操作过程中，我们遗憾地发现，大多数企业在绩效评估的执行上表现得并不尽如人意。

1）绩效评估的阻力

（1）管理者方面。在绩效评估过程中，由于人的主观性和情感因素，管理者在评估过程中难免会出现判断失误和偏见，影响员工的工作积极性，还可能对组织的整体效率和氛围造成负面影响。另外，评估结果直接关系到员工的奖励、晋升和职业发展，而且评估结果曝光率越高，管理者压力越大，因此管理者有时不能以客观、公正的态度进行评估。

（2）员工方面。管理者的主观偏见可能对员工绩效评估造成错误。大多数员工认为绩效评估过程不够严谨，管理者很难发现自己表现好的一面。

（3）绩效评估标准本身的问题。

①绩效评估很难评估创意的价值。以一家销售女性首饰的公司为例，近期该公司对货架陈设进行了调整，并新增了店面广告。这一创新策略由分管销售的副经理负责实施。同时，该公司还招聘了一批新的营业员，并进行了系统的培训。结果，本月的销售额出现了显著增长。然而，在评估这一绩效时，企业难以区分销售额的增长究竟有多少来自销售经理的创意性工作，有多少得益于营业员服务水平的提升？

②绩效评估很难评估团队工作中的个人价值。在一个高效协作的团队中，任何一项工作成果的取得都是团队共同努力的结果。每个成员都在为实现共同目标而付出努力，他们的贡献相互交织、密不可分。因此，在评估个人贡献大小时往往比较困难。

③绩效评估的标准往往忽略了不可抗力的因素。在实际工作中，即使两名员工同样努力，也会因为各种不可抗力因素（如市场环境变化、政策调整等）导致绩效结果截然不同。

除了上述问题外，绩效评估本身还存在诸多其他问题，导致组织内人员对绩效评估产生排斥心理。因此，我们急需一套能够突破阻力的对策，使绩效评估过程更加顺畅、高效。

2）如何克服阻力

（1）克服对绩效评估的"先天性心理障碍"。这种心理障碍可能源于过去不恰当的绩效评估经验，导致管理者对绩效评估的功能产生怀疑。也可能是因为对实施绩效考核的一些前提认识不清，从而产生了疑虑和担忧。为了消除这些负面后遗症，企业必须重新厘清绩效评估的动机和目的，明确其效益与风险。同时，我们还需要提出有关实施绩效评估的一些先天限制，以避免错估与不当期望，降低执行过程中的失败率。

（2）重视绩效标准的建立与特征，以强化员工工作界定。明确的绩效标准有助于强化员工对工作的界定，提高工作质量和效率。然而，许多绩效评估未能落实的原因之一就是未能确定绩效标准的正确定义，以及未能明确绩效标准的特征。因此，企业必须确保绩效标准的建立恰当且符合实际，以便为员工提供明确的工作指导。

（3）设定绩效评估适用且可行的实施程序。整个评估过程应包括收集情报、比较考核结果与所设定的标准等环节，可以全面了解员工的工作表现和业绩情况，有助于确保绩效评估的公正性和准确性。

（4）强调绩效评估面谈的重要性及主管与员工的事前准备，增强与员工的沟通效果。在我国大多数企业里，绩效评估面谈并未得到广泛应用。为了增强与员工的沟通效果，企业应该强调绩效评估面谈的重要性，并鼓励主管和员工提前进行准备。

（5）考虑我国社会的民情习惯，获取全体员工的支持。中国人一贯爱面子、讲人情，这确实给绩效评估的有效实施带来了一定的阻力。但是，企业应该将其视为技术性问题，并探索制定适应我国文化背景的绩效评估体系。

（6）请员工进行自我评估，以减少与主管的摩擦。在以明确的工作说明书为基础进行绩效评估的组织中，员工的绩效目标与绩效标准的达成应以"员工参与"为前提。通过自我评估，员工可以根据原先参与设定的绩效标准进行自我反思和评价，从而更客观地接受评估结果。

方法：练好绩效管理能力

在建立一个绩效评估系统时，评估标准、评估方法应尽早确立。一个有效的绩效评估系统建立在对企业事业的分析和个人工作职责的分析之上。从合理的角度来看，绩效标准应使员工有机会超过标准并实现组织的目标，也表明未达标准的绩效是无法令人满意的。

1. 绩效评估的标准

评估标准主要包括绝对标准、相对标准和客观标准三种。

● 绝对标准：是一种基于员工行为特质的标准。员工在实际工作中的表现与这些标准进行对比。它关注的是员工是否达到了预设的标准，而不是与其他员工的比较。

● 相对标准：将员工的绩效表现与其他员工进行比较，以评定其工作表现的好坏。这种方式可以通过将员工按照某种向度进行排序或归入特定等级来体现。

● 客观标准：强调评估者在判断员工特质和绩效表现时的客观性和准确性。对员工在各项特质或绩效上的表现进行定位，确保保持客观公正的评估结果。

1）绩效评估标准的特征

一项有效的绩效评估标准，需要具备下列几项特征：

（1）标准应根据工作本身来建立，而非基于工作者。

（2）标准和工作指标不同。当一位主管领导多人从事相同的工作时，只需制定一套统一的工作标准。对于每位主管，企业可以制定不同的工作指标。这些指标是根据他们过去的工作表现、市场发展趋势以及团队的整体目标来确定的。

（3）标准是可以达到的。绩效评估的项目是在部门或员工个人的控制范围内，并且是通过他们的努力可以实现的。

（4）标准是为人所知的。对于主管和员工来说，要明确绩效评估标准。如果员工对绩效评估标准模糊不清，将无法确定自己的努力方向。主管对绩效评估标准不了解，将难以有效地评估员工的工作成果。

（5）标准是经过协商而制订的。主管与员工应共同参与标准的制定过程，确保它们公平合理。当员工认为这些标准是他们自己参与制定的，他们更有可能遵守这些标准，并在工作中努力实现它们。如果员工未能达到标准而受到惩戒，也不会有过多的抱怨。

（6）标准要尽可能具体而且可以衡量。当一些评估项目属于现象或态度部分，因为比较抽象且不够具体，无法客观评估时，绩效评估的项目最好能够用数据来表示。

（7）标准有时间的限制。绩效评估资料必须能定期且方便地获取，确保评估结果的时效性。

（8）标准必须有意义。绩效评估项目需要根据企业的目标和需求来制定，并确保所采用的资料是一般例行工作中可以获得的。

（9）标准是可以改变的。绩效评估标准并非一成不变，随着企业的发展和市场的变化，根据实际情况进行调整和修改。

2）绩效评估标准的总原则

在构建和实施组织战略的过程中，明确个人或群体的工作行为和工作成果标准很重要。我们需要制定一套全面的绩效评估体系，该体系的核心原则在于两个方面：最大化工作成果和提升组织效率。

个人的工作成果最大化，无疑是提高组织效率的关键因素之一。而组织效率是一个综合性的概念，它涵盖了多个维度，其中盈利能力强、产品质量好、客户服务满意度高，都是效率高的显著表现。

3）建立单项或多项标准

绩效评估在整个管理程序里要和组织目标、每个部门功能一致配合。绩效标准的项目多少并没有具体数字可作标准答案。一名流水线操作工的工作职责简单明了，只需设立单项绩效标准，如果工作内容复杂，则需设立多项绩效标准。

单项还是多项绩效标准，从有效性来说没有优劣之分。对于员工素质普遍较高的岗位，如技术研发、市场营销等，员工往往具备丰富的学识和创造力，能够独立思考并处理各种复杂问题，绩效标准的设置可以相对弹性一些，企业只需为他们制定一些总体的绩效目标就可以。对于员工素质较低的岗位，如生产线工人、客服人员等，需要更加明确和具体的工作指导。企业应设立相对刚性的、详尽的绩效标准。这样，既能为员工提供清晰的工作方向，还能让主管从多个维度来全面评估员工的工作表现。

总之，绩效评估的标准可以是单项的，也可以是多项的。就评估本身而言，必须具备相当的可靠性和有效性，是决定绩效标准时把握的原则。

2. 绩效评估四大方法

绩效评估方法直接关系到评估结果的准确性和公正性。一个优秀的绩效评估方法必须具备普遍性、可靠性和有效性这三个基本特征。普遍性既能鉴别出员工之间的行为差异，又能确保评估者能够以客观、公正的态度进行评价。可靠性是指评估结果必须稳定可靠，能够真实反映员工的工作表现和能力水平。有效性是指评估方法必须能够达成所期望的目标。目前，组织普遍采用的绩效评估方法主要包括以下四类：

1）常规方法

大多数人力资源决策最基本的问题通常是："假如我们必须裁员，那么谁是工作绩效最差的人需要重新培训，谁就应该被裁掉。"针对这类决策，按工作绩效由高到低排序出员工名单的常规方法，可以做出精简组织、人事调整的决策。

（1）排序法

在直接排序法中，主管负责根据员工的绩效表现由好到坏进行排序，这种排序可以基于整体绩效或某项特定工作的绩效。这种排序方式在小企业中较为适用，企业规模较小，员工数量相对较少时，主管可以更加全面、细致地了解每位员工的绩效情况，从而做出相对准确的排序。当企业员工数量较多时，绩效差异可能变得不那么明显，不适合使用排序法。

（2）两两比较法

两两比较法是基于某一特定的绩效标准，将每个员工与其他所有员工进行比较，以确定谁的表现更为出色。并且记录每个员工与其他员工比较时被认为"更好"的次数，由高到低进行排序。这种方法对每位员工的绩效有一个清晰的认识，能够更公正、客观。

两两比较法存在的问题是：

①如果需要评价的人数很多，则需要做的比较次数将会非常多，工作量很大（若需评价的人数为N，则需做的比较次数为N（N-1）/2）。

②若评价出甲比乙表现好，乙比丙表现好，丙比甲表现好，则无法自圆其说。

排序法和两两比较法有一个共同的问题：在排序中每个人的位置唯一。这意味着任何两个员工的表现必能分出先后，但事实上这是不可能的。通常发生的情况是：某些员工的表现差不多，难分伯仲。

（3）等级分配法

等级分配法克服了上述两种方法的局限性。在这种方法中，评估小组或主管首先会精心拟定一系列与岗位和职责紧密相关的评估项目，根据这些项目对员工的绩效进行初步排序。接下来，评估团队会设立一个明确的绩效等级体系，并在每个等级中设定固定的比例分配。

如"优"20%，"较优"30%，"中"50%，"较差"10%，"差"5%，按每个人的绩效排序分配进绩效等级。采用这种方法绩效评估结果不再着重于具体排序，而着重于每个人的绩效等级。这样的比例分配确保了评估结果具有一定的统计意义和代表性，绩效评估结果不再仅仅依赖于具体的排名，而是更加侧重于员工在整个团队中的相对表现。

然而，等级分配法也存在一定的问题，员工的绩效可能并不完全适用于预先设定的等级体系。评估小组需要不断对评估方法和等级体系进行调整和优化，如果大部分员工的绩效都比较好，一定要把30%的员工归入"较差"或"差"等就不尽合理。

2）行为评价法

在运用上述三种常规方法进行员工绩效评估时，主管常常面临一个挑战：如何将每个员工的绩效与其他员工进行比较。

这种比较在整体绩效表现良好的情况下可能相对容易，但一旦整体绩效表现不佳，这种评估方式就失去了客观的参照系，其准确性也相应下降。行为评价法让主管能够独立于其他员工，仅依据客观的行为标准来评估员工。

（1）量表评等法

量表评等法是应用最广泛的绩效评估法，通过设定一系列评估项目，对个体或团队在特定工作领域内的表现进行量化评价。如评估一位中级管理人员的工作实绩时，根据政策水平、责任心、决策能力、组织能力、协调能力和社交能力等维度，对每项设立评分标准，最后把各项得分加权相加，即得出每个人的绩效评分。

（2）关键事件法

J·C·弗兰根曾发展出一种客观的方法来收集评估资料，称之为"关键事件法"。此法所收集的事件资料，都是明确易观察且对绩效好坏有直接关联的。"关键事件法"共有三个基本步骤：①当有关键性事情发生时，填在特殊设计的考核表上；②摘要评分；③与员工进行评估面谈。

采用这种方法，主管必须确实能就正、反两面的事实着眼；否则，评估会有偏差，员工也无法公正地接受评估。

（3）行为评等法

行为评等法作为关键事件法的深化和突破，不仅更加系统和完善，而且通过详细记录员工的关键事件行为，为评估提供了有力的依据。

使用行为评等法要进行详尽的工作分析。收集描述员工是否胜任该工作岗位的行为事实。把这些行为事实细分为多个方面，如管理能力、沟通能力、团队合作等。针对每个方面，都会设立具体的标准，并对每个方面的重要性都需要进行量化，即分配权重。

基于这些行为事实的等级标准和权重，可以制定一张全面、可靠、有效且易于使用的行为评等表格。主管能够依据具体标准对员工进行公正、客观的评价。但是，行为评等法也存在一定的局限性。由于大多数表格只能包含有限几种行为方式和标准，可能无法完全涵盖员工在实际工作中的所有表现。

（4）混合标准评等法

混合标准评等法综合了关键事件法和行为评等法的长处，具有较大的优越性。它使用混合标准量表，就某项工作的几个特定方面分别作出高、中、低三档行为描述表示绩效，没有明确的分值。

这种方法的优点在于，它使评估者的注意力不会过度集中在分值上，而是会关注被评估者的实际行为模式。

（5）行为观察评等法

行为观察评等法并非评估被评估者做某项工作的水平或优劣程度，而是观察被评估者做某项特定行为的频度，并设定与频度相关的分值。这种方法具有直观、可靠的优点，能够帮助被评估者更容易接受反馈并提高自身绩效。然而，它的缺点，是在观察目标较多的情况下，容易出现较大的失误。

3）工作成果评价法

（1）绩效目标评估法

绩效目标评估法对各项分目标进行了细致入微的考量，更有针对性。在这种评估模式下，每一个目标都被视为独立的单元，员工的完成情况会独立进行衡量，并在最后进行加权平均，以得出整体绩效的评估结果。

这种方法的优势在于它为员工的努力方向提供了明确的指引，能够激发员工的内在动力，促使他们努力达到或超越预期的标准。绩效目标评估法通过细化绩效标准，有效地减少了评估过程中的偏见和误差。但是，也可能导致员工之间产生不必要的激烈竞争，进而增加内部消耗，对整体绩效产生负面影响。

（2）指数评估法

指数评估法侧重于通过一系列客观的标准来量化评估绩效，如生产率、出勤率、跳槽率等关键绩效指标。

指数评估法通常包括定性评估和定量评估两个方面。定性评估主要关注产品质量、顾客满意度、原材料使用情况和能耗水平等非量化因素。而定量评估则更加注重具体的数字指标，如每小时产出数量、新增用户订单数和销售总额等，这些数字能够直观地反映员工的实际贡献和业绩。

3. 有效运用绩效评估方法的原则

以上介绍了诸多绩效评估的方法，各有优点，也各有不足。在实际运用中，良好且适用的评估方法有以下几个原则：

1）能够体现组织目标和评估目的；

2）对员工起到正面引导和激励作用；

3）较为客观地评价员工的工作结果；

4）评估方法要相对节约成本；

5）评估方法实用性强，易于落地执行。

工具：绩效评估三大工具

工具一：收集情报

收集情报指在一次评估至另一次评估间隔期内，观察员工的行为表现或听取组织内其他人观察到该员工的行为表现。

用最常用的"关键事件法"收集情报，把事件收集并加以整理后，将关键性的要求填在特殊设计的考核表上。要求主管所登录的必须是直接观察所得，而且，要能清晰显示出该行为表现对组织来说是正面的还是负面的。

在收集评估"关键事件"时，主管可从以下两个主要来源获取资料：

1）工作表现的记录。例如生产产品质量、工作中的努力程度、是否按时完工、是否安全操作、预算成本和实际成本的比较、出勤情况，以及顾客、同事抱怨的次数。

2）经由其他与被评估者有来往的人，包括直接主管、同事或该员工服务的对象。如果公司实行项目小组制且有该员工的参与，则与小组负责人联络，方式上应力求客观。询问方式采取"小李帮您做过哪方面的事？"或"关于这方面，您对他的评价如何？"等。

工具二：设定评估的间隔时间

绩效评估的间隔时间是整个评估操作过程中的核心要素之一。

设定的间隔时间与工作性质紧密相连，充分体现出科学性与合理性。若间隔时间设置得过于短暂，可能会导致投入大量的人力、物力、财力却仅得到意义不大的评估结果。例如，如对于流水线操作工等重复性较高的工作，过于频繁的评估可能不仅无法提供有价值的信息，还可能造成资源的浪费。若评估的间隔时间过长，会削弱绩效评估对员工工作应有的监督作用和威慑力。员工可能会因为缺乏及时的反馈而缺乏改进的动力，导致工作绩效无法得到有效的提升。

从科学性的角度来看，绩效评估的间隔期根据不同的职务和工作性质，应当有所区别，以确保评估结果的准确性和有效性。一般而言，季度、半年和年度是常见的评估间隔期。对于大多数工作，如熟练的流水线操作工或组织中常规工作的管理人员，这些间隔期是比较合理的，因为它们可以确保评估的及时性和连续性，同时避免过于频繁或过于稀疏的评估。

对于项目制工作，评估间隔期的设定则需要更加灵活。通常在一个项目结束后进行绩效评估，或者在项目的期中和期末进行两次评估。

此外，绩效评估的间隔期还应根据评估目的的不同而有所调整。若评估的主要目的是更好地沟通上下级意图，提高工作效率，那么评估间隔期应适当短一些。若评估的目的是人事调动或晋升，那么评估间隔期应相对较长，以便观察员工在一个较长时间段内的工作绩效。避免被某些员工短期的投机取巧行为所蒙蔽。

如果发现员工的长期工作绩效一贯良好且呈上升趋势，那么应当考虑给予其相应的奖励和晋升机会，如加薪或升职。这不仅可以激励员工继续努力，还可以为组织吸引和留住优秀人才。相反，如果员工的长期工作绩效一直不佳，那么组织应当考虑是否需要进行岗位调整或替换，以保证工作的顺利进行。

工具三：360°绩效评估

360°绩效评估，又被称为全方位绩效评估，是一种全面、多角度的员工绩效评估方法。在这种评估方式中，评估人不仅限于直接上级，还包括同事、下属、自己以及顾客等各个相关方。每个评估者都从自己的特定角度出发，对被评估者的工作表现进行全方位的审视和评价，避免单一评估者可能存在的主观臆断，从而增强绩效评估的公正性、准确性和有效性。

1）上司评估

上司作为被评估员工的直接主管，在绩效评估中通常对被评估员工的工作内容、职责、目标以及日常工作表现有着深入的了解和认识，因此，评估意见具有极高的参考价值。

（1）上司评估的优点：

①评估可与加薪、奖惩等结合；

②经常与下属沟通，了解下属的想法，发现下属的潜力。

（2）上司评估的弊端：

①由于上司掌握着切实的奖惩权，评估时下属会感到受威胁，心理负担较重；

②上司的评估常沦为单一说教；

③上司可能缺乏评估的训练和技能；

④当上司有偏见时，不能保证评估的公平公正，容易挫伤下属的积极性。

尽管上司评估有诸多不足之处，但实际工作中，上司评估往往是最普遍、最不可缺少的。

2）同事评估

同事与被评估者之间在日常工作中频繁互动，互相协作，形成了深入的观察和了解。因此，同事评估的一个显著优势在于其全面性和真实性。为了确保同事评估的有效性，实事求是的态度至关重要。

然而，同事评估也存在一些弊端。由于同事之间通常存在着良好的沟通和深厚的了解，这可能导致评估过程中产生"个人交情"的干扰。评估结果可能会偏离实际情况。此外，许多组织机构采用竞争式的奖惩制度，这种制度可能会加剧同事之间的竞争关系，进而影响评估的公正性和客观性。

在不同的企业中，同事之间的合作关系呈现出多样性。以项目小组为例，成员之间的相互作用尤为紧密。在这种情况下，如果其中一名成员的工作效率低下，可能会对整个小组的工作进度和绩效产生负面影响。因此，同事评估在揭示问题、鞭策落后方面发挥着积极作用。

以下5项适用同事评估法：

（1）参与性：被评估人是否积极参与小组的讨论及其他活动。

（2）时间观念：被评估人是否及时参加活动和完成任务。

（3）人际交往技巧：被评估人能否与同事保持融洽的关系。

（4）对小组的贡献：被评估人在小组中能否经常提出好的意见、建议及有创意的想法。

（5）计划和协调能力：被评估人能否计划好自己的工作任务，并协调好与同事之间的工作分配，尽快推进整个项目进展。

3）下属评估

下属评估上级作为一种管理评估方式，在过去并不常见。这种相对较新的管理方式，在培养企业民主作风和提高员工凝聚力方面发挥着重要作用。美国AT&T、通用电气、杜邦等大型跨国公司纷纷引入了下属评估上级的评估体系，取得了良好效果。

（1）下属评估的优点

①能够帮助上司发展领导管理的才能。下属评估机制允许下属对上司的

工作表现进行反馈，特别是指出上级在处理上下级关系中的不足之处，有助于上司认识到自身领导方式的不足，进而调整和完善领导能力。

②能够达到权力制衡的目的。下属评估能够达到权力制衡的目的。通过这种评估机制，上司在工作中的行为也会受到有效监控，防止独裁专断倾向的出现。

（2）下属评估的弊端

①下属在评估过程中往往不敢实事求是地表达意见。为了避免可能遭受到的上司报复，他们可能会夸大上司的优点，而对上司的不足之处保持沉默或进行掩饰。

②上司并不总是真正重视下属的意见，即使他们在评估过程中承诺改正错误，也可能只是口头说说而已，并没有真正付诸行动。

③下属对上司的工作往往无法全盘地了解。对上司的整体工作表现可能缺乏全面的认识。因此，在评估时可能会过于关注个别方面，从而产生片面看法。

4）自我评估

在设定目标时鼓励员工的积极参与。这种参与方式不仅促进了目标的明确性和透明度，还有助于提升员工对于工作目标和自身角色的认同感。当员工亲身参与到目标的设定过程中时，他们会更加清晰地理解工作的方向和期望的成果，从而在工作中展现出主人翁意识。

（1）自我评估的优点

①自我评估对评估人和被评估人不具威胁性，压力较小。

②自我评估能够增强员工的参与度。

③自我评估的结果较具建设性，工作绩效较可能改善。

（2）自我评估的弊端

①自我评估倾向于把自己的绩效高估，与上司或同事的评估结果有差异。

②当自我考核结果用于行政管理时，会受到系统化的误差。

③只适用于协助员工自我改善绩效，不足以作加薪晋升的评判标准。

5）客户评估

客户作为企业外部人员，他们的评估通常不会受到企业内部利益机制的左右，从而保证了评估的真实性和公正性。这种评估方式尤其适用于评价那些与客户接触较为密切的员工，如销售员、售后服务部人员等。

（1）客户评估的优点

①客户评估让企业重视其在公众心中的形象，通过每一个员工反映出来。

②客户评估相对客观。

③客户评估使每位被评估者加强消费者满意度为导向的理念。

（2）客户评估的弊端

①难以操作。由于每个企业员工接触的客户群体可能各不相同，而不同客户的评估标准又存在差异，导致评估过程中缺乏统一的标准，客户评估结果的准确性和可靠性受到一定影响。

②比较费时费力。由于客户不是企业内部人员，他们没有义务配合企业的业绩评估活动。因此，说服客户参与评估，需要投入大量的时间和精力。

4. 评估中偏见的克服

绩效评估体系虽被现代公司广泛采用，但在实际应用过程中，不可避免地存在偏见，影响绩效评估结果的公正性和客观性。

1）评估过程的先天不足

绩效评估过程涉及大量信息的浓缩和分析，工作量较大。

（1）观察员工的行为和工作成果需要一定时间跨度。为更全面地了解员工的表现，可将短期记忆转化为文字或可视化文件，将重要的信息浓缩并储存在长期记忆中。通过不断的强化和重复，这些行动最终会形成习惯，进而产生躯体记忆，使员工能够在需要时迅速而准确地做出反应。当需要作出判断时，评估者可以从记忆库中调出这些相关信息，并将其与预设的绩效标准进行比较。

（2）人的记忆并不总是客观和可靠的，尤其是在涉及较长时间段的记忆时。即使有文字记录的信息，也可能因为时间的流逝或记忆的扭曲而失去准确性，评估者需要意识到这种偏差的存在。

2）评估中的失误

（1）晕轮效应误差。评估人在对被评估人进行绩效评估时，往往会把绩效中的某一方面看得过重，从而影响了对整体绩效的评估。这种误差可能导致对被评估人的过高或过低评价。

（2）近因误差。人们往往对近期发生的事情印象比较深刻，这可能导致评估人在对被评估人进行绩效评估时，以近期的印象代替被评估人在整个评估期的绩效表现。例如，如果一个员工在一年中的前半年工作表现平平，但在最后几个月开始表现出色，他仍然可能得到较好的评价。

（3）感情效应误差。评估人可能随着他对被评估人的感情好坏程度自觉或不自觉地对被评估人的绩效评估偏高或偏低。这种误差可能导致绩效评估的不公正性。为了避免这种误差，评估人应该努力站在客观的立场上，尽量不受个人感情的影响，对被评估人的绩效进行公正评估。

（4）暗示效应误差。评估人在领导者或权威人士的暗示下，很容易接受他们的看法，从而改变自己原来的看法。评估人应该保持独立思考和判断能力，不轻易受到他人暗示的影响。

（5）偏见误差。由于评估人员对被评估者的某种偏见，而影响对其工作实绩的评估所造成的误差。例如，如果评估人是销售出身的，可能会对工科出身的技术人员不知变通，评价偏低。

3）减少误差的措施

无论评估体系的可靠性和有效性有多高，都会受到各种内外部因素的影响，从而导致评估结果的偏差。评估工作的准确性和可靠性是至关重要的，我们必须采取有效措施来减小误差，提高评估的质量。措施如下：

（1）评价工作中具体的方面，不做笼统评价。

（2）重点观察被评估人的工作，其他方面不要太关注。

（3）在评估表上要用概念界定清晰的措辞，以防不同的评估者产生理解偏差。

（4）一个评估人一次不要评估太多员工，避免评估先松后紧或前紧后松，有失公允。

（5）对评估人和被评估人都要进行培训。

5．制定绩效改进计划

在绩效评估过程中，对被评估人进行反馈是至关重要的环节。这一步骤不仅体现了评估的公正性和透明度，更在实质上促进了评估的真正目的——绩效改进。

1）确定待改进方面的原则

（1）重新审视绩效不足的部分，确定管理者的评价是否切合事实？

（2）从员工愿意改进的地方着手，激发员工改进动力。

（3）从易出成效的地方改进，立竿见影的成果，能让人有成就感。

（4）选择所花的时间、精力和金钱合适的方面改进。

2）绩效改进的落地

完善的绩效改进计划应具备以下特点：

（1）计划内容具体、实际，与待改进的绩效相关；

（2）计划具有时间点，如截止时间，分阶段执行的时间进度表；

（3）计划要获得主管和员工一致认同，并致力实行。

3）绩效改进的四个要点

绩效改进计划设计的目的是让员工改变行为，必须符合四个要点：

（1）意愿，员工有想改变的想法；

（2）知识和技术，员工有专业知识，知道做什么，如何做；

（3）气氛，为员工提供鼓励他改进绩效的氛围；

（4）奖励，设置员工行为改变后的奖励，则容易改变行为。

案例：谷歌绩效管理模式

1998年，拉里·佩奇和谢尔盖·布林在美国硅谷共同创建了谷歌公司（Google Inc.），这一创举迅速改变了全球互联网的格局，使谷歌成为了公认的全球最大的搜索引擎公司。谷歌不仅在互联网搜索领域独领风骚，还涉足云计算、广告技术等多个业务领域，并开发提供了众多基于互联网的创新产品与服务。谷歌的主要利润来源之一是关键词广告等服务，这些服务为谷歌带来了丰厚的收益，同时也为广告主和用户提供了高效的连接平台。

谷歌之所以能够在全球范围内取得如此辉煌的成就，其背后的绩效管理体制功不可没。谷歌的绩效管理体制被誉为世界最先进、最独特的管理体制之一。该体制的核心思想是鼓励员工创新、自主管理，实现员工与公司的共赢。在谷歌，员工的薪酬不仅仅取决于他们的基本工资，更重要的是与他们的工作绩效密切相关。这种绩效薪酬制度将员工的财务回报与其成功的工作绩效紧密联系起来，旨在激发员工的工作热情和创造力。

在谷歌的绩效管理体制中，对员工超额工作部分或工作绩效突出部分的奖励性报酬，其实质在于对员工过去一段时间内的努力与成果的肯定。谷歌的绩效薪酬制度并非一成不变，而是随着员工业绩的变化而灵活调整，主要包括"绩效加薪""一次性奖金"和"个人特别绩效奖"三种形式。这种动态调整的方式能够更好地反映员工的工作表现，确保奖励与付出相匹配。

1. 明确可量化的目标

在Google，目标设定被视为组织发展的核心环节，它不仅仅为公司的日常运营提供了明确的方向，更为员工个人的职业成长和绩效评估设定了基准。为了确保每个员工都能清晰地了解并投入到实现公司愿景的进程中，Google采用了一种高效且实用的目标管理方法——OKR（Objectives and Key

Results）。

OKR是一套将目标与关键结果紧密结合的管理工具。它要求每个员工在制定个人工作计划时，必须明确自己的核心目标（Objectives），并围绕这些目标设定可量化、可衡量的关键结果（Key Results）。这种方法的最大优点在于，它使得目标设定更加具体、明确，便于员工理解和执行，同时也为后续的绩效评估提供了客观、公正的依据。

在Google，每个员工都需要制定自己的OKR，并将其与公司的OKR相结合。这意味着，员工不仅要关注自己的工作任务，还要将个人的工作成果与公司的整体战略目标紧密联系起来。通过这种方式，Google确保了每个员工都能为实现公司的长远目标贡献自己的力量，同时也使得员工个人的职业发展与公司的整体发展紧密相连。

2. 谷歌的八等级薪酬制

在谷歌的职级体系中，L3至L4的员工通常都是应届毕业生或拥有硕士学位的新人。这个阶段的员工被期待能够独立完成所分配的任务，展现出高效的问题解决能力和自我驱动的工作态度。他们被鼓励在独立工作中不断磨练自己的技能，并逐渐适应谷歌的工作环境。

当员工从L4晋升到L5时，他们通常需要展现出更为突出的技术能力或领导才能。在这个阶段，员工不仅需要具备扎实的专业知识，还需要在团队中展现出领导力和影响力。当然，如果员工能够同时兼备这两方面的能力，那么他们的晋升之路将会更加顺畅。

从L5到L6的晋升，谷歌更加强调员工解决困难问题的能力。无论是从技术上还是跨组合作中，员工都需要展示出他们能够应对复杂挑战的能力。这种能力不仅仅体现在技术层面，还包括团队协作、沟通协调等多个方面。

当员工晋升到L6至L7阶段时，他们的影响力将成为评价的重要指标。这个阶段的员工所做的工作不仅需要对谷歌内部产生深远影响，还需要对用户和行业产生积极影响。他们需要思考如何通过自己的工作推动谷歌的发展，并为用户和整个行业带来价值。

最后，从L7晋升到L8的员工将更加强调领导力。这个阶段的员工需要站在全谷歌的角度去思考问题和做决策，展现出卓越的领导才能和战略眼光。他们需要能够带领团队应对各种挑战，推动谷歌不断向前发展。

在谷歌的薪酬体系中，年薪随着职级的增加而增长，并且这种增长速度是指数级的。这意味着随着员工在谷歌的职业发展，他们的薪酬将会得到显著的提升。谷歌认为合理的薪酬差距能够激发员工的进取心，鼓励他们不断追求更高的目标。这种薪酬制度不仅有助于吸引和留住优秀的人才，还能够为谷歌的长远发展提供有力的支持。

3. 谷歌的结构工资薪酬体系

Google在其薪酬模式中确实采取了一种看似不公平但实则高效的策略。

这种策略的核心在于，谷歌公司的正式员工都有机会获得股票期权，但这一权益并非均等分配，而是根据员工上一年度的表现进行差异化奖励。这种薪酬模式明确地将工资与绩效紧密挂钩，确保了只有那些在实际工作中表现出色的员工才能获得更多的经济回报。

值得注意的是，随着现代人力资源管理理念的发展，薪酬已经远远超越了单一工资的概念。它不再仅仅是纯粹的经济性报酬，而是涵盖了更多元化的激励因素。从对员工激励的角度来看，将薪酬划分为两大类：外在激励性因素和内在激励性因素。

外在激励性因素主要指的是那些可以直接用货币衡量的报酬，如基本工资、固定津贴、社会强制性福利以及公司内部统一的福利项目等。这些报酬形式对于满足员工的基本生活需求和提升员工的工作满意度具有重要作用。然而，如果外在激励性因素未能达到员工的期望，可能会导致员工产生不安全感，进而引发士气下降、人员流失等一系列问题。

相比之下，内在激励性因素则更加关注员工的个人成长、挑战性工作、工作环境以及培训机会等方面。这些因素虽然无法直接用货币衡量，但它们对于激发员工的内在动力、提升员工的工作投入度和促进员工的职业发展具有至关重要的作用。因此，谷歌在薪酬设计中也充分考虑了这些内在激励性因素，通过提供具有挑战性的工作环境、丰富的培训资源以及广阔的职业发展空间，有效激发了员工的工作热情和创造力。

4. 打造持续反馈机制

Google深知持续反馈在员工发展和工作改进中的重要性。为此，他们精心打造了一套完善的反馈机制，旨在帮助员工及时发现错误、调整策略，并推动个人与团队的共同成长。

这种反馈机制的核心在于"1:1"会议制度。每周，每位员工都会与直属上级进行一次私密、深入的交流。这些会议不仅涉及工作进度的汇报，更包括遇到的挑战、需要的支持以及对工作策略的调整。通过这种面对面的沟通，上级能够更直接地了解员工的困惑和需求，从而提供更具针对性的指导和建议。员工也能从上级的反馈中，更清晰地认识到自己的优势和不足，从而及时调整工作方向，避免在错误的道路上越走越远。

除了日常的"1:1"会议，Google还设立了定期的绩效评估环节。这些评估不仅关注员工在过去一段时间内的工作成果，更着眼于他们的工作态度、团队合作能力和创新能力。通过这些评估，员工能够更全面地了解自己在组织中的定位和价值，同时也能从评估结果中获得新的成长动力和方向。

5. 多元化、个性化的激励机制

Google的激励机制堪称业界的典范，其多元化和个性化的特点为员工的成长与发展提供了强有力的支持。除了具有竞争力的薪资和福利，Google更注重文化和价值观方面的激励，这种深层次的激励措施对于员工的长期投入和忠诚度的培养至关重要。

在Google，创新、实验和自主管理是被鼓励的行为。公司为员工创造了一个自由、开放的工作环境，这种环境不仅允许员工敢于尝试新事物，也鼓励他们在工作中持续学习和成长。这种开放的工作氛围有助于激发员工的创造力，使他们能够持续为公司带来新的、有价值的想法和解决方案。

此外，Google还为员工提供了丰富的培训和发展计划。这些计划不仅涵盖了技术方面的提升，还包括领导力、团队协作等多个方面。通过这些培训，员工不仅能够提升自己的专业能力，还能够拓宽视野，为未来的晋升和转岗做好充分的准备。除了物质和职业发展方面的激励，Google还非常注重为员工创造一个易于传播爱的环境。一句及时的表扬和鼓励、一个充满爱的便签、一封温馨的邮件，都能让员工感受到公司的关怀和认可。同时，公司还努力营造开心融洽的办公气氛，让员工在轻松愉快的氛围中工作，提升团队的凝聚力和向心力。

在办公环境方面，Google同样不遗余力地为员工打造有趣且舒适的空间。从宽敞明亮的办公区域到各式各样的休闲设施，每一处细节都体现了公司对员工生活质量的关心，让他们在工作之余也能感受到家的温暖。

Google的激励机制不仅涵盖了薪资、福利等物质层面的激励，更重视文化和价值观方面的激励。这种全方位的激励策略使得员工能够在工作中充分发挥自己的潜力，实现个人价值的同时也为公司的发展做出更大的贡献。

6. 共同的文化和价值观

Google的文化和价值观是公司的灵魂和核心，它们是Google成功的关键。Google的文化和价值观包括创新、自由、开放、支持、尊重和责任等，这些是Google员工共同的信仰和行为准则。在Google，员工不仅仅是为公司工作，更是为了实现自我价值和成长。

总之，Google先进独特的绩效管理体制是一种非常适用于任何公司的管理模式，它鼓励员工创新、自主管理，实现了员工与公司共赢。如果您想要让自己的公司更加成功，不妨借鉴一下Google的管理经验，打造一个更加开放、自由、创新和支持的工作环境。

Google的文化和价值观，无疑是构成公司独特魅力的灵魂和核心，这些价值观不仅为Google的发展提供了坚实的基础，更是其成功的关键所在。在深入研究Google的文化和价值观时，我们可以发现其主要包括创新、自由、开放、支持、尊重和责任等要素，这些要素在Google员工中形成了共同的信仰和行为准则。

在Google，员工不仅仅是为公司工作，更是为了实现自我价值和成长。

公司提供丰富的学习和发展机会，使员工能够不断提升自己的能力和素质，实现个人价值的同时，也为公司的发展贡献力量。

　　Google的绩效管理体制是其文化价值观的重要体现，这种先进独特的管理模式鼓励员工创新、自主管理，实现了员工与公司的共赢。在这种体制下，员工可以根据自己的兴趣和专长选择工作方向，制定工作计划和目标，并在实现这些目标的过程中获得成长和满足感。这种自主管理的方式不仅提高了员工的工作积极性和效率，也增强了公司的竞争力和创新能力。

第 7 章

千金市骨
——三步激发员工动能和潜力

构建合理的薪酬模式

薪酬管理是企业人力资源开发与管理中不可或缺的一环。其核心在于吸引和留住人才，同时激发他们为实现组织目标而努力奋斗。薪酬管理的优化与否，直接关系到企业能否成功吸引和留住顶尖人才，进而推动组织的持续发展和进步。因此，我们需要重视薪酬管理，确保其能够有效地发挥作用，为企业创造更大的价值。

1. 薪酬概述

1）术语介绍

（1）薪酬。在企业中，薪酬是指员工用时间、努力、与劳动来追求的，企业愿意用来交换的一切事物。

（2）工资。是企业支付给员工的较为稳定的金钱，是薪酬系统的一个主要组成部分。工资主要可以分为：固定工资、计时工资和计件工资三种。

①固定工资是指企业每周、每月、每季度或每年的固定日期支付给员工相对固定数量的金钱；

②计时工资是指企业根据员工工作时间（一般以小时为单位）支付给员工较为稳定比例的金钱；

③计件工资是指企业根据员工完成的任务多少支付给员工较为稳定比例的金钱。

（3）奖金是指由于员工杰出的表现或卓越的贡献，企业支付给员工工资以外的金钱。

（4）佣金是指由于员工完成某项任务（常常以金钱作为基数单位）而获得的一定比例的金钱。

（5）福利是指企业为员工提供的除金钱之外的一切物质待遇。

（6）激励因素是指企业为员工提供的、能激励员工为达成组织目标努力工作的一切事物，激励因素包括物质激励因素和精神激励因素。

（7）薪酬管理是指为了达成组织的目标，主要由人力资源部负责，由其他职能部门参与的，涉及薪酬系统的一切管理工作。

2）薪酬系统模型

从薪酬系统模型（详见图7-1）中可以看出，薪酬系统分为两个部分：金钱薪酬和非金钱奖励。其中非金钱奖励又分职业性奖励和社会性奖励两部分。金钱薪酬分为直接薪酬和非直接薪酬两部分。直接薪酬分为工资与奖金两部分。非直接薪酬主要分为公共福利、个人福利、有偿假期和生活福利四个部分。

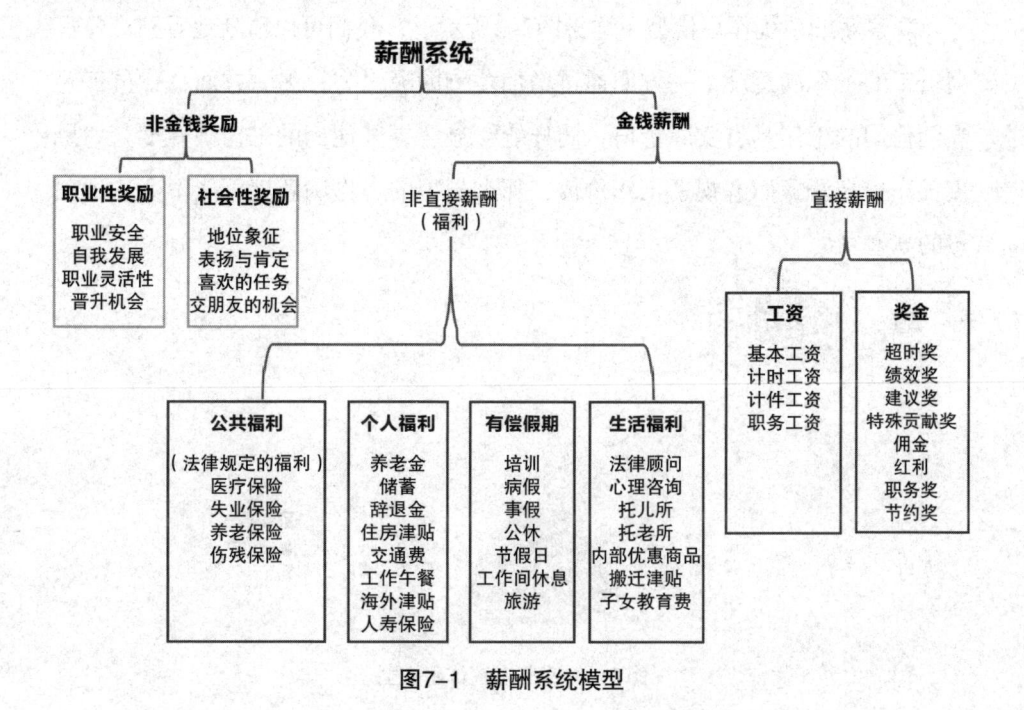

薪酬系统

- 非金钱奖励
  - 职业性奖励
    - 职业安全
    - 自我发展
    - 职业灵活性
    - 晋升机会
  - 社会性奖励
    - 地位象征
    - 表扬与肯定
    - 喜欢的任务
    - 交朋友的机会
- 金钱薪酬
  - 非直接薪酬（福利）
    - 公共福利
      - （法律规定的福利）
      - 医疗保险
      - 失业保险
      - 养老保险
      - 伤残保险
    - 个人福利
      - 养老金
      - 储蓄
      - 辞退金
      - 住房津贴
      - 交通费
      - 工作午餐
      - 海外津贴
      - 人寿保险
    - 有偿假期
      - 培训
      - 病假
      - 事假
      - 公休
      - 节假日
      - 工作间休息
      - 旅游
    - 生活福利
      - 法律顾问
      - 心理咨询
      - 托儿所
      - 托老所
      - 内部优惠商品
      - 搬迁津贴
      - 子女教育费
  - 直接薪酬
    - 工资
      - 基本工资
      - 计时工资
      - 计件工资
      - 职务工资
    - 奖金
      - 超时奖
      - 绩效奖
      - 建议奖
      - 特殊贡献奖
      - 佣金
      - 红利
      - 职务奖
      - 节约奖

图7-1 薪酬系统模型

3）薪酬系统的重要性

企业中的薪酬系统对于企业的正常运作十分重要，主要有以下四点：

（1）吸引人才：在市场经济中，薪酬确实是一个强大的吸引人才的工具。然而，单纯的工资高低并不总是决定性因素，一个完善且积极的薪酬系统才能真正吸引众多优秀人才。

（2）留住人才。一个出色的薪酬系统就像一个强大的磁场，能够牢牢地吸引并留住人才。这样的系统让员工明白，随着他们在企业中工作经验的增长，他们的回报也将随之提升。

（3）激励人才。一个成功的薪酬系统能够激发员工的积极性和创造力，使他们愿意为实现企业的长远目标而努力奋斗。

（4）满足组织的需要。一个优秀的薪酬系统能同时满足员工、企业的需要。

4）薪酬系统作用模型

薪酬水平的高低不仅关乎员工的工作满意度，更与工作价值紧密相连。

观察薪酬系统作用模型（详见图7-2所示），我们可以清晰地看到，要提高员工的工作满意度，一方面通过增加薪酬的吸引力；另一方面，让员工感受到他们的工作具有实际价值，同样能够显著提升他们的工作满意度。如果仅关注提高薪酬而忽视了工作价值，那么员工的工作满意度可能不会达到理想的高度。

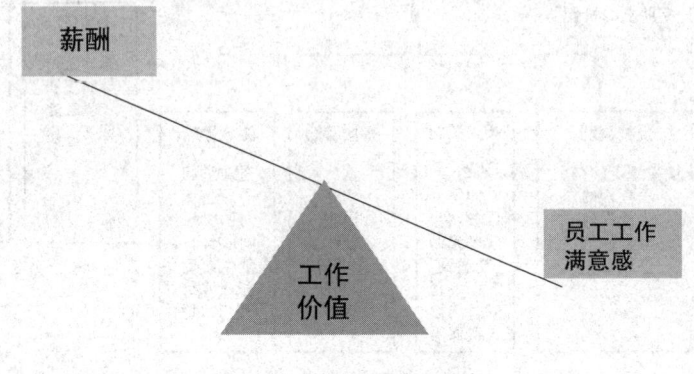

图7-2 薪酬系统作用模型

2. 薪酬管理的原则与政策

要进行有效的薪酬管理，一定要制定出相应的原则与政策。

1）薪酬管理的原则

（1）公平性。酬体系需秉持公平原则，确保在相同岗位上表现出相同业绩的员工，能获得一致的薪酬回报。

（2）适度性。薪酬体系应设定合理的上下限，确保在适宜的范围内运作，既不过高也不过低。

（3）安全性。薪酬体系应给予员工和企业以安全感，避免频繁变动。对于重要内容的调整，必须慎重考虑。

（4）认可性。虽然薪酬体系由企业管理层制定，但应努力获得大多数员工的认同，以提高其激励效果。

（5）成本控制法。薪酬体系必须在成本控制的前提下设计，确保在可承受的成本范围内制定薪酬策略。

（6）平衡性。薪酬体系应注重各方面平衡，既要考虑直接薪酬，也不能忽视非直接薪酬；既要重视金钱激励，也要注重非金钱奖励。

（7）刺激性。薪酬体系应具有强大的激励作用，能够激发员工的工作积极性和创造力。

（8）交换性。企业的薪酬体系应与市场保持一定的接轨，不能脱离外部环境，以确保其竞争力和吸引力。

2）薪酬管理的政策

企业薪酬管理政策各不相同，主要涉及以下六个方面：

（1）业绩优先与表现优先。业绩优先是指企业在支付薪酬时，主要依据员工的业绩表现；而表现优先则强调员工的努力和态度，并以此作为薪酬分配的主要依据。

（2）工龄优先与能力优先。在企业薪酬体系中，如果工龄的权重高于能力，我们称之为工龄优先；反之，如果能力的权重更为突出，则称之为能力优先。

（3）工资优先与福利优先。若一个企业给予员工的薪资较高，而福利相对较差，我们称之为薪资主导；反之，若企业为员工提供丰富的福利，而薪资水平一般，则称之为福利导向。

（4）需求优先与成本优先。在制定薪酬系统时，如果企业主要根据企业需求来设定，而对成本控制较为宽松，我们称之为需求导向；反之，如果企业更加注重成本控制，而对需求的考虑较少，则称之为成本控制导向。

（5）物质优先与精神优先。薪酬体系中，若更强调金钱奖励，而对非金钱奖励的重视程度较低，我们称之为物质奖励优先；反之，若薪酬体系更加注重非金钱奖励，如表彰、晋升机会等，而对金钱奖励的重视程度相对较低，则称之为精神激励优先。

（6）公开化与隐蔽化。在企业中，如果员工之间可以相互了解彼此的薪酬水平，我们称之为薪酬透明；反之，如果企业鼓励员工不相互了解薪酬，以保持薪酬的保密性，则称之为薪酬保密。

3. 影响薪酬系统的因素

1）公平理论

公平是薪酬系统的基础，一般来说，员工认为薪酬系统是公平的，才会产生满意感，才能起到激励作用。

（1）公平理论的公式

$I_p/O_p = I_o/O_o$

I_p = 个体对自己收入的感受； O_p = 个体对自己投入的感受；

I_o = 个体对比较对象收入的感受；O_o = 个体对比较对象投入的感受。

公平公式的运用：

$I_p/O_p = I_o/O_o$ 公平	$I_p/O_p > I_o/O_o$ 多奖励性不公平	$I_p/O_p < I_o/O_o$ 少薪酬性不公平

图7-3　公平公式的三种状态

从图7-3中可以看出：只有当公式相等时，员工才会觉得公平，否则，不会感到公平。

（2）投入与收入的含义。公平公式中的投入涵盖了员工的经验、教育程度、专业技能以及工作时间等因素；收入则包括工资、奖金、福利、个人成就、认可与表扬等多种形式。

（3）员工对公平或不公平的反映。从图7-4中可以看出，当员工比较感到公平时，这种认知会产生积极的激励作用。相反，当员工感受到不公平时，他们可能会采取一系列措施来降低这种不公平感。

（4）对公平的理解。我们必须认识到，绝对公平是不存在的，公平总是相对的。然而，在制定薪酬系统时，我们应该努力追求相对的公平性，因为这对激励员工具有至关重要的作用。

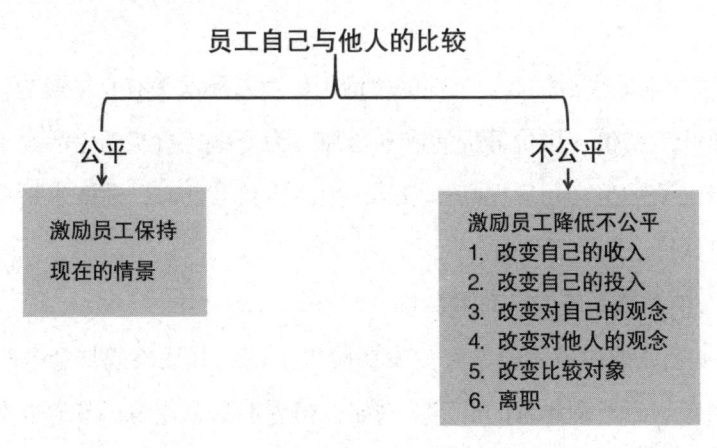

员工自己与他人的比较

公平 → 激励员工保持现在的情景

不公平 → 激励员工降低不公平
1. 改变自己的收入
2. 改变自己的投入
3. 改变对自己的观念
4. 改变对他人的观念
5. 改变比较对象
6. 离职

图7-4　员工的反应

2）影响薪酬系统的外部因素

影响薪酬系统的外部因素很多，主要有以下六种：

（1）法规政策。法规政策对薪酬系统具有显著影响。例如，政府规定的最低工资标准、个人所得税比例、工厂安全卫生法规，以及针对女职工的特别保护措施等制度，都直接关系到员工的薪酬水平。

（2）当地的经济发展状况。当地的经济繁荣时，企业盈利增加，往往会提高员工薪酬；相反，经济不景气时，企业可能会面临经营压力，从而降低员工薪酬。

（3）劳动力市场。劳动力市场的供需状况与企业的薪酬系统紧密相连。当劳动力市场供过于求时，企业可能会降低薪酬以控制成本；而劳动力供不应求时，企业为了吸引和留住员工，往往会提高薪酬水平。

（4）行业行情。不同行业的员工对薪酬的期望因历史原因和现实需求而异。例如，金融和人工智能行业的员工由于工作性质和高技术要求，往往对薪酬有较高期望；而城市环卫行业等员工可能因工作性质相对简单，对薪酬期望较低。

（5）企业所有制。企业所有制形式也是影响薪酬系统的重要因素之一。例如，合资企业往往因资金雄厚和市场化运作，员工工资相对较高但福利可能相对较低；而国有企业可能因体制和政策限制，员工工资相对较低但福利较好。

（6）当地的生活指数。当地的生活指数对薪酬水平有直接影响。生活指数较高意味着物价、房价等生活成本增加，为了维持员工的生活水平，企业内部员工的薪酬也会相应提高；相反，生活指数较低时，薪酬水平可能会相应降低以保持企业的竞争力。

3）影响薪酬系统的内部因素

（1）企业的发展阶段。企业发展阶段不同，其战略规划和盈利能力各异，进而影响到薪酬体系的设定。例如，初创期的企业为了节省成本，常采用低基本工资、高绩效奖金、有限福利的策略；而成熟稳定的企业则可能偏好提供更高的基本工资、较为稳定的福利，以及相对较低的绩效奖金。

（2）企业的文化。企业文化作为价值观的体现，对薪酬体系有着深远的影响。有的企业崇尚个人英雄主义，薪酬差异显著，以激励个人表现；而注重集体主义的企业则可能采取更为平均的薪酬策略，强调团队合作。

（3）员工的学历。一般而言，学历较高的员工往往能获得更高的薪酬，这反映出企业对知识和技能的尊重。

（4）员工的工龄。员工的工龄不仅代表了他们的工作经验，也体现出他们对企业的长期贡献。工龄较长的员工往往能享受到更高的工资和更丰厚的福利。

（5）员工的能力。员工的能力直接反映在工作绩效上。绩效优秀的员工通常能够获得更高的薪酬。

（6）工种。工种的不同也决定了薪酬体系的差异。例如，销售岗位的薪酬往往与业绩挂钩，基本工资较低但奖金丰厚；而行政主管等管理岗位则可能享有较高的基本工资和相对稳定的奖金。

（7）工会。作为维护员工权益的组织，其影响力不容小觑。工会的强弱直接影响到薪酬体系的制定和执行，体现了员工与管理层之间的博弈与平衡。

薪酬兑现双路径

工资与奖金是兑现员工收入的双路径，也是薪酬系统的主要内容，与激励员工有重要关系。

1. 工资调查

工资调查是企业构建薪酬体系重要的环节。工资设定过低，难以吸引并留住企业所需的关键人才；而工资过高，则会加大企业的人力成本负担。

通常，工资调查并不会覆盖企业的所有岗位，而是聚焦于关键性、核心岗位的调查分析。奖金调查与工资调查在性质上颇为相似，都是为了更精准地定位薪酬水平，以实现企业人力资源的最优配置。

1）关键性岗位

关键性岗位是工资调查的重点对象。关键性岗位有以下特点：

（1）在企业的薪酬系统中具有代表性的岗位，例如：总经理、销售部经理等。

（2）在企业有众多员工的岗位，例如：流水线上的工人、办公室秘书等。

（3）在企业中流动性较强的岗位，例如：销售员、服务员等。

2）工资调查的方法

工资调查有许多方法，企业可以根据需要选用：

（1）委托调查公司。这种方法的优点是简单易行、结果较客观公正、范围可大可；缺点是费用较高。

（2）企业自己调查。这种方法的优点是目标清楚、信息较可靠；缺点是专业化程度不够、样本较少。

（3）企业间互相交流信息。这种方法有时在同业工会中进行，有时在人力资源经理俱乐部内进行。这种方法的优点是成本较低、信息沟通较快；缺点是信息正确性可能较差，有些信息不易采集到。

3）工资调查的步骤

企业的工资调查一般可分为六个步骤：

（1）确定调查的具体目标。例如：通过对50家同行业的中外合资企业的工资调查，使本公司的工资水平处在领导者地位。

（2）确定调查的具体工作岗位。例如：总经理、财务总监、电脑部主任等。

（3）选择调查的企业。在选择时要多一些，因为很可能有些企业出于某种原因不愿合作。另外也可以选择某些企业的员工进行调查，不管是调查企业或个人，都要使对方从中受益，否则阻力很大，且信息往往不可靠。

（4）设计问卷。要根据需要设计出简单明了的问卷，这是一项专业性较强的工作，可以请相关的专家帮助。

（5）实施调查。主要工作是联系企业或个体，指导填写问卷等。

（6）分析数据。这是十分重要的一个步骤。分析数据要科学、公正，不要有任何偏见，否则结果会走样。

4）工资调查的内容

主要包括以下几方面：

（1）薪酬政策。例如，是业绩优先还是努力优先？是工龄优先还是学历优先？是需要优先还是成本优先？是公开化还是保密化？

（2）薪酬结构。例如：薪酬中工资占多少比例？奖金占多少比例？福利占多少比例？工资中有哪些工资？奖金中有哪些奖金？福利中有哪些福利？具体金额各占多少？

（3）工资标准。例如：运用什么方法来制定工资体系？最高工资多少？最低工资多少？各职务工资多少？主要人员工资多少？工资级数有多少？工资每一级的级距多少？级范围有多少？

2. 工资制定与实施

工资制度的制定与实施是一个复杂且多维度的过程，涉及企业文化、企业结构、企业战略、企业规模、内外公平以及政府政策法规等诸多方面。本书介绍一些主要的方法：

1）岗位等级法[①]

这种方法主要用在主管层制企业中，或是小企业中，工资多少主要取决于在哪一个等级的岗位上。

例如某公司工资分四个等级，第一级为高级管理层，主要是指总经理和副总经理；第二级为中级管理层，主要是指各部门经理；第三级为低级管理层，主要是指各部门的主管；第四级为操作工人层，主要是指直接在第一线运作的工人。该公司规定：第一级工资为2000元，第二级工资为1500元，第三级工资为1100元，第四级工资为800元。

岗位等级法的优点是简单易行，缺点是不能有效地激励员工。

2）岗位分类法

岗位分类法是把岗位分成若干类型，例如：管理类岗位、技术类岗位、

[①] 薪酬管理与员工福利.2019-12-31（网址：http://www.zgwenku.com/p-96521.html）

操作类岗位；也可以分成：生产类岗位、财务类岗位、营销类岗位、行政类岗位等。

例如：某公司根据岗位分类法制定工资，操作类岗位每人每月工资1000元；技术类岗位每人每月工资1400元；管理类岗位每人每月工资2000元。岗位分类法可以与岗位等级法结合起来，这样适用性将更广泛。

表7-1 岗位分类法与岗位等级法结合的工资结构

分类 等级	管理类岗位	技术类岗位	操作类岗位
第一级	5 000元	4 000元	2 500元
第二级	3 500元	3 000元	1 500元
第三级	2 500元	2 200元	800

从表7-1中，我们可以看出，如果分类有三种，等级有三个，那么可以有九种不同的工资。如果分类和等级再多一点，那么工资的种类也会增多。虽然这种方法可以解决工资种类太少的问题，但由于确定等级和分类缺乏一定科学依据，容易形成内部不公平的状况，所以企业很少用这种方法。

3）因素比较法

因素比较法通过引入可比较的因素来消除工作岗位之间的界限，并基于这些因素来确定每个岗位的价值。该方法的独特之处在于，它使用与工作直接相关的因素作为制定工资的基础，从而有效地平衡外部公平和内部公平的问题。

表7-2 因素比较表

因素 每小时工资（元）	技能	努力	责任	工作条件
1				岗位3
2		岗位1		岗位4
3		岗位2	岗位1	
4	岗位1	岗位4		

续表

每小时工资（元） \ 因素	技能	努力	责任	工作条件
5	岗位2			岗位2
6		岗位3	（岗位x）	
7				（岗位x）
8		（岗位x）	岗位3	
9				
10			岗位2	岗位1
11				
12				
13	岗位4		岗位4	
14				
15				
16	岗位3（岗位x）	每小时工资		
17		岗位1	4+2+3+10=19元	
18		岗位2	5+3+10+5=23元	
19		岗位3	16+6+8+l=31元	
20		岗位4	13+4+13+2=32元	

具体实施步骤如下：

（1）选择适当的比较因素。在选择比较因素时，应确保其具有可比性和可衡量性。在企业管理中，通常会考虑心理素质、技能知识、生理状态和工作条件等因素。

（2）联系工作分析。一旦确定了比较因素，应将其与工作分析中的工作描述和工作说明书进行关联和评估。

（3）选定基准岗位。基准岗位是用于比较其他岗位相对价值的岗位。在选定基准岗位时，应谨慎选择，并确保该岗位具有稳定性、普遍认知度、外部市场工资可比性以及广泛的参照范围。

（4）根据因素确定基准岗位工资。应成立专门的工资委员会，根据每个比较因素来确定基准岗位的工资以及相关的工资范围。在确定工资时，应以市场价格为主要依据。

（5）确定非基准岗位工资。根据基准岗位工资，价值较高的岗位工资也会相应提高，价值较低的岗位工资则相对降低。这样，所有岗位的工资都将被确定下来。

（6）因素比较表的使用。从表7-2中，我们可以了解到每个岗位在四个因素上的分别工资，进而计算出各岗位的小时工资数。例如，岗位X的小时工资数可以通过将16+8+6+7相加得出，即37元/小时。

4）点排列法

点排列法是一种将各种因素量化为点数的方法，根据每个工作岗位所获得的点数来确定其相对价值，进而确定每个工作岗位的工资水平。这种方法通过数量化的方式，使得不同工作岗位之间的比较和评估更加客观、公正。具体实施步骤如下：

（1）确定关键因素。根据企业的要求，找出最关键的若干因素。例如：技能、努力、责任、工作条件等。

（2）确定关键因素内的子因素。例如"技能"中的子因素为教育程度、经验和知识；"努力"中的子因素为生理要求和心理要求；"责任"中的子因素为对设备和过程的责任、对材料和产品的责任、对他人安全的责任、对他人工作的责任。

（3）确定每个子因素的等级。例如把每个子因素分为五个等级。

（4）具体规定每一等级的标准。例如：教育程度5级为硕士研究生以上，教育程度4级为大学本科生，教育程度3级为大学专科生，教育程度2级为中专生或高中生，教育程度1级为初中生及初中以下。（详见表7-3）

表7-3 点数计算表

关键因素	子因素	权重	1级	2级	3级	4级	5级
技能							
	1.教育程度	15	15	30	45	60	75
	2.经验	20	20	40	60	80	100
	3.知识	10	10	20	30	40	50
努力							
	4.生理要求	10	10	20	30	40	50
	5.心理要求	15	15	30	45	60	75
责任							
	6.对设备和过程的	5	5	10	15	20	25
	7.对材料和产品的	5	5	10	15	20	25
	8.对他人安全的	10	10	20	30	40	50
	9.对他人工作的	10	10	20	30	40	50
工作条件							
	10.工作场所条件	10	10	20	30	40	50
	11.危险性	5	5	10	15	20	25
	总点数	115	115	230	345	460	575

（5）规定每一子因素的权重，根据各企业的要求，可以定出子因素的权数，在计算时可以加权计算。表7-3是一个典型的总数计算表。从表中我们可以看出，共有四种关键因素，11种子因素，每一子因素分为5级，权重从5至20，最低点数为115点，最高点数为575点。

（6）计算出每一岗位的点数，根据以上的步骤，可以计算出每一岗位的点数（详见表7-4）。

表7-4 两种岗位的点数

子因素	搬运工 等级	搬运工 点数	电脑工程师 等级	电脑工程师 点数
1.教育程度	1	15	5	75
2.经验	1	20	4	80
3.知识	1	10	5	50
4.生理要求	5	50	2	20
5.心理要求	1	15	4	60
6.对设备和过程的	2	10	5	25

续表

子因素	搬运工 等级	搬运工 点数	电脑工程师 等级	电脑工程师 点数
7.对材料和产品的	2	10	1	5
8.对他人安全的	1	10	1	10
9.对他人工作的	1	10	1	10
10.工作场所条件	4	40	1	10
11.危险性	4	20	2	10
总分		210		355

（7）确定点距、级距、级范围和最低工资。例如：点距为25，级距为20%，级范围为25%，最低工资为600元。

（8）画出工资结构图（详见图7-5）。

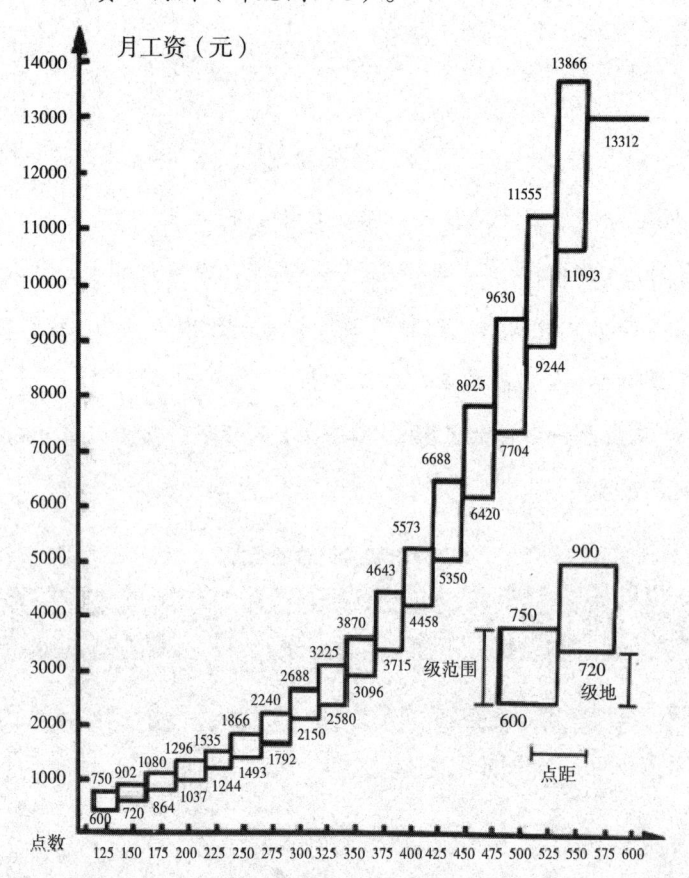

图7-5 点排列发工资结构图

5）黑点法

黑点法巧妙融合了点排列法与因素比较法的精髓，其核心理念聚焦于三大要素：解决问题的能力、必备知识与技能，以及责任心。通过综合考量这三大要素，我们为每位员工合理分配点数，以此激励他们不断提升自我，为企业的发展贡献力量。

（1）解决问题的能力，又称心理活动。是指对准目标，进行分析、评价、创新、推理等工作所需要的创造性思维和解决问题的能力，有两个维度：

①自由度。个体在追求目标时，其思维过程所享有的自由空间，不受外界强加的标准、程序或方向的束缚。

②心理活动的种类。它涵盖了思维的复杂性、抽象性和创造性，构成了人类复杂而独特的内心世界。

（2）应知应会。是指能完成工作任务所需的知识和技能的总和，有三个维度：

①需要的实践知识、专业知识和技术知识的总和。

②管理的幅度，即指使许多人的活动与职能部门在一起良好运作的能力。例如公司总裁的工作与部门经理相比，前者的管理幅度更大。

③需要激励员工的技能。

（3）责任性。是指实现企业目标、工作的有效性。责任性的三个维度：

①行为的自由度。即对人员的控制、程序的控制以及指导有相对的自主权。一般通过回答下列问题来确定："完成该工作的行为独立性有多大？"例如，厂长与车间主任相比，前者的行为自由度更大。

②金钱的多少。即销售量的大小、预算的数量、生意的金额、与工作相关的任何其他重要的金钱指标。

③在金钱方面的工作影响力。工作对最终结果是有主要的影响力，还是部分影响力，还是毫无影响力。

3. 奖金的种类与制定

奖金是工资的重要补充，是激励员工的重要手段，在企业中，奖金的种类很多，企业可以根据自身的需要设立各种奖金，以下介绍些主要的奖金。

1）职务奖

亦被称为职务工资，是指当员工肩负起某一特定职务时，因其职务所赋予的特殊性质，而由企业额外支付的奖金，这种奖励机制通常针对管理人员。在制定职务奖时要注意以下事项：

（1）奖金金额需恰到好处，既要充分激发人们担任该职务的积极性，又要避免与他人的收入差距过大。

（2）明确界定哪些职务享有职务奖，哪些职务则不享受。

（3）一旦确立规则，无论谁担任设有职务奖的职务，都应当获得相应的奖金。

2）建议奖

是指企业为了激励员工积极提出建设性意见而设立的奖金。制定建议奖的注意事项：

（1）任何出于推动组织目标实现的动机，都应获得奖励。

（2）奖金数额应适度，但应扩大获奖范围。

（3）如果出现重复的建议，则只奖励首次提出此建议的人。

（4）当建议被采纳后，除了给予建议奖，还可以考虑额外奖励。

3）特殊贡献奖

是为表彰那些在工作中做出特殊贡献的员工而设立的奖项。特殊贡献奖的奖金金额通常较为丰厚，这是因为这些特殊贡献往往能为企业带来显著的效益。特殊贡献的表现形式多种多样，例如，有的员工通过提出合理化建议，助力企业在成本控制方面取得了重大突破；有的员工凭借独特的信息渠道或销售渠道，为企业赢得了更多的市场份额。因此，特殊贡献奖的设立，不仅是对员工个人能力的认可，更是对整个团队努力的肯定。制定特殊贡献奖的注意事项：

（1）制定标准时要具备可操作性，内容可衡量。例如，明确的指标可以是：提升利润的具体数额、销量的增长量、成本的降低幅度或挽回的损失金额。

（2）企业因此增加的收益（或减少的损失）必须达到一定规模才具有意义。例如：50万~100万元为一档，100万~500万元为一档，500万元以上为一档。

（3）应明确规定，只有当员工在他人或正常情况下难以完成的任务中取得成功时，才应给予奖励。

（4）奖励制度应确保获奖人数相对较少，而奖励金额则相对较高。

（5）在颁发奖励时，应大力宣传获奖者的成就，使受奖者以及其他员工都能从中受到鼓舞和启发。

4）节约奖

旨在嘉奖那些成功降低企业成本的员工。它特别针对一线操作员工，因为他们的日常工作直接影响着生产成本。制定节约奖的注意事项：

（1）企业应该嘉奖真正的节约行为，而非虚假的节约。这两者之间的关键区别在于是否维持了产品质量。

（2）企业需要设定明确的判定成本是否真正降低的指标。

（3）员工通过累计降低的成本而获得奖励。举例来说，如果员工每月能够降低成本300元，那么一年内便能累计降低成本3600元。假设企业规定，降低成本超过1500元的员工可以获得20%的节约奖，那么这位员工将有机会获得720元的奖励。

5）超级利润奖

亦被称为红利，是指当员工全面超越既定的利润目标后，企业为表彰其卓越贡献而设立的奖金制度。制定超级利润奖的注意事项：

（1）仅对与超额完成利润指标直接相关的人员进行奖励。

（2）奖金的发放应基于每个员工对超额完成利润指标的具体贡献，避免平均主义。

（3）对于超出部分的百分比作为奖金的具体数额，应事先明确并固定下来。一旦确定，不宜轻易更改，以免对员工的积极性造成不必要的打击。

6）激励股权

是指企业为了激励员工长期高效地为企业工作，允许让员工持有本公司的股票而获得相应的利润。激励股权有以下一些主要类型：干股，即员工以技术或管理岗位的相应技能入股，员工不直接投入资产；优先股，即员工以优惠价购入本企业股票，在一般情况下可以优先分得红利；长期股，即员工分得或购买股票后，在近期内不能享受红利，要在若干年之后（一般是 5~10 年）才能享受红利或出卖股权的股票。

7）佣金

从严格意义上讲，佣金并不是奖金，是指由于员工完成某项任务而获得的一定比例的金钱。但和奖金有相似之处。因此可以作为奖金的一种特殊类型。

佣金用得较多的岗位是销售员。根据销售员在一定时间内的销量提取一定比例的金额给销售员作为奖励。在制定佣金时要注意以下事项：

（1）比例要适当。比例太低，员工没有积极性，比例太高，企业承受不起这个负担。

（2）不要轻易改变比例。在决定比例时要很慎重，要做调查研究，除非有重大原因，否则不要改变佣金比例。切忌看到员工佣金拿多的就想把比例降下来。

（3）兑付要及时。可以每个月结一次账，也可以规定完成任务两周内兑付，千万别拖，否则不利于调动员工积极性。

8）超时奖

是指由于员工在规定时间之外工作，企业为了鼓励员工这种行为而支付的奖金。在节假日加班的加班费也属于超时奖的一种，一般以固定工资为主要收入的第一线员工有超时奖，以计时工资或计件工资为主要收入的员工以及管理人员往往都没有超时奖。在制定超时奖时要注意以下事项：

（1）尽量鼓励员工在规定时间内完成任务。

（2）明确规定何时算超时，何时不算超时。

（3）明确规定哪一类岗位有超时奖，哪一类岗位没有超时奖。

（4）允许在某一段时间内，由于特殊的任务而支付超时奖。

9）绩效奖

绩效奖是一种奖励机制，当员工表现出色，达到或超越设定的绩效标准时，企业会支付相应的奖金作为对其努力的认可和鼓励。在制定绩效奖时要注意以下事项：

（1）绩效标准要明晰、合理。

（2）在达到某一绩效标准后，奖金的发放应保持一致，确保任何员工一旦达到该标准，都能获得相同的奖励。

（3）以递增方法设立奖金，鼓励员工不断提高绩效。例如，完成绩效120%，绩效奖金为多余部分（即20%）的1%，完成绩效150%，绩效奖金为多余部分（即50%）的2%。

多场景福利给惊喜

福利是指企业为员工提供的除金钱之外的一切物质待遇。据一项调查指出，在过去的50年中，跨国大公司的工资增加了40倍，而福利增加了500倍。

1. 福利的重要性及其影响因素

1）福利的重要性

福利对企业的发展具有重要意义，主要有以下几点：

（1）吸引优秀员工。优秀的员工如同稳固的基石，为企业的发展奠定坚实的基础。如今，许多企业家已经深刻认识到，优厚的福利有时比高薪更能吸引这些顶尖人才。

（2）提高员工的士气。优厚的福利为员工解除了后顾之忧，使他们更加全心全意地投入到工作中，与企业同舟共济，共同面对挑战，从而极大地提升了员工的士气。

（3）降低流动率。过高的员工流失率会对企业的运营造成一定的冲击。而优厚的福利则如同一道坚实的屏障，有效地降低了员工流失的可能性。

（4）激励员工。优厚的福利使员工感受到工作的满足和尊重，从而激发出他们为企业目标而努力的内在动力。

（5）凝聚员工。企业的凝聚力由众多因素共同构成，其中，优厚的福利无疑是一个不可或缺的重要因素。它体现了企业高层管理者以人为本的经营理念。

（6）更好地利用金钱。优厚的福利不仅使员工获得了更多的实惠，同时也使企业在员工身上的投资获得了更大的回报。这是一种双赢的策略。

2）影响福利的因素

影响企业中员工福利的因素很多，主要有以下几种：

（1）政府的政策法规。许多国家和地区的政府都明文规定，企业员工应该享受哪些福利。一旦企业不为员工提供相应的福利则算犯法。

（2）高层管理者的经营理念。有的管理者认为员工福利能省则省，有的管理者认为员工福利只要合法就行，有的管理者认为员工福利应该尽可能好。这都反映了他们的经营理念。

（3）工资的控制。由于所得税等原因，一般企业为了控制成本，不能提供很高的工资，但可以提供良好的福利，这也是政府所提倡的措施。

（4）医疗费的急剧增加。由于种种原因，近年来世界各地的医疗费都大幅度增加。员工一旦没有相应的福利支持，如果患病，往往会造成生活困难。

（5）竞争性。由于同行业的企业都提供了某种福利，迫于竞争的压力，企业不得不为员工提供该种福利，否则会影响员工的积极性。

（6）工会的压力。工会经常会为员工福利问题与企业资方谈判，有时资方为了缓解与劳方的冲突，不得不提供某些福利。

2. 福利的类型

企业中的福利五花八门、不胜枚举。每个企业除了法律政策规定的福利以外，可以提供任何有利于企业和员工发展的福利项目。下面是企业中经常选用的一些福利项目。

1）公共福利

公共福利是指法律规定的一些福利项目。主要有以下几种。

（1）医疗保险。作为公共福利的核心支柱，是确保员工在遭遇健康风险时得到经济保障的重要机制。企业有义务为每一位正式员工购买相应的医疗保险，让他们在疾病面前不再孤立无援。

（2）失业保险。是市场经济波动中为员工提供的一道安全网。企业应积极为员工购买失业保险，让他们在失业的阴霾下仍能有经济上的依靠。

（3）养老保险。是企业对员工晚年生活的一份关怀与承诺。当员工将逐渐告别劳动的舞台，养老保险将成为他们晚年生活的重要保障。因此，企业应当按规定为每一位正式员工购买养老保险。

（4）伤残保险。在员工遭遇不幸事故、身体受损时，保障员工在丧失劳动能力时依然能够得到经济上的慰藉与支持，企业应当义不容辞地为每一位正式员工购买伤残保险。

2）个人福利

个人福利是指企业根据自身的发展需要和员工的需要，选择提供的福利项目，主要有以下几种。

（1）养老金。又称退休金，是指员工在为企业服务达到特定年限后（在中国，男性员工通常在55至60岁之间，女性员工则在50至55岁之间），按照企业的规章制度及效益状况，企业向员工支付的定期金钱福利。员工可以按月、季或年领取这笔款项。

（2）辞退金。企业在因各种原因终止与员工的聘用关系时，依据员工在本企业服务的时间长短，向其支付的一定金额的补偿金。这一金额应在聘用合同中明确约定。

（3）住房津贴。企业为了优化员工的居住环境而提供的一种福利措施。具体形式包括：每月为员工缴纳住房公积金；企业购买或建造的住房，以优惠价格租售给员工；为员工提供免费或低价的住所装修服务；为员工购买住房提供免息或低息贷款等。

（4）交通费。指企业为员工提供的上下班交通便利措施，包括：企业安排专车接送员工上下班；企业为员工报销上下班交通费用；企业每月发放一定数额的交通补贴。

（5）工作午餐。企业为员工提供的免费或低价午餐。此外，有些企业还会为员工提供一定数额的工作午餐补贴。

（6）海外津贴。是指一些跨国公司为了鼓励员工到海外去工作提供的经济补偿。海外津贴的标准一般根据职务高低、派往国家的类别、派往时间的长短、家属是否可以陪同、工作时期回国度假的机会多少、愿意去该国的人数多少，等等。

（7）人寿保险。是指企业全额资助或部分资助的一种保险，员工一旦死亡，其家属可以获得相应的经济补偿。

3）有偿假期

有偿假期是指员工在有薪酬的前提下，不来上班工作时的一类福利项目。主要有以下几种：

（1）脱产培训。脱产培训不仅是企业对于人力资本的商业投资，更是一种员工福利。当这种培训项目能够为员工带来明显的直接利益时，其福利性质尤为凸显。

（2）病假。病假政策在不同企业中有所不同，有的企业要求员工提供医生证明，而有的企业则只需得到上级管理者的同意。

（3）事假。事假规定因企业而异，涵盖了诸如婚假、丧假等多种情况。但是员工因个人私事而进行的调休并不被视为事假。

（4）年休。是指员工工作满12个月以后，可享受的一种福利。

（5）节假日。国家规定了如春节、清明、端午、中秋、国庆等法定节假日。

（6）工作间休息。员工在工作中的休息时间，如有的企业上下午各有一次，每次持续时间为20分钟左右。

（7）旅游。旅游福利则是企业全额资助或部分资助的一项福利措施，企业可以根据自身的实际情况来安排旅游时间和地点，为员工带来愉快的体验。

4）生活福利

生活福利是指企业为员工的生活提供的其他各类福利项目，主要有以下几点：

（1）法律顾问。企业可以选择聘用长期法律顾问，全面为员工提供法律支持与服务。同时，企业也可以选择为员工支付聘请律师的费用。

（2）心理咨询。随着现代工作压力的增大，员工的心理问题日益突出。为此，企业可以积极为员工提供多种形式的心理咨询服务，如设立心理咨询站、邀请心理专家为员工开展心理健康讲座等。

（3）贷款担保。员工由于个人的原因需要银行贷款时，企业出具担保书，使员工能顺利贷到款。企业可以根据不同情况，规定担保贷款的数额。

（4）托儿所。往往在两种情况下企业建立托儿所会深受员工的欢迎，一是有幼儿的员工多，很难解决托儿问题的；二是寒暑假期间。

（5）托老所。由于城市老龄化的不断发展，员工父母年老体弱需要人照顾的现象将越来越严重，因此，有些企业根据自身的需要开始设立托老所，以帮助员工更安心地工作。

（6）内部优惠商品。某些生产日用品的企业，为了激发员工的工作积极性，会以成本价向员工出售一定数量的产品。同时，也有一些企业会购买员工所需的商品，以折扣价或免费的形式提供给员工，作为一种福利待遇。

（7）安置费。当企业需要员工搬迁住所时，为了减轻员工的经济负担，企业会提供一定的安置费用。

（8）子女教育费。企业会根据自身的情况制定相关的政策，例如：为员工子女进入优秀学校提供赞助费；可以为员工子女进入优秀学校而设立奖金等。

3. 福利的管理

企业提供的福利反映了企业的目标、战略和文化。因此，福利的有效管理对企业的发展至关重要。有些企业由于不善于管理，虽然在福利方面投入了大量金钱，效果却不理想，使得优秀人才纷纷离职，企业效益明显下降。

福利管理涉及以下五个方面：福利的目标，福利的成本核算，福利的沟通，福利的调查，福利的实施。

1）福利的目标

每个企业的福利目标各不相同，但是有些内容是相似的。主要包括：

（1）符合企业长远发展目标；

（2）满足员工的需求；

（3）符合企业的薪酬政策；

（4）把员工眼前和长远需要相结合；

（5）能激励到大部分的员工；

（6）企业能担负得起；

（7）符合当地政府法规政策。

2）福利的成本核算

管理者必须花较多的时间和精力投入福利的成本核算。主要涉及以下方面：

（1）通过销量或利润计算出公司最高的可支出的福利总费用；

（2）与外部福利标准进行比较，尤其是与竞争对手的福利标准进行比较；

（3）作出主要福利项目的预算；

（4）确定每一个员工福利项目的成本；

（5）制定相应的福利项目成本计划；

（6）尽可能在满足福利目标的前提下降低成本。

3）福利的沟通

优化员工福利项目以满足员工需求，福利沟通显得尤为关键。研究表明，员工的福利满意度并不与福利投入的金额成正比，而是与他们对工作的满意程度紧密相连。因此，我们必须高度重视福利沟通，确保每一位员工都能感受到来自公司的关怀与支持。福利沟通可以采用以下方法：

（1）通过问卷调查的方式，深入了解员工对于福利的具体需求；

（2）利用录像资料，形象生动地展示各类福利项目；

（3）与代表性员工进行面对面交流，以深入了解某一群体或层级的员工在福利方面的需求；

（4）公开列出多项福利项目，让员工根据个人需求进行选择；

（5）通过内部刊物或其他途径，广泛宣传各类福利项目；

（6）收集员工对福利项目的反馈意见。

4）福利的调查

福利调查主要涉及三种调查：

（1）制定福利项目前的调查，主要了解员工对某个福利项目的态度、看法与需求。

（2）员工年度福利调查，主要了解员工在一个财政年度内享受了哪些福利项目，各占比例多少，满意程度如何。

（3）福利反馈调查，主要调查员工对某一福利项目实施的反应如何，是否需要进一步改进？是否要取消？

5）福利的实施

福利的实施是福利管理最具体的一个方面，在福利实施中应注意以下几点：

（1）根据目标去实施；

（2）预算要落实；

（3）按照各个福利项目的计划有步骤地实施；

（4）有一定的灵活性；

（5）防止漏洞产生；

（6）定时检查实施情况。

案例：海尔的薪酬管理案例分析

海尔智家财报显示，尽管2022年海外市场家电行业整体萎缩，但海尔智家海外家电与智慧家庭业务实现收入1254.24亿元，逆势增长10.3%。并且在各个区域也倍速于行业增长，像美洲市场在行业核心家电发货量增长-6%背景下，海尔智家营收增长9.0%；欧洲市场在行业销量增长-8.9%背景下，海尔智家营收增长16.7%。

海尔集团作为中国乃至全球知名的家电制造商，其成功不仅源自其卓越的产品质量和创新技术，更离不开其高效的人力资源管理，特别是薪酬管理体系的完善和优化。薪酬管理在海尔集团中扮演着至关重要的角色，它不仅是员工激励机制的重要组成部分，也是推动企业文化发展、提升企业核心竞争力的关键因素。那么，它在薪酬管理制度领域上又有什么亮点呢？

1. 海尔集团薪酬战略

海尔的"商圈小微"战略是其打造平台化生态系统、构建利益共同体的核心举措。这一战略不仅要求公司内部的员工和经营者站在同一立场上，形成紧密的合作关系，更倡导全员参与经营，将员工从传统的被动执行者角色转变为积极的创业者身份。这一转变意味着，员工需要主动承担经营风险，同时也将享有经营成果带来的利益。

然而，自主经营体模式在实施过程中也面临着潜在的风险，其中最显著的就是消极怠工的可能性。为了有效应对这一风险，海尔在薪酬战略的制定上进行了深思熟虑。其薪酬战略不仅关注企业的整体绩效，更侧重于对雇员个人贡献的激励。通过实施"三公原则"，即公平、公正、公开，海尔确保了薪酬战略的公正性和透明度。

在海尔的薪酬战略中，公平体现在对所有员工实行统一的可量化考核标准上。这一标准不仅确保了员工之间的公平性,也为企业内部的竞争提供了明确的规则。公正则体现在设立与工作成果紧密挂钩的员工升迁制度上。通过这一制度,员工能够根据自己的绩效表现获得相应的晋升机会,从而激发他们的工作积极性。

公开原则让公司不仅公开了考核方式和考核结果,还将员工的薪酬水平进行公开和透明化。这种公开透明的做法不仅增强了员工之间的信任感,也为企业内部的沟通和协作创造了良好的氛围。

通过实施这一薪酬战略,海尔不仅成功地解决了潜在的委托代理问题,还激发了员工的工作积极性和创新精神。员工们更加主动地参与到企业的经营活动中来,为企业的发展贡献自己的智慧和力量。

2. 海尔集团宽带薪酬结构

海尔为了构建一个更具激励性和适应性的薪酬体系,他们不惜重金聘请全球知名的IBM公司来协助设计,最终确定了宽带薪酬结构这一创新方案。这种薪酬结构的特点在于等级相对较少,但每个等级内的浮动范围却相对较大,为员工提供了更广阔的职业发展空间和薪酬增长机会。

宽带薪酬结构的实施,打破了传统的等级观念,使得员工更加注重个人能力的提升和业绩的改善。这种薪酬结构有助于消除官僚作风,激发员工的创新精神和团队合作意识,起到支持和维护扁平化组织结构的积极作用。宽带薪酬结构通过淡化等级观念,使得员工能够更加平等地参与决策和协作,从而提高了整个组织的运行效率和创新能力。

3. 海尔集团薪酬管理制度

在海尔的组织变革征途中,薪酬制度的设计与实施显得尤为关键。一个恰当的薪酬体系不仅能激发员工的工作热情,还能精准筛选出适应自主经营体模式的精英人才。这一制度的核心目的是加强现有员工对自主经营体模式的认同感,同时吸引更多与该模式契合的外部人才,确保公司与员工之间的完美契合,共同推动企业的变革进程。为了实现这一目标,海尔独具匠心地推出了人单合一机制下的"超利分享酬"模式。该模式的核心理念在于激励员工首先为客户创造卓越价值，随后在扣除企业常规利润和市场费用后，与员工共享剩余的超额利润。这种薪酬制度巧妙地将员工的收益与客户价值紧密相连，使员工在追求个人利益的同时，也积极致力于为客户创造更大的价值。

海尔根据为客户创造的价值，将薪酬基数细分为五类，分别是分享、提成、达标、保本和亏损。当员工的绩效达到提成或分享水平时，他们便有机会参与对所创造价值的分享。这种薪酬制度实质上使员工成为市场的"雇主"，通过自身的努力和表现"挣工资"，而非传统意义上的等待企业发放工资。

为了进一步激发自主经营体的活力，海尔引入了独具特色的"创客薪酬"体系。在此体系下，员工与公司携手制定清晰的目标，并将这些目标细化到具体的年月日计划。员工根据实现的目标，可享有四个阶段的薪酬回报，分别是创业阶段的生存保障、分享阶段的拐点激励、跟投阶段的利润共享以及风投配股阶段的股权红利。

这种薪酬制度不仅为员工提供了稳定的收入来源，更通过层层递进的激励机制，使员工从"生存权利"到"利益分享"，最终迈向"事业成就"的高峰。在这一制度下，员工被赋予了创业者的身份和角色，可以利用公司的广阔平台和丰富资源，开展自主经营。

在初创阶段，公司为员工提供必要的扶持和指导，随着业务的不断壮大，员工与公司共享收益，携手共创事业的辉煌。这种制度不仅激发了员工的创造力和积极性，也为公司的持续发展注入了强大的动力。

具体操作如下：

1）在创业的初期阶段，小微成员通常需要为团队投入大量的精力，但由于企业资金流较为紧张，因此他们通常只能领取维持生活的基本费用。这些生活费可以通过小微账户预支，或者由小微主自行筹集。这种安排确保了小微成员在创业初期能够无后顾之忧地投入工作，为小微的成长和发展奠定基础。

2）随着小微逐渐步入正轨，并朝着预案和预案设定的目标前进，当价值创造达到拐点时，小微成员的薪酬体系也将随之调整。他们将能够分享到不同拐点带来的收益，这不仅是对他们前期努力的回报，更是对他们持续为小微贡献动力的激励。

3）当小微企业的价值创造攀登至新的巅峰，点燃用户的热切需求，并在行业内展现出如日中天的发展态势，实现了超额利润的价值创造时，其成员的收益分配模式也将迎来进一步的升级。他们不仅能够分享到超额利润的丰硕果实，更有机会投资拥有小微企业的虚拟股权，从而跻身于这个事业的决策殿堂，成为真正的主人翁。这一变革象征着小微成员不再仅仅是企业的雇员，而是成为了自己事业的舵手。

4）随着小微企业在行业中逐渐崭露头角，并成功吸引外部资本的风险投资，海尔集团决定根据其成员的贡献，为他们分配股份。此举意味着这些小微团队有可能脱离海尔集团，独立发展成为一家公司，甚至有望实现上市。在这一阶段，他们所持有的股份数量及其价值的增长，将成为他们重要的收入来源。这种变革不仅象征着小微成员从单纯的任务执行者，转变为事业的真正拥有者，更体现了他们从简单地执行任务，到全身心投入于创造事业的巨大转变。这一转变不仅为小微成员提供了更广阔的职业发展空间和丰富的财富增长机会，更为他们搭建了一个展现个人价值、追求梦想的舞台。

4. 海尔薪酬管理制度主要的影响有三个方面：

1）确立"挣工资"理念

在海尔，我们倡导一种全新的理念——"挣工资"，而非传统的"发工资"。这种转变不仅颠覆了员工对薪资的传统认知，更激发了员工的主动性和创造性。在海尔，员工不再是被动地接受组织安排和领导指令，而是积极地面对市场，寻找自身价值释放的空间。这种转变打破了组织内部与市场的绝缘状态，使员工能够更深入地理解市场需求，更精准地为用户提供价值。

"挣工资"理念的核心在于，员工的报酬与他们的价值创造直接挂钩。在海尔，员工通过为用户创造价值来获取报酬，价值创造越多，报酬越高。这种机制确保了员工的收入与他们的贡献紧密相关，从而充分激发了员工的创造力和工作热情。

2）打造利益共同体

为了实现利益最大化，海尔采取了与小微共享超利润、与合作方利润共享的策略。这种策略不仅确保了海尔自身的利益最大化，还通过利益共享机制将合作伙伴和小微公司紧密联系在一起，形成了真正的利益共同体。这种共同体实现了利润共享，使得各方能够共享成功的果实，进一步增强了合作伙伴和小微公司的归属感和责任感。

这种基于利益共同体的利益最大化机制，巧妙地打破了传统价值分配制度下的隔阂，将价值创造与价值分配紧密结合，从而极大地激发了各方共同追求价值最大化的热情。海尔通过这一创新举措，不仅确保了自身的稳健发展，还为合作伙伴和小微公司拓展了更广阔的发展空间。

3）助力员工经营属于自己的事业

海尔集团鼓励所有员工在平台上创新创业，成立小微公司。这些小微公司与海尔签订对赌协议，通过接受海尔的投资和对赌酬金，承担起为市场创造价值的责任。这种机制使得小微公司能够将工作当成自己的事业来做，从而充分激发了他们的创新精神和经营动力。

从一定意义上讲，海尔对小微的对赌，使得小微能够把工作当成自己的事业来做，也就是所谓的"自己的店当然自己最上心"。这种机制不仅提高了小微公司的责任感和归属感，还使得他们能够更加积极地为用户创造价值，从而实现自身的持续发展和成长。

第 8 章

激励配置
——提升关键员工动能

股权激励撬动关键力量

在现代企业管理中,如何提升关键员工的工作动能,留住关键员工是非常重要的议题。《完美激励》一书中,作者提出了"欲望驱动自我激励"的观点,认为激发员工动力的核心在于"欲望",而非"需求"。这里的"需求"指的是生存的基本条件,而"欲望"则代表着我们主动追求的事物。

在实际管理中,股权激励制度作为创新的激励方式,企业管理制度、分配制度乃至企业文化的一次重要的制度创新。这种制度对中小企业在人才引进方面有非常重要的作用,它能让员工可以更好地发挥自己的潜力和创造力,从而为企业带来更大的价值。

1. 股权激励制度的重要意义

1)建立利益共同体

常规来说,领导者和员工之间的利益不是完全一致的。领导者更关注企业长期发展和投资营收,而关键员工只是雇员,他们更关心眼下的工作职能和个人收益。同时,因两者之间价值取向也不同,在企业运营过程中会发生个人利益和集体利益相互摩擦的现象,从而对企业造成损失。实施股权激励让关键员工与企业弱化相互间的矛盾,站在一条船上,从而达成利益共同体。

2)业绩激励

关键员工获得股权激励后成为公司股东之一,有分享企业利润的权利。

企业管理者制定的奖惩机制起到明确的导向作用，提高了关键员工的工作积极性和创造性。关键员工在享受高收益的同时也承担着企业发展的高风险，这会促使他们积极开拓进取，大胆创新，为提高企业营业额和竞争力而努力。

3）约束管理者短视行为

股权激励作为长期激励机制和传统的激励方式，如年度奖金等不同，不再关注短期财务数据，把注意力放在企业未来的价值创造力上。为了得到企业长远发展，获得更高收入，企业会弱化经营者短期管理行为，提高企业在未来创造价值的能力和长远竞争能力。

4）留住人才，吸引人才

对于中小企业而言，实施股权激励计划有利于企业发展和吸引优秀人才加入。股权激励为员工提供了非常强的未来预期，加强员工的归属感和认同感，激发员工的积极性和创造性。同时，让员工与企业站在一条战线，避免做出有损企业的行为，为企业留住人才。

5）提高团队凝聚力和战斗力

关键员工得到激励股权，从一名员工转变身份为老板之一，这种实打实的身份转变一方面表现在收益方面，还有一方面则表现为用主人翁意识对待企业发展。他会自觉地维护企业利益，抵制损害企业的不良行为，激发他们内生战斗力和团队凝聚力。

6）降低人力成本

企业发展初期，想要重用能力强的人才但却没有能力支付高薪水时，可以采用股权激励方式，用股权代替一部分固定薪水，这样就既能雇佣优秀人才，又能降低人力薪酬成本。让员工成为公司股东，分享公司的成长和收益。

2. 股权激励操作的七步骤

股权激励的精髓在于对预期的巧妙调控，以此激发和提振公司员工的士气。因此，企业在设计股权激励计划时，必须建立起一套完备的制度与规范，明确界定激励的对象、方式以及授予条件等关键要素，确保整个股权激励过程既公平又合理。

1）制定股权激励计划。股权激励计划协议包括股权激励的对象、激励方式、激励期限、激励条件等内容。

2）明确激励对象。股权激励的对象不是面向全体员工，而是针对企业招募的优秀核心人员，或者在企业内部工作绩效、潜力优秀的人才。

3）选择激励方式。股权激励方式有股票、股票期权、限制性股票、股票奖金等不同方式。企业根据关键人员情况安排激励方式。

4）制定激励期限。企业根据股权激励的目的和实际情况，制定股权激励的期限，一般为3~5年。

5）设定激励条件。企业根据股权激励的目的和实际情况，设定股权激励的条件，如员工的工作绩效表现、企业的收益增长等。

6）实施股权激励。企业按照股权激励计划的要求，向员工提供相应的股票或股票期权等股权激励。

7）跟踪管理。股权激励会与授予对象签署相关协议，企业需定期跟踪管理股权激励的实施情况，及时解决相关问题，如激励对象离职或者增加新授予对象时进行管理调整，保证股权激励计划的顺利实施。

3. 企业九种股权激励形式

现行管理制度中，股权激励形式有九种，企业可根据自身发展阶段、所属行业、员工诉求等情况，相互配合使用。

1）业绩股票形式。即在年初明确设定一个合理的业绩目标。当激励对象在年末达到这一目标时，公司将授予其一定数量的股票，或由公司提取奖励基金购买公司股票作为奖励。这些股票的流通和变现通常受到时间和数量的限制，以此确保奖励的公平性和长期性。

2）股票期权形式。股票期权是一种赋予激励对象在未来某一特定时间内，以事先约定的价格购买公司流通股票的权利。股票期权行权有时间和数量限制，且激励对象需自行承担行权所需的现金支出。在我国部分上市公司中，还存在一种虚拟股票期权，它结合了虚拟股票和股票期权的特点，为激励对象提供了更加灵活的激励方式。

3）虚拟股票形式。虚拟股票的激励对象可以享受公司的分红权和股价升值收益，但并不拥有股票的所有权、表决权，也不能进行转让和出售。一旦激励对象离开公司，这些虚拟股票将自动失效。

4）股票增值权形式。股票增值权，是公司赋予激励对象的一种权益。当公司股价上涨时，激励对象可以通过行使这一权利获得相应数量的股价升值收益。在这一过程中，激励对象无须支付现金。行权后，激励对象可以选择获得现金或等值的公司股票。

5）限制性股票形式。限制性股票形式，即在特定条件下，公司提前授予激励对象一定数量的公司股票。但这些股票在抛售等方面会受到一些特殊限制。通常，只有当激励对象完成特定目标后，才能够抛售这些限制性股票并从中获益。

6）延期支付形式。这是公司为了激励员工而设计的一种薪酬计划。在这一计划中，部分薪酬以股权激励的形式存在，并不在当年发放。而是根据公司股票的公平市价，将这些薪酬折算成一定数量的股票。在一定期限后，这些股票可以以公司股票的形式或以现金方式支付给激励对象。

7）员工/经营者持股形式。是指激励对象持有一定数量的公司股票。这些股票可能是公司无偿赠予的，也可能是公司补贴购买或激励对象自行出资购买的。当股票升值时，激励对象可以受益；而当股票贬值时，激励对象也会承担相应的损失。

8）员工/管理层收购形式。这是一种特殊的股权激励方式。公司的管理层或全体员工利用杠杆融资购买公司的股份，从而成为公司的股东。这样做不仅改变了公司的股权结构、控制权结构和资产结构，还使激励对象与公司其他股东共同承担风险、分享利益，实现了持股经营。

9）账面价值增值权形式。可以分为购买型和虚拟型两种。购买型是指激励对象在期初按每股净资产值实际购买一定数量的公司股份，并在期末按每股净资产期末值将股票回售给公司。而虚拟型则是指激励对象在期初不需支付资金，公司授予其一定数量的名义股份。在期末，根据公司每股净资产的增量和名义股份的数量，计算激励对象的收益。

总之，股权激励的实施是激发员工工作动力的一个复杂而细致的工作，需要企业从多个角度出发，综合考虑员工的情绪、欲望和需求。

在股权激励的过程中，会涉及到相关税收等法律法规。如果企业在未来有计划通过资本运作IPO，就需要提前规划股权激励的股份支付问题，不要影响企业的IPO。

有效的激励策略可以让员工更好地发挥自己的潜力和创造力，从而为企业带来更大的价值。但是，股权激励也只是企业激励体系中的一种，不能解决所有问题，因此企业要结合公司发展愿景，制定恰当的激励方案。

案例：联想集团股权激励走出新模式

管理问题，实质上是一个资源分配的问题。在一个企业内部，资源的合理配置和高效利用是推动企业持续发展的关键因素。当分配问题得到妥善解决时，企业内部98%的问题都可以得到有效的缓解和解决。这不仅仅关乎物质资源的分配，更涉及到人力资源、权力、责任等多方面的配置。股权激励作为一种激励机制，其核心理念在于通过给予员工一定的股权，使其成为公司利益的共同拥有者。这种机制的实施，需要管理者具备高超的智慧和战略眼光，以确保各项资源能够最大限度地发挥其价值。

俗话说，"铁打的营盘流水的兵"，在现代企业中，这种情况演变成了铁打的公司流水的员工。员工的流动虽然为企业带来了新鲜血液和新的思维，但同时也给企业的管理和发展带来了诸多挑战。因此，如何有效地管理和激励员工，成为企业持续高效发展的关键所在。

人才作为企业发展中的核心要素，一个优秀的员工可以为企业创造巨大的价值。股权激励作为一种以人为核心要素的激励机制，正是基于对人才的高度重视而诞生的。这种激励机制不仅有助于激发员工的工作热情和创新精神，更有助于增强员工的归属感和忠诚度，为企业创造更加稳定和有活力的发展环境。

比如联想，作为中国著名的科技企业，其在股权激励方面的实践值得我们深入研究和借鉴。联想通过实施股权激励计划，有效地激发了员工的积极性和创造力，为企业的发展注入了强大的动力。同时，联想还通过不断完善和优化股权激励方案，确保了企业能够持续吸引和留住优秀人才，为企业的长远发展奠定了坚实的基础。

1984年11月，柳传志带领中国科学院计算所的11名精英踏上了创业之路。他们在海淀区注册成立了中国科学院计算所新技术发展公司，这是联想的雏形。公司成立之初，注册资金为100万元，但计算所实际注入的资金仅为20万元，以及两间平房。尽管资源有限，但柳传志和他的团队凭借着坚定的信念和不懈的努力，为联想的未来发展奠定了坚实的基础。

随着公司的不断发展，1993年，联想迎来了创业以来的第一个瓶颈。这一年，联想未能完成既定的销售目标，导致产品库存积压严重。对于柳传志来说，这是一次前所未有的挑战。为了激发员工的积极性，特别是那些为公司发展做出巨大贡献的骨干员工，柳传志提出了一个大胆的想法：让员工拥有公司的股份。但联想是由中国科学院投资的国有企业，员工持股涉及到股份制改造这一敏感问题。在当时的政策环境下，实现员工持股并非易事。

于是联想退而求其次，将"股权"改为"分红权"，让员工拥有了35%年利润的分红权，这一举措为联想的股权激励迈出了重要的一步。尽管分红权在当时看起来只是一张"大饼"，因为它涉及到税收等问题，分红的资金并没有立即发放给员工，而是暂时存放在企业。然而，这一决策仍然极大地激发了员工的积极性，为联想的未来发展注入了新的活力。

时光荏苒，到了2001年，联想迎来了股权激励的第二步。这一年，公司进行了股份制改造，用原来分红的资金买下了35%的股权。这一举措将原本是一张"大饼"的分红权转变为了真正的股权，使员工真正成为了公司的一部分。然而，拥有了真正的股权之后，如何公平、合理地分享这些股权成为了联想面临的新问题。

在当时，柳传志作为联想的掌舵人，提出了一个大胆而富有远见的决策：让当年的创业元老，那些曾经为联想的创立和发展立下赫赫战功的老同志们，由于知识和精力的限制，逐渐从核心领导岗位上退下来，将更多的机会和重任交给杨元庆等年轻有为的新一代。柳传志明白，这些需要退下来的老同志虽然理解公司的长远发展需要新鲜血液，但他们中的许多人并未达到退休年龄，他们对于自己的贡献和付出有着深深的自豪和期待。他们愿意支持年轻人走上领导岗位，为联想的未来发展贡献自己的力量，但同时也希望能够以一种更加体面和尊严的方式退出舞台。

在这个重要的历史节点上，联想精心策划并推出了一套极具创新性和吸引力的股权激励方案。该方案的核心在于，将用分红买下的35%股权作为一个整体，其中的35%用于激励老员工，总共15人，这些人主要是以前创业时的骨干；20%用于激励核心员工，约160人；剩下的45%用来激励未来的骨干员工。

联想的股权激励计划精妙之处在于对创业元老、核心员工以及未来人才的不同分配比例。这一策略不仅体现了联想对人才价值的深刻认识，也为其长期发展注入了强大的动力。

首先，对于创业元老，联想授予了35%的股权。这一举措是对他们过去辛勤付出和卓越贡献的肯定。通过股权的授予，创业元老们得以在精神和物质层面得到双重满足，从而更加心甘情愿地退居二线，将舞台让给新一代的年轻人。

其次，对于现有的核心员工分配了20%的股权。这一比例的设置，旨在将核心员工的利益与企业的长远发展紧密绑定。这种策略不仅有助于稳定核心团队，激发他们的工作热情，还能确保企业在变革中保持稳健的发展态势。

最后，对于未来人才保留了45%的股权。这一举措无疑为年轻员工描绘了一个充满希望的未来。通过股权激励，联想为年轻人搭建了一个成长的台阶，让他们看到了凭借个人努力获得股份的可能性。

这种激励机制不仅有助于吸引和留住优秀人才，还能激发员工的创新精神和团队合作意识。从整体来看，联想的股权激励计划充分考虑了老、中、青三代人的贡献和价值回报之间的公正。这一方案不仅妥善解决了创始人员的历史贡献问题，还恰当考虑了当前企业发展的需要，并重点期待了企业的未来发展。这种兼顾过去、现在和未来的策略，不仅体现了联想的远见卓识，也为其在竞争激烈的市场中保持领先地位提供了有力保障。

PART 3

信息篇
构筑企业信息生态

在竞争激烈的商业环境中,中小微企业需要迅速响应市场变化,做出明智的决策。然而,如果信息传播受到阻碍,上层的决策和指示无法及时传达给员工,这将严重影响企业的运营效率和执行力。因此,打破信息壁垒,建立畅通的沟通渠道显得尤为重要。

第 9 章

优化信息流动生态

信息流动与人效因素

信息是构成组织的核心要素和基础资料,组织通过信息来行使权利、做出决策和应对市场挑战。对于企业而言,信息能够使企业更好地了解市场需求,创造顾客和股东认可的价值,并在遵守社会伦理的前提下行使职能。通过信息,组织能够分享目标、制定战略、统一行为,推动创新、变革、服务改进、成本控制和生产率提升。在组织中,信息的传播和共享能够影响员工的工作方向和目标,决定谁具有影响力以及谁没有影响力。因此,信息在组织的运作和发展中扮演着至关重要的角色。

1. 信息流动与人效因素的关系

信息流动对价值流动有着重要影响。投资者、顾客、部门经理以及员工都会根据他们所了解的情况来评估组织的价值。他们可以通过观察、亲身经历或通过阅读和听取消息来了解情况。同时,由于第一手信息通常只限于少数利益相关者传递,因此组织必须确保信息的顺利传播。

信息也是将供应链和工作流程连接在一起的关键。组织为确保信息顺利传达至人们能够使用信息的地方所做的努力越多,信息流动的状况就越好。这样,员工能够清晰地了解他们的工作对顾客的重要性以及对整个组织的重要性。

2. 有关信息流动的分类

关于信息流动的选择主要分为两类:沟通策略与信息传播。然而,这两类信息流动选择的基础都依赖于组织内部的八种心态。其中，心态必须是专注而开放的，否则沟通将无法顺利进行。建立一个具备专注且开放心态的组织是一项巨大的挑战，但在高级管理人员的领导下，这一目标是可以实现的。为了实现这一目标，我们需要模仿并倡导多种多样的、基于现实的思维方式，而不是墨守成规的思维方式。

1）沟通策略

全面沟通策略的核心在于，为满足各类利益相关者的需求，设计有针对性的信息传递方式，以创造价值。这些信息的设计必须基于对直接目的的清晰理解，并反映公司的整体领导哲学。例如，如果公司的领导风格是"说服和销售式"，那么信息设计将更侧重于指示性，为员工提供明确的工作期望。而如果领导风格是"参与和授权式"，信息设计则会更加注重激发个人行动，分享关于顾客、竞争对手、公司财务绩效等关键信息。

为了确保信息的连贯性和一致性，组织需要建立一种连接内部和外部利益相关者的信息传递机制。在今天的信息时代，对员工采用一种信息传递方式，对外界采用另一种方式是不现实的。

为确保信息的有效传递，我们需要选择一位"正直的牧羊人"来跟踪公司的概念、语言和逻辑。这位"牧羊人"的任务包括促使高层管理人员花时间设计信息并确保其深入人心，帮助他们避免朝令夕改的习惯。

选择与信息传播相适合的媒体也是非常重要的。人们常常在这方面犯错误，例如通过电子邮件或备忘录发送重要的、充满情绪的消息。因此，我们需要根据消息和听众的特点选择合适的媒体。

沟通方式的设计必须以人们容易接受的方式传递信息。为了确保一致性和整体性，所有的人力资源管理活动都应展现公司的形象。在发布公司政策和方向以及进行全体沟通时，高层管理人员必须保持一致的声音。

建立责任制对于确保沟通顺畅也非常关键。公司整理的沟通战略需要有人负责，在中小型企业中，通常由CEO负责制定战略，在大型企业中，通常会让沟通专家与高层管理团队来制定。

最后，我们需要评价和改进沟通效力。一个全面的沟通策略应设置发现和纠正错误的机制。管理人员可以通过亲自调查和了解信息的接受程度。在复杂的环境中，正式和非正式的反馈渠道以及统计调查可以提供更具体的反馈，帮助组织使沟通过程得到更有效的控制。

2）信息传播

信息传播有五个运动方向：从组织外部流向组织内部，从组织内部流向组织外部，从上到下，从下到上，横向流动。

不论信息从哪个方向流动，问题都是相同的（谁发出信息？谁接收信息？发送什么信息？如何发出信息？什么时候发出信息？）但选择是不同的。

以下各节概述了一些对顾客、投资者、管理人员以及员工最为重要的选择。

（1）当信息从外部流动到内部

在处理顾客信息时，我们需要明确了解顾客的需求内容。为此，组织必须通过各种方式，如满意度调查或与顾客面谈来收集相关信息。这些信息收集过程有助于我们理解当前顾客的需求，但可能无法准确反映整个市场的需求情况。

针对最重要的顾客，我们应该尽可能地收集所有相关信息。大多数企业知道他们当前顾客中有一些是更为重要的——他们购买更多，提供更大的回报，或者他们花费的成本更少。

收集和比较数据也是非常重要的。我们需要比较我们的产品或服务与竞争对手的相比如何，以及与一年前或顾客期望相比如何。这种比较可以帮助我们更好地理解顾客的需求和期望。

让管理人员和员工感受顾客的要求也是非常重要的。例如，邀请顾客出席管理人员会议、派发描述某些顾客的生活如何受到公司产品和服务影响的视频、让生产人员参与市场研究、让顾客参与工厂运营和公司庆典，或者让员工参观顾客的企业或家以准确地了解产品是如何增加价值的。

将投资者的逻辑带进企业也很重要。投资者通常能够提供客观且非常可信的反馈，这对管理人员和员工都有很大的影响。

最后，将服务提供商当作额外的创新来源也是值得考虑的。外包创新活动可以减少风险、加速创新，并使企业能够利用到如果不外包则不可能利用到的人才。例如，有些公司不仅要求特定的外包服务商提供建议书，而且还提出其他的要求。

（2）当信息从内部流动到外部

在品牌建设过程中，我们首先需要明确品牌内涵，并通过有效的方式将其传达给目标受众。例如，京东凭借"多快好省"的品牌理念，为消费者提供高质量的产品和快捷的物流，赢得了消费者的认可。

在传达品牌形象并维护其一致性方面，理解与事实之间的关系至关重要。品牌可以成为有力的宣言，代表公司的愿景和价值观。例如，东鹏特饮凭借"年轻就要醒着拼"这一响亮口号，向"年轻"的主流消费群体精准地传递了企业品牌的核心价值主张。既凸显出品牌的年轻活力与时尚气息，又与不甘于现状、勇往直前的年轻人们的精神风貌高度契合，激发了他们内心的奋斗热情。正是凭借着这一深入人心的品牌理念，东鹏特饮在激烈的市场竞争中脱颖而出。

与顾客建立感情纽带是品牌建设的另一个关键方面。当顾客超越了对品牌效用的评价而热爱这个品牌时，公司便获得了巨大的市场牵引力。例如，哈雷-戴维森公司努力具体表达其娱乐性的、反传统的、重视户外友情的文化主张，与顾客建立起深厚的情感联系。

（3）当信息自上而下流动

①高层管理人员在介绍重要问题时，信息源会强化信息的影响力，反之则会降低。研究结果表明，62%的员工更愿意从高层管理人员那里获取有关重要问题的信息，但仅有15%的高层管理人员表示正在这样做。如果只是口头传达，效果可能会很差，信息必须通过行动和语言来传达。人力资源管理人员的作用是确保高层管理人员的行动与其所传达的信息一致。

②直接上级主管是提供一线变化信息的最可靠来源。人力资源管理人员应确保主管人员接受过沟通技能培训，并确保他们能够获得所需的信息以及与其他部门或团队相关的信息。

③管理人员和主管在沟通时，应当巧妙地在"什么"与"为什么"之间寻求平衡。他们应投入更多的时间与精力来阐释背后的原因，因为只有当员工们深刻理解"为什么"时，他们才会更乐于接纳"什么"，并积极探索"如何"去执行。

④员工们需要了解他们的职责、绩效信息、技术细节以及解决问题的策略。此外，他们还需知晓如何为公司创造价值、公司的经营目标、面临的竞争压力以及客户的期待等信息。

⑤管理人员在传递信息时，无论是好消息还是坏消息，都应保持平衡。管理人员必须确保所传递信息的真实性和透明度，以此来赢得员工的信任与尊重。

⑥尽管面对面的沟通方式，如组织生活会、团队演示文稿、双向视频、管理人员巡视、公司庆典等，深受员工们的青睐。但在成本意识日益增强和业务全球化的趋势下，这些传统方式正在逐步被视频、线上会议、即时邮件、企业内部互联网、自媒体平台以及当地媒体等新型沟通方式所替代。

（4）当信息自下而上流动

①承认信息向上流动的重要性。在内部沟通系统中，上行渠道通常较为狭窄。为了促进自下而上的信息流动，管理人员应明确告知员工，即使是负面的信息也是受欢迎的，以消除他们因权力差异而产生的顾虑。

②从行动所在的地方开始。离工作近的人比离工作远的人更了解要做什么。因此，管理人员应尊重并采纳来自组织最基层员工的意见和建议。

③收集和使用经验数据。如果仅凭少数基层呼声强烈的意见来作出决策，可能会导致过度反应。通过建立员工对当前问题的意见数据库，管理人员可以更加理性地作出判断。

④为上行信息流动提供途径。除了欢迎上行沟通，管理人员还必须创造

有利于这种信息流动的途径。此外，领导者还应公开自己的联系方式并回答各层次员工的问题。

（5）横向信息流动

在组织中，横向沟通的有效性对于提高工作效率和促进团队协作至关重要。为了实现有效的横向沟通，组织必须消除沟通障碍，鼓励同级员工之间的交流。

此外，提高效率也是组织追求的目标之一。通过增加平行的信息流动，减少必须通过等级制层级进行的上行和下行信息流动，可以降低沟通成本，提高沟通效率。

为了建立一套完整的水平连接系统，需要将团队、部门、各单位之间以及各地区之间的信息分享整合在一起。这种有效的架构有助于形成一种高效的学习型组织。

在多元化的企业中，产品整合可以从价值链上的任何创造财富的地方开始进行。然而，控制信息流和合作风险是关键。迪斯尼公司通过同时经营电影、视频游戏、快餐推广以及主题公园等业务，成功地实现了多元化产品的整合。

为了扩大市场机遇，组织可以利用各种媒介进行横向信息流动。这些媒介包括工作会议、人员调动、特别委员会和特别工作小组、临时工作安排、最佳实践讨论会以及在线交流等方式。

总之，促进横向沟通是组织成功的关键之一。通过消除沟通障碍、提高效率、建立完整的水平连接系统、扩大市场机遇以及利用各种媒介进行横向信息流动，组织可以更好地协调内部资源，实现更高效的沟通，完善组织结构。

3. 行动计划

沟通管理流程可以在许多层次上得到处理。因此，首先要经过聚焦于两到四项人力资源管理活动。下表9-1将展示信息审核内容，引导你关注可能产生巨大回报的人力资源管理活动。

评估表9-1　关于信息流动的审核

1. 我们如何拥有一种能够将外部信息与内部工作流程、程序及信息管理流程联结起来的沟通战略？

2. 我们如何建立一种能够接受、理解、执行具有挑战性的信息共有心态？

3. 我们如何建立一种共同的语言、逻辑？

4. 我们如何能保证高级管理人员传达一致的信息？

5. 我们如何保证信息管理流程与人力资源管理一致？

6. 我们如何拥有衡量信息管理效力和效率的机制？

7. 我们如何将来自顾客、股东以及卖方的信息全面传递到企业内部？

8. 我们如何通过与顾客及股东的沟通创建信任关系？

9. 在传递给员工的信息中，我们如何平衡好消息与坏消息、"什么"与"为什么"，以及整体描述与细节介绍？

10. 我们如何建立一种保证信息在组织中自下而上流动的机制？

11. 我们的信息管理活动与每个利益相关者的需求是否一致？

12. 在我们能看到的各种信息流动方式中，哪三种最具有创造价值？

请对以下各项打分，1分为低，2分为中，3分为高：

		利益相关者				
		投资者	顾客	直线经理	员工	
建立沟通战略	保证信息与事实的一致性	1 2 3	1 2 3	1 2 3	1 2 3	
	建立一种聚焦且兼容的心态	1 2 3	1 2 3	1 2 3	1 2 3	
	建立一种普遍理解的概念语言和逻辑	1 2 3	1 2 3	1 2 3	1 2 3	
	保证媒介、信息以及信息接收者之间的一致性	1 2 3	1 2 3	1 2 3	1 2 3	
	沟通与人力资源管理活动之间的结合	1 2 3	1 2 3	1 2 3	1 2 3	
控制信息流通	排除沟通障碍	1 2 3	1 2 3	1 2 3	1 2 3	
	评价并传达沟通的效力	1 2 3	1 2 3	1 2 3	1 2 3	
	从外到内	1 2 3	1 2 3	1 2 3	1 2 3	
	从内到外	1 2 3	1 2 3	1 2 3	1 2 3	
	从上到下	1 2 3	1 2 3	1 2 3	1 2 3	
	从下到上	1 2 3	1 2 3	1 2 3	1 2 3	
	平行流动	1 2 3	1 2 3	1 2 3	1 2 3	

一旦评定出最富有生产力的信息流动方式，你就可以知道，在你所列出的所有想法中哪些是最有利于增加利益相关者价值的。然后，你就可以根据本书制定一个行动计划。

打通信息与工作流程

在企业发展历程中，无论是"利润为王"还是"现金流为王"，企业存在的核心使命始终是通过提供满足消费者需要的产品和服务来提升企业价值的。在复杂多变的市场环境中，企业实现稳健发展，并持续保持净增长，人力资源管理者就要贯穿工作流程各个层级，始终聚焦于如何高效创造价值。因此，要想在这方面发挥积极作用，人力资源管理者必须聚焦以下三个核心问题：工作由谁来担纲、如何高效执行以及在哪里落地实施。

1. 工作流程对企业运行的意义

企业通过精心策划和梳理的工作流程，成功构建出高效的产品与服务周转体系，进而对现金流周转率和利润水平产生积极影响，从而大大增强了投资者的信心。

顾客的满意度与体验，直接源自于公司工作流程的精细化组织与管理。管理人员通过灵活地调整工作方式，确保企业关键能力，如敏捷性、团队协作、持续学习及高效执行得以充分发挥。

这些卓越能力成为企业发展的坚实基石。借助高效的工作管理流程，员工能够清晰地认识到自己的职责与角色，以及企业对他们的殷切期望。他们能够专心致志地投入到高附加值的工作中，同时明确了解每项工作的责任归属，从而确保每一项任务都能得到高效、精准的完成。

2. 工作管理流程：有关"谁"的选择

企业的结构务必要与其战略相匹配。在制定结构决策时，我们必须明确结构所服务的战略目标。在分配工作责任之前，对企业结构进行四个维度的决策至关重要，这包括业务的责任划分、业务区分、业务结合以及业务形态选择。

1）公司业务组合区分的方法

任何一家企业的核心决策都围绕其业务范围及各业务单位间的相互关系展开。依据行业特性、客户群体、竞争对手、技术产品和文化底蕴等多维度因素，我们提出以下六大战略选择。

这六大战略选择将决定公司是采用单一业务单位、相关多元化业务单位、非相关多元化业务单位，还是控股公司的业务组合结构。

值得注意的是，若对评估表9-2中六大战略选择的评分集中在1分或2分，那么公司可能更适合建立单一业务单位或相关多元化的企业结构。若评分普遍达到4分，则建立控股公司的结构将是合理的选择。若评分介于3分左右，则表明公司应倾向于构建相关多元化或非相关多元化的业务单位。

我们的核心观点是，战略选择必须与其对应的结构保持协调一致。例如，如果公司坚持基于业务整合的结构设计，那么应避免实施基于业务组合的多元化战略，以免产生结构与战略之间的不匹配。通过这样的考量，我们可以确保企业的战略与结构相得益彰，共同推动企业的持续发展。

以下对六种相应结构的要点进行阐述：

（1）单一业务单位

通常情况下，企业会专注于某一特定地点，通过单一业务单位销售某种特定产品或服务，或是一系列具有相似性的产品与服务。

例如，从事办公家具业务的赫尔曼·米勒公司在全球拥有近6 000名员工，并设立了一个强大的总部办公室，集中负责协调人员配置。

（2）相关多元化业务单位

一个公司可能由多个相似的业务单元构成，这些业务单元共享共同的产品线、服务内容、客户群体、企业文化或竞争准则。此外，它们还拥有明确且广泛的机制，能够充分利用这些业务之间的共性。

例如，沃尔玛连锁店和Sam's Club 连锁店就形成了一种相似性超过差异性的公司，其管理人员主要努力分享和促进有关物流、顾客倾向、房地产购置、劳动力需求、竞争对手、定价以及存货管理等方面的见解和研究结果。

评估表 9-2　战略选择与相应的结构

战略选择	相应的结构	
	相似	不同
行业	我们在什么程度上	
	主要在一个行业中经营	在多个行业中经营
	低　　1　2　3　4　5　　高	
顾客	我们在什么程度上	
	服务于单一顾客或顾客类型	服务于多种顾客或顾客类型
	低　　1　2　3　4　5　　高	
竞争对手	我们在什么程度上	
	与所有的市场上的某个占优势地位的竞争对手竞争	在不同市场上与不同的竞争对手竞争
	低　　1　2　3　4　5　　高	
技术	我们在什么程度上	
	使用或创造相似的技术	使用或创造不同的技术
	低　　1　2　3　4　5　　高	
产品	我们在什么程度上	
	生产相似的产品或服务	生产不同的产品或服务
	低　　1　2　3　4　5　　高	
文化	我们在什么程度上	
	各个企业单位拥有一种共同的或共享的文化	每个企业单位中鼓励一种不同的文化
	低　　1　2　3　4　5　　高	

（3）非相关多元化业务单位

在非相关多元化业务状态下，各个业务单位在产品、服务、客户群、竞争对手以及市场需求等方面均存在显著差异。虽然公司内部可能拥有一些共通的知识储备、管理经验、价值观以及品牌力量，但这些因素并不足以保证整个公司的全面成功。因此，公司必须坚决避免陷入用同一种模式去处理截然不同的业务的误区。因为这样做不仅无法充分发挥各业务单位的独特优势，反而可能削弱它们创造财富的能力。

例如海尔集团，作为实体经济的代表性企业，始终聚焦实业。但同时也组建了海尔金融集团，旗下拥有海尔房地产和海尔财务公司等。同时，海尔旗下的创业加速平台海创汇，为经销商、供应商等提供创业孵化服务，现已经孵化加速7家独角兽企业、107家瞪羚企业和175家专精特新"小巨人"。这种模式使各个业务单位的独特优势和资源能充分利用，避免因用同一种方法处理所有业务而导致的效率低下和资源浪费。

（4）控股公司的业务组合

控股公司则负责统筹管理多个业务单位，这些业务单位之间几乎不存在直接的业务联系。为了确保对各业务单位的有效监督，控股公司可能会设立中央财务和法律职能部门。但与此同时，大部分的支持性活动仍由各业务单位内部自行承担，以保持其运营的独立性和灵活性。

以红豆集团为例，主营业务是服装，但是在企业发展过程中，坚持自主创新，"红豆—纺织服装工业互联网平台"也在2018被列为首批纺织行业工业互联网平台试点项目。同时，集团开始进入机械轮胎和生物制药领域。这些业务在遵循严格的伦理和法律价值观的前提下，实行自主经营。

2）不同类型企业的设计方法

（1）分化型结构的设计方法

企业结构的设计是一个多维度的工作，涵盖了产品、市场、技术、职能以及地理位置等多个方面。大多数企业会选择不同形式的联合，形成诸如产品、市场、技术、职能或地理位置的矩阵式联合结构。

①产品结构法。即以所生产的产品为核心来构建企业结构。这种结构在产品生命周期较短时，快速开发获取竞争优势的场景很有优势。

②市场结构法。根据市场需求来塑造企业结构。随着消费者购买力的增强和服务经济的崛起，许多专业服务企业纷纷采用此法。

③技术结构法。围绕技术核心来构建企业结构。这种结构有助于推动基于技术的新业务的发展。它能够将创新人员从公司主流业务中独立出来，给予他们必要的保护，避免他们受到经济、政治或文化等外部因素的干扰。

④职能结构法。以财务、制造、市场等职能为基础来构建企业结构。这种结构在大型企业中应用广泛，能够充分发挥各部门的专业优势，但在小型企业中可能由于资源有限而不太适用。

⑤外包结构法。将那些与核心使命或价值关系不紧密的基本活动，外包给具有规模经济优势的专业机构来承担。通过这种方式，企业可以降低非核心活动的成本，同时确保服务质量达到客户满意的标准。

综上所述，不同的企业结构形式各有其适用的场景和优势，公司需要根据自身的实际情况和发展需求来选择和调整。

3）整合型结构设计方法

分化型企业结构设计方法确实能够在一定程度上解决诸多难题，但同时也不可避免地会带来一些潜在问题。无论是由哪位专家进行此类设计，最终都需要将企业进行整合，以确保其协同运作。举例来说，一个按照产品线设计的企业结构，在运营过程中必须积极促进各部门间的密切合作，以便在统一的公司品牌下，顺利销售来自不同部门的产品。这种合作模式在跨国公司的运营中常被提及，我们称之为"本地响应与全球整合"。

管理层级作为一种传统的整合机制，通过高层管理者引领共同的发展方向，激发集体的工作热情，并有效化解内部矛盾。然而，一旦高层管理者的信息处理能力受到局限，层级结构的运营成本便会水涨船高，而且这种高度集权的决策方式，也可能会削弱员工的积极性和奉献精神。

此外，会议作为一种协作机制，同样在企业运营信息流通中发挥着重要作用。不同部门的人员通过集中、电话或视频会议等方式齐聚一堂，共同探讨问题，有助于形成共识，推动工作进展。当会议议程明确、重点突出时，能够有效促进协作，提高工作效率。然而，若会议缺乏焦点，则可能会浪费宝贵的时间，甚至引发不必要的对抗情绪。更为糟糕的是，如果企业完全摒弃会议这一协作方式，员工之间可能会缺乏沟通，各自为政，从而导致资源浪费和效率降低。

3. 工作管理流程：有关"如何"的选择

公司通过精心选择的人际互动模式、集中管理策略以及定制化程度，成功将原材料和创意转化为优质的产品和服务。

1）人际互动模式

在工作环境中，不同的工作模式如个体生产、顺序生产、交互式团队、顺序式团队和虚拟式团队，往往会导致截然不同的工作成果。因此，根据预期的工作目标和结果，灵活选择适合的人际互动模式至关重要。

（1）个体生产。在这种模式下，工作任务几乎不依赖于或几乎没有与工作相关的人际互动。员工被单独指派完成任务，而无需刻意形成团队。计件制生产就是这一模式的典型代表，员工依据完成的工作量获得报酬。

（2）顺序生产。在装配线生产过程中，每个工人仅负责产品制造过程中的一个环节，然后将产品传递给下一道工序的工人。这种流水作业的方式通过设备和严格的程序，极大地提升了个人力量与技能的发挥，从而促进了生产力的提高。

（3）交互式团队。借助先进的设备和灵活的程序，现代公司正逐渐采用团队协作的方式来替代传统的流水线或大规模装配流程。这种模式能够进一步激发生产力，降低成本，提高生产效率。

（4）顺序式团队。顺序式团队生产结合了装配线生产和团队协作的优势。团队完成一定数量的部件后，将这些部件传递给下一个团队继续加工。这种模式既保留了顺序生产的效率，又充分发挥了团队协作的整体性和激励作用。

（5）虚拟式团队。某些工作任务需要集合不同单位甚至不同地点的专业技能人才。借助现代通信手段，可以迅速组建起这样的虚拟团队，在任务来临时迅速集结，任务完成后迅速解散，无须召开面对面的团队成员会议。

综上所述，不同的人际互动模式对工作成果具有显著影响。因此，根据实际情况选择恰当的工作模式是提高工作效率和生产率的关键所在。

2）集中管理

在面临管理模式的抉择时，我们主要聚焦于垂直型职能制与顾客需求驱动的水平式工作流程之间的鲜明对比。

在垂直型企业中，各职能部门各自为政，设定了效力的标准。但他们很难深入洞察顾客的真实需求。信息在职能层级体系中只能上下传递，而无法在各部门间自由流动。这种情况下，顾客与产品之间的紧密联系往往被割裂。决策权往往集中在某个职能层级的顶端，而并非掌握在真正了解顾客心声的层级手中。

相比之下，水平式企业则是以顾客需求为风向标，从顾客信息的输入开始，一直延伸到顾客对产品和服务的实际使用。这种企业能够迅速适应并满足顾客的各种需求。在这里，最有影响力的并非某个固定的职能部门，而是那些能够推动工作流程顺畅进行的关键角色。这种公司文化倡导开放与协作，鼓励员工打破部门壁垒，共同为顾客创造价值。

在水平式企业中，评价和奖励主要基于工作流程的实际成果，而非单纯依据职能部门的绩效。此外，交叉培训得到广泛推广，员工被赋予更广泛的工作职责和期望，使得他们能够在不同的岗位上发挥作用，共同推动企业的发展。

3）定制化程度

标准化工作流程能迅速完成统一产品订单的生产任务。这种流程主要依赖于自动控制技术来实现高效运作。标准化服务能够确保产品质量的稳定性和一致性，同时降低生产成本，这是它的核心优势。

然而，定制化工作流程则更加注重与顾客的深度沟通和互动。通过与顾客进行深入交流，企业能够了解他们的个性化需求，并据此确定合适的产品设计和工作流程细节。这种工作流程强调价值来源于个性化的产出和交付，因此成本通常由顾客承担。

4. 工作管理流程：有关"在哪里"的选择

物质环境在塑造和形成文化方面十分重要，它不仅能够推动工作流动性的提升，增强员工的参与感，更能通过传递明确的价值观、领导方式和地位信号，有效激发整体生产率的提高。

1）空间

工作管理流程深受多重因素的影响，比如空间布局，如墙壁、座位设计、会议室安排等。模块化的设计理念，使得企业能够根据业务发展的实际需求，灵活且迅速地调整空间布局。

SEI投资公司便是一个成功的范例。他们勇于破旧立新，拆除了传统的隔墙，取消了封闭的小房间，为每位员工配备了可移动的办公家具。当团队组建时，团队成员只需将各自的"办公室"聚集一处，轻松接入电源、语音及数据端口，便可迅速投入工作。

空间的邻近性有助于增进信任，促进信息的自由流通。为了加强销售人员与工程人员之间的紧密合作，我们应巧妙安排他们的办公空间，使之相邻。同样，为了激发作为创新"引领者"的创造力，也应将他们安置在相邻的办公区域。比如Pixar公司，这家电脑动画工作室将员工集中在一栋办公楼内办公，旨在通过空间的集中，激发员工之间的协同创造力，共同打造更多精彩的作品会议室的空间布局与家具选择同样传递着丰富的信息。例如，"U"字形的会议桌设计，暗示着演讲者与参会者之间的平等交流，而圆形会议桌则寓意着团队成员间基于个人智慧和经验的影响力，共同解决团队面临的各种挑战。通过这样的空间布局，企业可以巧妙地引导会议氛围，提升团队协作效率。

2）环境

工作环境传递的信息对员工的积极性和生产率有着举足轻重的影响，具体表现在以下几个方面：

（1）照明：适宜的自然光有助于员工与外界保持紧密联系，有效缓解长时间在封闭空间内工作可能带来的压抑和烦躁。

（2）颜色：色彩如同情绪的调色板，能够深刻影响人们的情绪和行为。不同色彩的选择如同传递不同信息的信号，如红色、橙色和黄色具有振奋人心的刺激作用；而淡绿色、浅黄色和白色则能够使人心情平静。

（3）布置：人们通常对自己的工作空间有着强烈的领土意识，喜欢对其进行个性化的装扮。企业应鼓励员工对工作场所进行个性化布置，从而增强他们对办公空间的所有权和对企业的归属感。

（4）人类工程学：虽然适合员工个人特点的座位和工作环境可能相较于统一标准的办公室设备显得更为昂贵，但它们更能贴合员工的身体与心理。

此外，一个舒适且人性化的工作环境能够有效吸引并留住那些关键人才，为公司的长远发展注入源源不断的活力。

3）象征意义

由于工作环境中的物质用品不仅价值不菲且耐用性强，因此被赋予了深层的象征意义。企业巧妙地利用这些物质符号传递出强大的信息，这种传递有时是刻意为之，有时则是潜移默化的。

物质环境能鲜明地展示企业的价值观。譬如，传统森林中的古朴石屋与繁华闹市中的现代玻璃摩天楼，两者所传递的信息截然不同。从建筑到地点，从景观美化到标识符号，再到日常维护，每一处细节都被视作企业价值观的一种具象化表达。物质环境本身便能传递出一种不言而喻的信息，"无声胜有声"。

物质环境同样能够折射出公司的领导风格。办公室设计往往比任何一场演讲或文化变革方案更能直观地展现管理风格与企业文化。例如，顶层角落的私密办公室与底层靠近大门的开放式办公区，两者所体现的领导风格自然迥异。

因此，在构建工作环境时，企业需深思熟虑，精心挑选并布置物资用品，以确保它们能够恰如其分地传递出公司的价值观、领导风格。同时，公司还需关注物质安排是否契合企业的层级结构与身份需求，从而确保物资配备能够为公司的成功与发展添砖加瓦。

5. 关于工作流程的行动计划

在处理工作管理流程时，要精准地聚焦于关键的人力资源管理活动。

评估表9-3所列举的审核项目将指引企业聚焦于那些最有可能带来丰厚回报的活动。随后，我们可以依据本书中精心设计的模板，有条不紊地制定出一份切实可行的行动计划。

评估表9-3　工作流程审核

1. 我们如何清晰地说明业务组合的逻辑？
2. 我们如何选择一种符合企业战略的高水平结构？
3. 我们如何应用适合我们业务的各种整体化机制？
4. 我们如何合理设置管理层级和配备公司职员，以及将决策放到最接近顾客、信息以及核心工作流程的人那里？
5. 我们如何使用能提高生产率和员工积极性的互动模式？
6. 我们如何将自己企业起来，达到顾客响应与成本效率的最佳平衡？
7. 我们如何合理地安排物质环境以促进形成理想的互动模式和工作流程？
8. 工作的物质空间在什么程度上被安排得有利于员工积极开展工作？
9. 物质环境在什么程度上有效地发出有关公司价值观以及公司领导特性的信息？

10. 我们的工作管理流程与每个利益相关者的需求相符程度如何？

11. 在我们可以聚集的所有工作管理流程选择中，哪三种活动最具有创造价值的潜力？

给以下各项评分，1为低，2为中，3为高：

<table>
<tr><th colspan="2" rowspan="2"></th><th colspan="12">利益相关者</th></tr>
<tr><th colspan="3">投资者</th><th colspan="3">顾客</th><th colspan="3">直线经理</th><th colspan="3">员工</th></tr>
<tr><td rowspan="5">谁做这工作</td><td>定义公司的业务组合</td><td>1</td><td>2</td><td>3</td><td>1</td><td>2</td><td>3</td><td>1</td><td>2</td><td>3</td><td>1</td><td>2</td><td>3</td></tr>
<tr><td>确定最高级企业区别的标准</td><td>1</td><td>2</td><td>3</td><td>1</td><td>2</td><td>3</td><td>1</td><td>2</td><td>3</td><td>1</td><td>2</td><td>3</td></tr>
<tr><td>建立横向整合机制</td><td>1</td><td>2</td><td>3</td><td>1</td><td>2</td><td>3</td><td>1</td><td>2</td><td>3</td><td>1</td><td>2</td><td>3</td></tr>
<tr><td>设定企业结构</td><td>1</td><td>2</td><td>3</td><td>1</td><td>2</td><td>3</td><td>1</td><td>2</td><td>3</td><td>1</td><td>2</td><td>3</td></tr>
<tr><td>设定具有最大影响的决策权威</td><td>1</td><td>2</td><td>3</td><td>1</td><td>2</td><td>3</td><td>1</td><td>2</td><td>3</td><td>1</td><td>2</td><td>3</td></tr>
<tr><td rowspan="3">如何做</td><td>建立人际互动模式</td><td>1</td><td>2</td><td>3</td><td>1</td><td>2</td><td>3</td><td>1</td><td>2</td><td>3</td><td>1</td><td>2</td><td>3</td></tr>
<tr><td>聚焦内部层级或顾客需求工作</td><td>1</td><td>2</td><td>3</td><td>1</td><td>2</td><td>3</td><td>1</td><td>2</td><td>3</td><td>1</td><td>2</td><td>3</td></tr>
<tr><td>平衡标准化与定制化</td><td>1</td><td>2</td><td>3</td><td>1</td><td>2</td><td>3</td><td>1</td><td>2</td><td>3</td><td>1</td><td>2</td><td>3</td></tr>
<tr><td rowspan="3">在哪做</td><td>界定物质环境对工作流程的影响</td><td>1</td><td>2</td><td>3</td><td>1</td><td>2</td><td>3</td><td>1</td><td>2</td><td>3</td><td>1</td><td>2</td><td>3</td></tr>
<tr><td>通过物质环境增进员工的积极性</td><td>1</td><td>2</td><td>3</td><td>1</td><td>2</td><td>3</td><td>1</td><td>2</td><td>3</td><td>1</td><td>2</td><td>3</td></tr>
<tr><td>表明价值观与领导风格</td><td>1</td><td>2</td><td>3</td><td>1</td><td>2</td><td>3</td><td>1</td><td>2</td><td>3</td><td>1</td><td>2</td><td>3</td></tr>
</table>

案例：联想"透明鱼缸"的故事

随着新世纪的到来，社会开放程度不断提高，世界因信息化和网络化而变得越来越紧密。在当今经济全球化和信息化的时代，瞬息万变的信息已成为社会经济发展的决定性因素。同时，随着计算机技术、网络技术、通信技术和移动互联网的高速发展和应用，"互联网+"的概念给所有行业带来新的机遇和挑战。

企业信息化已成为品牌实现可持续化发展和提高市场竞争力的重要保障。因此，如何把握和掌握这些信息成为企业管理者需要认真考虑的问题。

在过去的十几年里，联想集团一贯秉承"让用户用得更好"的理念，始终致力于为中国用户提供最新最好的科技产品，通过信息系统建设，利用"透明鱼缸"原理，重构了联想的权利效应，推动中国信息产业的发展。

1992年，联想开发了自己的财务MIS系统，完成了销售小票的电子化，把纸介质变成计算机数据。

1996年，和北京利玛公司合作开发并实施了MRPI，在业务流程自动化的基础上，实现了对物料配置清单（BOM）的自动确认，建立了生产信息系统、采购信息系统、商务运作系统

1998年，实现了第一代电子商务系统静态信息发布系统。到了2002年9月，《财富》杂志公布的中国上市企业百强中，联想集团位列第六。

随着企业规模的扩大，运营环节逐渐增多，管理复杂性随之上升。在这样的背景下，各环节的关键岗位被授予了更多的资源支配权。尽管有完善的纸面制度作为指导，但实际操作中仍不可避免地依赖于个人的执行和判断。这种依赖性可能导致资源的非有效分配和潜在的管理漏洞，即所谓的"跑冒漏油"现象。因此，如何确保在充分知情的基础上实施有效控制，是每个企业管理者都必须面对的难题。

联想集团正是通过引入ERP（企业资源计划）系统，实现了企业内部管理流程的透明化，从而重构了企业的权力结构。以采购为例，我们可以看到ERP系统在联想管理中的重要作用。

以采购流程为例，传统的采购部门由于掌握着大量的采购决策权，往往成为企业内部"油水"丰厚的部门。在没有有效监督和透明流程的情况下，个人因素很容易影响采购决策，导致不公平竞争和资源浪费。然而，联想通过ERP系统的上线，彻底改变了这一局面。

联想的ERP系统将采购流程细分为多个环节，包括招标、采购订单、审批、向供应商下单、收货、质检和付款等。这些环节相互关联，每个岗位都

有明确的职责和权限，采购过程因此变得透明化。这种分权而治的做法，不仅避免了个别员工既当裁判员又当运动员的问题，还确保了采购活动的每一环节都能得到有效监督。

在这样的系统中，资金流和物流被严格分开，职能部门负责具体事务，财务部门负责资金运转，而所有的事务和资金流动都一一对应，形成了一个高度透明的管理体系。这个体系就像一个透明的鱼缸，每一笔交易都被清晰地展示出来，任何人都无法在其中搞鬼。

在联想ERP系统的运作框架内，总经理和部门经理的权力更多地体现在各自监管范围的广度与深度上。总裁杨元庆的监管职责覆盖了从采购到销售的整个业务流程，他能够洞察联想内部8000余名员工的行动轨迹。在这个透明的体系中，员工们犹如鱼缸中的游鱼，其一举一动都在上级的视野之内，同时也必须接受财务监管备案的严格审视，如同沐浴在阳光下，无所遁形。

部门经理的绩效考评机制也得到了极大的完善，更加全面且公正。上级管理者能够通过360度评价法对部门经理进行全面评价，即部门经理的周围所有人员都能对其工作表现给出评价，而部门经理本人则无法参与其中。这种全方位的评价方式，使得管理者不仅要对下属负责，还要对同事、上级乃至整个企业负责。

随着ERP系统的深入实施，原本由总经理或部门经理独揽的财权被分解成了多个相互衔接的环节，形成了一个流程化的管理体系。在这样的系统下，任何不透明的地方都会被视为潜在的问题。一旦发现有"鱼"在"鱼缸"中游动时显得不够透明，管理者便能够迅速采取行动，将其从体系中捞出，及时纠正问题，确保企业的稳健发展。

1. 透明化管理对企业的益处

1）能增强企业的凝聚力，让员工参与到企业管理过程中，提高员工的主人翁意识；

2）能创造公平的环境，极大地激发员工的积极性和创造性；

3）能促进企业内部相互监督，从而为企业有效避免推诿、不作为等不良现象；

4) 能推动企业管理流程不断优化，使管理制度更加规范化、系统化、制度化，提高企业的竞争力。

企业引进新生事物时总会遇到各种困难和阻挠，这就需要企业各级领导层给予足够的重视和支持。

联想集团强调"一把手工程"，强调领导做好信息化工程各项支持工作，发现问题及时处理问题，进而有效地推进信息化建设。领导强有力的支持保障，是集团信息化建设非常重要的后盾。

同时，联想集团还会在推行信息化之前做详细的调研，根据企业自身条件进行合理化的规划，而不是盲目跟风、照搬全抄。做好风险评估、思想准备、资金准备等一系列铺垫，才能有力地推进信息化的建设。

2. 信息化建设员工培训做到位

联想集团信息化推行的成功，跟"一把手"始终冲在最前沿有很大关系，功不可没。参与到信息化建设工作中的工作小组，也需要专业的培训，确保流程的正确、信息的准备、系统运行、维护和升级到位。

1) 以人为本。企业信息化建设全员培训是推进工作的基础。工作结果的成败取决于员工的素质。因此，打造一个素质好、水平高、技术过硬的人才梯队必不可少。抓好企业各层次人员的培训工作，让先进的管理手段和方法能够深入人心，并逐步推广至每位员工。

2) 精心部署。信息化系统建设是一个严密的管理系统，企业想要信息化方案落实到位，必须精心制定可行性方案，确保每个阶段执行到位，及时化解各种矛盾，最终取得好的效果。

联想集团通过信息透明化和流程规范化，不仅简化了企业管理过程中的控制难度，还提高了企业的透明度和公信力，为企业的长远发展奠定了坚实的基础。

第 10 章

打破隐形部门墙

粉碎跨部门协作壁垒

随着企业不断发展壮大，跨部门协作因不同的利益诉求，时常产生不配合、不合作等冲突。据调查，企业中层管理与一线员工之间在内部沟通上所花费的时间，占工作时间约40%～50%，对于高级主管来，这个比例还会更高。可见沟通协作的问题是企业发展的一大壁垒。

随着企业的发展壮大，有些企业组织架构出现职能交叉、部门相互排斥、人员各自为政的情况，其根源就在目的不明确，目的不明确就会导致定位模糊。当企业员工抱着各人自扫门前雪，彼此不相往来的工作态度，就会产生消极怠工的情绪。这种情绪会逐渐在企业内部盘根纠错、相互影响，甚至形成潜规则，"部门墙"也就应运而生。

如何打破部门壁垒，提升跨部门协作的效率，让沟通更有效，需要系统的解决方法。

1. 造成部门墙的原因

1）部门各司其职，互不理解

不同部门所涉及的工作内容、职责和专业领域都不尽相同，在本部门内部沟通时没有问题，一旦跨部门沟通就会产生沟通障碍，各说各话，听不懂对方在讲什么。这时候，员工只想让对方看到自己想要什么，却看不到对方的难处。

比如销售团队向研发团队反馈客户意见，但研发团队有自己的工作进度安排。如果不能及时解决客户意见，就会影响销售的工作甚至实际收入。那么，两个部门就会发生抱怨，形成摩擦。

2）各部门目标不同，对待方式也不同

每个部门的工作目标不同则达成的效果和关注点也不同，如果合作部门不理解，则容易造成对立状态。

比如互联网公司的产品经理提倡修改项目，前端修改则导致后端改动增多，工作量增加后，如果不能良好的沟通，两个部门就会争吵不断。

3）个人KPI>公司总体目标

员工为了自己的利益完成本职工作，很少愿意为了公司总体目标，帮助别人做本职工作之外的事。甚至当一个项目出现几个部门相互配合推动时，就会出现"踢皮球"现象，迟迟无法交付结果。

2. 部门墙对企业的影响

1）企业内部信息、资源和技术，没有有效共享

企业各部门信息、资源和技术沟通不畅，没有有效共享，在相互配合时会根据各自利益出现扯皮、敷衍、不合作的现象。这就造成企业大量资源被浪费，没有得到最大化合理利用，耗费了人力、物力、财力。

2）制约企业的发展和生存

企业高层领导为了增加营业额，重视"以市场为导向""以客户为中心"的经营策略。在落实政策的过程中，"部门墙"大大降低了对外部环境的反应速度，无法正向反馈管理层，就不能及时调整经营策略，从而导致企业效益下降，给企业发展和生存造成不可挽回的损失。

3）出现管理黑洞

企业经营各部门工作内容免不了会出现交叉地带，而这个交叉地带就会出现管理黑洞。成为各部门"不归我管""跟我们关联不大""这应该是对方的问题"的推诿借口。黑洞一旦出现，问题就会出现。如果不采取有效措施来解决，对项目、对企业都可能会造成致命影响。

如果企业内部各职能部门只在乎自己的运行系统，无法与其他部门兼容。势必会给企业造成资源浪费、彼此消耗的问题，阻碍企业发展。因此，打破部门壁垒势在必行。

3. 如何打破隐形部门墙

企业运转无论规模大小，都需要各部门相互衔接、有效配合，才能让整个公司进入良性运转，最终实现企业目标。所以，打破隐形部门墙，跨部门沟通需要掌握以下原则：

1）统一全员认可的目标

企业经营有目标，才能指导行动。研发、销售、品牌、人力资源、财务各部门的职能各不相同，各自有各自的部门目标。但是部门的小目标要服从企业发展的整体目标。

跨部门协作，要让各部门对企业目标达成一致认可，从而弱化企业部门间的内部竞争。同时，这个共同目标要及时公开、监督，确保每个部门和员工能够明确自己的工作是否偏离公司目标，进行及时调整。

2）建立标准流程

建立标准化的流程制度，从根源上打破部门墙。顺畅的、合理的流程制度，就像是疏通一条河道，能让处在河流上的每条船顺序、有章法地运行。梳理出一套适用于本企业的跨部门协作流程，用制度流程来规范不同部门的沟通权限和边界，打破原有的死板格局，让企业有序运转。

3）明确岗位职责，责任到人

企业每个部门都有明确的岗位职责、部门任务。完成企业目标需要各部门的相互协作。把每个部门、每个员工的权责利划分清楚，责任到人。明确需要相互配合的工作部分，在实际工作中，不断优化完善跨部门协作的流程。

4）制定奖惩分明的考核指标

根据企业目标，需要相互合作的部门提前制定奖惩分明的考核指标。如投入产出、人员分配、预算制定、财务流程配合等。通过这种激励机制，用利益捆绑的方式把各部门衔接起来，鼓励部门相互打配合，联手共同创造佳绩。

5）建立良好沟通平台

跨部门协作的沟通机制十分重要，彼此的诉求是否顺畅传达和合理，都需要在沟通中来解决。沟通流畅则流程运作流畅，如果沟通不畅就会造成工作上的纰漏。如有的企业沟通用微信群，这很容易因为时效导致文件和信息的丢失。因此，在跨部门协作初期，为了能够达成企业目标，可以相互协调沟通机制，提高沟通效率。同时，企业要鼓励员工主动沟通，建立多维度立体的沟通渠道。

6）企业文化贯穿跨部门协作

企业文化让认同企业价值观的员工，能在跨部门沟通过程中放下隔阂，不再考虑眼前短期私利，而是主动去解决问题。当员工发自内心热爱企业时，他们能更好地发挥创造性和主观能动性，积极分享跨部门协作的经验和心得，部门之间能够彼此体谅，工作上能够容易达成共识。企业文化就像是胶水一样，把每个部门黏合起来，最终打造出一个所向披靡的团队。

7）开放的办公场所

办公场所是员工一天八小时所使用的物理空间，所有部门的协作都在这个场所完成。因此，开发的办公场所能够让员工心情舒畅，减少沟通之间的物理障碍。因此，办公场所就要根据企业运营流程进行合理规划布局，无论是颜色、光线、通风都要科学设计。让员工身处其中感到身心愉悦。

每个企业跨部门协作的问题是不同的，解决这个难题只用一种方法是不可能完全解决。因此就要管理者建立一套环环相扣、相互配合的组合拳，从根本上打破部门壁垒，提升跨部门协作效率，让沟通更加有效。

源头管控灵活用工

20世纪20年代，美国经济陷入大萧条，各行各业陷入低迷，失业率居高不下，社会保障问题日益凸显。在这样的背景下，1984年，英国苏塞克斯大学的阿特金森（Atkinson）提出了"弹性企业模型"，这一模型为"灵活用工"的概念奠定了基础。该模型强调，为应对市场压力，组织和企业不再拘泥于传统的刚性管理方式，而是转向更具弹性和多样性的用工方式，以此适应不断变化的内外部环境。

随着全球市场的日新月异，研究企业弹性用工的学者如雨后春笋般涌现。1989年，爱尔兰管理学作家查尔斯·汉迪（Charles Handy）在其著作《非理性时代》中，提出了一个引人注目的组织结构概念——三叶草组形态（Shamrock Organization）。

三叶草的形态象征着企业由三组各具特色的员工构成：首先，是专业核心人员，他们包括专业、技术和管理员工，是企业生存和发展的基石，其绩效与报酬紧密相连；其次，是外包人员，企业将非核心业务外包给外部承包商或个人，以便专注于核心业务，外包人员则通过服务费获得报酬；最后，是临时及兼职人员，企业可以根据业务需求灵活调整人力资源，这些临时人员不仅提供传统的初级劳动力，还可能包括经验丰富的顾问、财务人员等具有创造力的人才。

经过多年发展，灵活用工已经是一种非常成熟的用工模式，在我国，企业对灵活用工模式的接受度越来越高。比如每年"双十一""618京东年庆"等电商大战时，临时用工的数量就会增加，一般会采用3-6个月的灵活派遣工。在某些软件公司，也会采取雇佣第三方公司这种灵活派遣模式。

在2014年《劳务派遣暂行规定》出台之后，国内灵活用工开始高速发展。但随着新质生产力时代的来临，企业正面临经济增速放缓与人口红利衰减的双重挑战，用工成本问题逐渐浮出水面，亟须通过深层次的变革来重振业绩增长。2024年4月，首都经贸大学与用友薪福社联合发布的《社会化共享用工理论与实践研究白皮书》显示，从2017年至2024年，我国灵活用工市场规模实现了跨越式增长，由3081亿元飙升至17251亿元，七年间的平均增速高达26.6%。从行业分布来看，这一增长主要得益于新经济业态的蓬勃发展，尤其是互联网、电子商贸、互联网金融、智能科技、新制造以及新零售等领域。

灵活用工能够为企业提供弹性用工模式，使企业能够灵活地随着市场变化进行及时调整。

1. 什么企业适合灵活用工

为了扩大企业市场占有率，人力资源在优化人才管理时，要以业务为导向，灵活地改进人才战略规划和人才梯队搭建。在决定企业是否需要灵活用工之前，人力资源管理者需要根据企业现况进行分析，不能贸然行事。

1）确定企业现有员工总数中灵活用工人员（包括临时工、合同工与兼职人员）占比是多少？

利用"三叶草式组织"来判断未来企业的人员构成模式，建议三分之一是临时工，三分之一由劳务派遣供应商提供，剩下三分之一为本企业核心员工。他们有管理及协调临时员工的权利和责任。企业可以考虑现有员工组织构架在商业运作上是否有优势 来判断灵活用工的方案和运作成本。

2）企业的业务需求量是否时涨时消？如何进行人员调整？

企业在面对经济形势的波动时，灵活调整临时员工数量成为一种高效应对策略。通过灵活用工模式，企业能够精准地控制员工规模，从而将原本固定的工资支出转化为可变成本，很大程度上增强了其盈利能力。

3）对于企业特殊产品和服务的供求，是否了解和掌握？

随着临时工和合同工等灵活用工模式的普及，企业在调节员工数量方面的能力逐渐增强。很多企业把固定员工规模优化到能支持市场需求最低点的人员规模，利用灵活雇佣方式来应对增减不定的业务需求。市场上也出现了以"劳动力优化配置"为目标的应用软件，以帮助企业跟踪预测灵活用工需求。

4）企业是否处于重大转变期？是否需要引进新的工作方式或者新技术？

当一个企业放慢招聘核心员工的速度，增加灵活用工规模时，一般是企业正处在快速或较长时间变化中。这个阶段，企业需要处理长期不确定性状况，因此灵活用工规模比核心员工多。

2. 考察灵活用工成本

人力成本核算，是企业判断灵活用工是否适用的重要工作，这也决定了企业是否需调整原有的招聘策略。因此，人力资源领导者要考察灵活用工成本，具体如下：

1）企业的核心员工与灵活用工员工需要的加班时间是多少？

企业强制员工加班所付出的成本昂贵，这种决策是一种应急手段，而非长期发展策略。企业应当精准把握核心员工的数量，同时灵活运用人力资源，根据实际需求增加或减少人员配置。将大部分的加班需求化解于无形。

2）当企业遇到特定项目或返工任务时，是否有足够的人手来处理额外的工作量？

当企业的核心员工频繁地承担额外的工作任务时，企业的固定用工成本便显得过于高昂。企业可以将非重复性、非例行的工作转交给灵活用工的员工来完成。

3）企业聘请一名核心员工的时间成本是多少？不聘请是否对业务有影响？

当企业需要快速应对业务变化时，核心员工雇佣时间过长可能会导致错过重要发展机会。这时具备企业所需技能的临时工或合同工，就能够迅速投入工作并带来产出。

4）企业有多少预算可以雇佣灵活用工？

大部分企业会对灵活用工规划一定的预算，当需要增加员工，但因对固定员工人数有限制时，可以通过第三方派遣公司纳入员工。这样的用工方式，既能免除雇佣固定员工的各种成本，保证了临时员工能加入和离开工作岗位的灵活性。

3. 灵活用工如何设置岗位

不是所有企业、任何岗位都适用合同工或临时工，人力资源管理者需要从维护企业整体利益来考虑。可以参考以下问题来判断：

1）某些岗位的员工是否有士气低下的问题？

员工日复一日地重复工作，时间久了就会对工作失去新鲜感。企业可增加灵活用工人员，借此机会为企业输入新鲜血液，或者替换对工作内容产生倦怠的人员。

2）员工流失率是否很高？是否不断陷入"招聘"模式？

企业出现高离职率的岗位时，可能意味着该岗位可能并不适合长期固定聘用员工。企业可以考虑采用轮岗制度，让员工有机会尝试和体验不同的岗位，发现他们真正感兴趣和擅长的领域。企业也可以考虑将招聘成本转移给灵活用工服务提供商。

4. 灵活用工的方式

广义的灵活用工方式包含劳务派遣、外包用工、非全日制用工、退休返聘、实习等劳务用工，以及其他招用短期或临时性人员的用工方式。灵活用工能够帮助企业在成本、效率和员工管理等方面实现更高的效益。企业通过不同的方式，如临时工、兼职工、远程工作、短期合同工等，解决用工需求。

1）临时工：指短期用工，一般只在某个项目或者某个季节需要使用。临时工一般只签订短期工合同，工作时间和工资都比较灵活。

2）兼职工：指同时在两个或者多个公司工作的员工。兼职工的工作时间比较灵活，一般可以根据自己的时间安排工作。兼职工的工资也比较灵活，一般是按小时计算。

3）远程工作：指员工可以在家或者其他地方工作，不必到公司上班。远程工作可以提高员工的工作效率和生产力，同时也能减少公司的办公成本。

4）短期合同工：短期合同工是指签订短期工合同的员工，一般工作时间在3个月到1年之间。短期合同工一般比较适合某些临时性较强的项目。

5）自由职业者：指不受雇于任何公司，根据自己的技能和经验来接受不同的项目。自由职业者的工资和工作时间完全由自己掌控。

5. 灵活用工的管理措施

当企业实行灵活用工的人力资源管理方式，如何管理临时员工是摆在人力资源管理者面前的挑战。

1）明确用工需求：人力资源管理者需在招聘前期，明确用工需求。根据不同的用工需求，选择合适的灵活用工方式。

2）制定灵活用工规定：制定灵活用工规定，帮助公司更好地管理和维护灵活用工员工。其中应包括用工方式、工资标准、工作时间、工作内容、福利待遇等方面的规定。

3）加强沟通：加强与灵活用工员工的沟通频率，了解他们的工作情况和意见，及时解决问题和纠正不足。

4）建立灵活用工员工档案：用灵活用工员工档案帮助公司更好地管理和记录灵活用工员工的工作情况和表现。档案中应该包括个人信息、工作经历、工作表现、奖惩记录等方面的信息。

案例：雅戈尔建立内外上下联系管理系统数字工程

1979年成立的雅戈尔集团，以高端时尚品牌服装为核心业务，同时积极涉足房地产开发及金融投资等多元化产业领域，实行全面发展的经营战略。如今，雅戈尔已经成长为一家拥有逾5万名员工的大规模国际集团公司。

2020年，因全球新冠病毒疫情影响，雅戈尔因消费需求萎缩引发库存积压问题、复工推迟和员工招聘难度加剧带来巨大的生产压力，以及全球范围内疫情扩散对进出口贸易市场造成的重大冲击，雅戈尔的运营举步维艰。

令人欣喜的是，根据2020年半年度财务报告显示，雅戈尔在上半年实现了营收69.58亿元人民币，同比增长高达51.83%。同时，净利润方面亦取得了28.76亿元人民币的成绩，同比增长达41.88%。

雅戈尔在面对疫情挑战时的处变不惊，及其迅速转向线上营销的举措，无不得益于近年来企业在数字化转型探索中积累的丰富经验。

1. 数智化营销

2020年2月13日，雅戈尔召开了全员营销动员大会，全体员工都积极投身于这场战役之中。包括雅戈尔首席执行官李成如在内的广大员工在朋友圈里纷纷发布了产品宣传照及详细说明。通过不断的创新直播形式，雅戈尔的私域流量客户逐渐增多。直到3月7日那一天，雅戈尔在男性节的直播活动吸引到超过33万观众，销售额达到了惊人的500多万元。这一结果的取得，得益于雅戈尔雄厚的员工队伍，在全国各地有超过两万多名的员工。只要每位员工能全力发动自己的10位亲朋好友关注和观看直播，那么观看人次就足以保证在20万以上。

从雅戈尔的实战经验来看，充分发挥庞大员工基数的优势，完全有可能在短时间内建立起公司的私域流量池，从而更易赢得用户的信任，建立起更稳固的关系纽带，进而提高用户的转化率和黏性。

雅戈尔的直播带货模式独具匠心，它会对每一次的直播进行精心策划，以此提高直播对观众的吸引力。从邀请明星嘉宾参观西服制作工厂，到邀请动物园动物明星担任产品代言人，再到"五一"假期的"云游中国"系列直播，雅戈尔的每次在线直播无不充分融合了其线下资源，让直播不仅是一种购物场所，更像是一个充满活力的大型秀场。

2. 线上线下融合新零售电商

雅戈尔的领袖级人物——李如诚先生曾给出的"线上线下深度融合"定义——"依托线上平台进行宣传推广，同时在线下渠道提供极致体验；借助线上平台实现销售，同时在线下进行贴心服务"。

雅戈尔之所以能够在众多品牌纷纷放弃门店运营以应对疫情影响的情况下，逆流而上，利用数字工具整合线上线下资源，并不断拓展业务领域并取得卓越成绩，归功于企业领导者的远见卓识。自2018年以来，雅戈尔就投入大量资金，成功上线了该公司自主研发的智能工厂解决方案，这包括数字化车间的创建以及智慧销售平台的构建；在2019年初，雅戈尔在业务发展、先进科技及工业智能化领域和阿里巴巴集团展开密切合作；2019年5月份，该企业又与杉杉商业签署了全面的战略合作协议，旨在优化企业的零售渠道，以增加品牌价值，并且致力于开发不拘一格的零售新形式。

3. 智能制造工厂

雅戈尔在2018年斥巨资进行的西服智能制造工厂。雅戈尔智能车间门口有一台长达近7米的超大面积显示屏，屏幕上密集展示着各种数字、图表以及视觉指示器，用以描绘出整个车间内部的订单数量、产品产量以及质量检测的详细情况。

位于雅戈尔工厂仓库车间里的全吊挂系统解决了传统生产模式下，人工操作导致的各工序流转效率低下以及西服西裤难以及时自动匹配完成的难题。并且，每个吊挂架上都印有包含面料种类、尺寸大小以及工艺规范等所有相关信息的编码。这些信息可以通过每个工位前一款独特设计的平板电脑显示给工作人员。如此一来，当布料抵达工位的那一刻起，员工已对这套西装的制作工艺有了深入的理解，这使得他们在制作过程中能够做到精确无误。

自从智能工厂上线运作以后，雅戈尔定制西服的生产周期已经从原来的15天压缩至仅需短短两天即可完成，而年产量预计将超过15万套，整个产能较之以前同比增长了25%。这使得雅戈尔公司的智能工厂被中国纺织服装联合会评为"2019年度纺织行业智能制造试点示范"项目。

4. 5G助力智能制造

雅戈尔智能制造绝非简单地用机器取代人力，而是进一步将智能化融入到企业从订单处理、供应链管理、生产作业、销售推广乃至客户服务的各个环节之中，从而建立柔韧灵活的供应链体系。雅戈尔引用了5G技术之后，各种耗能设备、自动运输物料车AGV、缝纫机、裁剪台、熨斗、吊挂系统等各种生产元素均已相互连接，一个全面、动态、实时的系统数据已然形成，从而实现了各项运营数据的云端存储。再借助相应的分析支持工具进行在线分析与诊断。

有了5G技术的支持，雅戈尔公司得以实现在线收集设备数据并实施远程监控，使得现场生产故障大幅减少，生产效率显著提高，进而达到了设备精准化与生产透明化管理的目标。

5. 数字赋能市场营销

在打造优质营销服务体验方面，雅戈尔积极转变思维模式，采用全链路赋能策略，成功地将虚拟世界的数字消费者与真实生活中的顾客完美结合，使数据成为推动业务发展的核心力量，及时调配各类生产资源，适时调整生产关系。另外，雅戈尔还在新零售理念的引领之下，完成了全渠道的整合，利用先进的营销科技提升销售效率，改善客户体验。通过实行以消费者运营为核心、以数据驱动业务发展的战略性方针，雅戈尔取得了显著成效。

6. 打造智慧中台

雅戈尔的"智慧中台"产品，不仅有效地帮助企业突破线上线下的库存瓶颈，更为广大顾客提供了便利的购物方式——顾客只需通过线上平台轻松下单，就近的实体店铺即可依据订单信息进行及时配送，而且价格与线上无异。此外，顾客如若在实体店中看中某款商品，但当前库存匹配不上需要的尺码，仍可选择在线下即刻下单，实现由线上或附近已有库存的其他店铺进行配送，充分满足不同顾客的多元化购物需求。如此一来，库存压力得到合理缓解，商品流转速度大大提升，营销效益显著增强，令企业在激烈的市场竞争中具备更加卓越的成本管控实力，进而保障其稳定的盈利基础。

7. 数据化运营

雅戈尔的数据中台涵盖了数据门户、分析工具、实时数据大屏、超级店铺、便签体系以及全域营销等诸多功能板块。立足于强大的数据中台，雅戈尔专注于会员服务提升，成功实现线上线下服务的无缝连接，从而有效提升人力利用率。实现了对门店管理、会员管理、会员服务以及精准营销等各个环节的全面打通。借助于精准的会员需求洞察以及精心策划的营销计划，雅戈尔成功吸引新客入驻，助推会员资产积聚以及消费裂变，最终构建起会员成长的全套生态圈。

数字化运营的真正目的是要以线上销售作为推动业务发展的重要手段之一，在获取源源不断的新增流量的同时，强化数据的积累沉淀，深度挖掘数据对于业务发展的驱动潜力，从而实现业绩贡献的持续增长。

PART 4

和谐篇

四招打造适配人才栖息的企业文化

企业文化是企业发展的灵魂，是推动企业不断前进的精神力量。企业需要持续激活团队与个体，持续抓好文化建设，打造适合人才融洽生长的关系场域，提高员工凝聚力、向心力，以此来推动企业的发展。

第 11 章

招式一：提高员工敬业度

筑梦：尽力提高员工敬业度

美国盖洛普咨询公司深谙企业运营之道，他们指出企业整体业绩的辉煌成就与员工敬业度之间有着密不可分的关系。中国人力资源开发网所做的关于员工敬业度的在线调查显示。在这项调查中，高达42.74%的受访者将职业发展机会视为最主要因素，这一比例远超其他因素，成为员工敬业度的关键驱动力量（表11-1）。

表11-1 影响员工敬业度的问卷调查结果

问题：影响员工敬业度最主要的因素是什么？	共有510人投票	
工作挑战性	14	2.74%
职业发展机会	218	42.74%
薪资福利	110	21.56%
公司能否提供相关资源支持	47	9.21%
公司的认可	118	23.13%
其他	3	58%

人力资源部门在了解影响员工敬业度的因素之后，可以有针对性地制定提高员工敬业度的策略。

1. 规划员工的职业生涯发展

为提升员工敬业度，为员工提供职业生涯规划至关重要。国外企业已将员工职业生涯管理作为人力资源管理的基础性工作。在国内，这方面仍处于起步阶段。

爱立信（中国）通信有限公司通过精心构建员工个人年度工作目标机制，成功实现了目标管理的双向沟通。在这一过程中，部门经理会细致入微地与每位员工进行交流，共同商讨并明确在团队总体目标框架下每个人的具体工作目标。这种做法不仅让员工深刻认识到个人目标在公司整体战略中的价值和作用，还极大地激发了他们探索自身未来职业发展方向的积极性和热情，提高员工敬业水平。

通过精心规划员工的职业生涯，提供明确的成长方向和广阔的发展空间，企业能够更有效地激发员工的积极性和敬业度，这是提高企业整体绩效的关键所在。

2. 以职业发展为导向的培训

翰威特的调查问卷中，一位员工表达了期望公司能够构建一个积极的学习氛围，让员工得以持续学习并精进与工作相关的知识。员工在为公司创造价值的同时，也需要各种学习的机会来提升他们的技术能力和知识水平。

提升员工的职业安全感、增强他们的工作能力，并深度开发员工的潜能，无疑是人力资源管理的核心使命。在荣获"最佳雇主"殊荣的公司中，员工能够享受到一场场精心策划的培训计划。这些培训计划堪称丰富多彩，不仅涵盖了专业的职业咨询、跨地域的培训机会、项目责任制、继续教育机会、短期会议培训，以及为高效完成工作所必需的各种辅助工具的培训。

这些培训能够确保员工拓宽视野，在实践中锤炼技能。它们不仅让知识得以更新迭代，确保学员们始终站在行业前沿，还能帮助学员们提升工作效率，轻松应对职场挑战。

那些愿意慷慨投资员工成长，并精心准备一系列培训与发展项目的企业，其员工满意度和内部晋升机会往往远超同行。这样的企业不仅激发了员工的工作热情和创造力，更使得员工能够在这里安心扎根、茁壮成长。

在上海波特曼丽嘉酒店，每位员工每年至少需要完成130个小时的培训课程。无论员工希望学习何种语言或计算机技能，公司都会提供全力支持，因为这有助于他们更有效地与客户沟通。波特曼丽嘉非常重视员工的"内部流动"，在"跨职务培训"中，公司安排财务部负责贷款业务的人员学习薪金管理；在"跨部门培训"中，餐饮部的员工则被派往销售部进行服务。这种安排不仅加强了部门间的联系，而且丰富了员工的职业技能。[1]

中国最佳雇主之一的靳羽西公司人力资源总监表示："我认为员工对公司的满意度很大程度上源于其良好的培训体制。"现代员工对工作的需求已经超越了单纯的薪资，他们更加追求个人成长和发展。在一个公司工作三年，不是每个人都能晋升为销售主任或经理，这很正常。但重要的是，在这三年里，员工获得了什么？仅仅是三年的薪水，还是这期间的锻炼和培训机会？这正是人力资源部门需要为员工深思熟虑的。换句话说，靳羽西公司给予员工的，不仅是薪水，还有能力的提升、素质的提高，以及众多锻炼和成长的机会。

3. 公平公正的薪酬体系

薪酬待遇是员工敬业度的重要影响因素，尤其在当下中国的职场环境中，这一因素尤为关键。员工在考量一个公司的吸引力时，往往会将薪酬和福利作为首要的衡量标准。若公司的薪酬和福利无法与同行业中的其他公司竞争，员工可能会因为看重公司提供的其他非物质福利，如学习机会、培训资源和工作环境等，而选择继续留在公司。然而，随着员工工作能力的不断提升，他们可能会逐渐感受到自己所得的报酬与个人的能力以及为公司所创造的价值之间存在失衡。一旦他们发现其他公司能够提供更合理的薪酬待

---

[1] 来源可见百度百科：https://baike.baidu.com/item/%E6%B3%A2%E7%89%B9%E6%9B%BC%E4%B8%BD%E5%98%89%E9%85%92%E5%BA%97/2022472?fr=ge_ala

遇，便很可能会选择离开。

上海波特曼丽嘉酒店坚信一流的企业需由一流的员工支撑，而一流的员工值得一流的薪酬。因此，他们采取的薪酬策略是"市场领先型"，确保90%以上的岗位薪酬都位居行业前列，经理层的薪酬更是远超竞争对手。为保持这一领先地位，酒店每月都会与其他五星级酒店进行薪酬和福利的对比交流。

酒店的人力资源总监韩小姐深知，薪酬是吸引和留住优秀员工的关键。她坚信，想要找到最出色的员工，必须付出相应的代价。酒店每年都会进行两次薪酬调查，结果显示90%的员工工资都是上海五星级酒店中相同职位中最高的。对于那些未能获得最高薪水的员工，酒店会立即进行调整，即便他们今年已经加薪，也会得到进一步的薪酬提升。

虽然并非所有公司都具备上海波特曼丽嘉酒店的实力，但无论采取何种薪酬管理策略，对岗位进行市场价值评估都是至关重要的。企业可以将员工的薪酬水平设定在略高于同行业岗位的薪酬水平之上，通常约为10%～20%。

对于那些无法提供竞争力薪酬的企业，他们可以从提高内部公平性入手，以提升员工对薪酬的满意度。公平感是员工的主观体验，人力资源部门不应试图通过调整薪酬制度来解决这一问题。相反，他们应该更加关注薪酬管理的过程，而不是结果。例如，在制定薪酬制度时，让员工参与其中。实践证明，员工的参与能够增加决策的可行性和接受度，从而提高他们对薪酬管理的满意度，进而激发他们的工作热情。

上海波特曼丽嘉酒店的薪酬分配制度极其透明。每当酒店年度收益达到一定水平，员工能够获得的年终奖比例，管理层都会向每位员工详细解释。酒店还努力确保每位员工都能及时了解酒店的盈利情况、客房入住率等关键信息。这种透明度和公开性不仅增强了员工的信任感，也激发了他们的工作积极性。

4. 营造以人为本、追求卓越的企业文化

对于企业员工而言，敬业度的影响因素涵盖了多个层面，如"薪资""培训""晋升机会""工作与家庭的和谐平衡""公平性""同事间的默契""领导的驾驭风格"，甚至是"工作环境"和"企业文化"等。当员工的薪资达到一定的水平后，金钱的激励作用就逐渐减弱。这正是经济学中所谓的"边际效应递减"原理。在这一阶段，企业文化的重要性愈发凸显。

1）以人为本

孔子曾言："己所不欲，勿施于人"。意在教导我们，应以何种态度对待他人。若希望他人以善意待己，则应以善意待人。这是人际交往的基本原则。

上海波特曼丽嘉酒店的管理模式体现了金字塔式的结构。员工位于基础地位，他们为满足顾客的需求而努力。客人的满意度位于中间层次，体现了酒店的核心价值。而公司的盈利位于最上层，是整个管理模式的最终目标。

上海波特曼丽嘉酒店赋予每位员工2000元人民币的自主决策权。当客人对餐饮或客房服务有所不满时，员工有权根据实际情况，灵活决定是否为客人提供减免费用、赠送礼品等补偿措施。这种决策权的下放，体现了酒店对员工的尊重和信任。员工必然会以酒店的整体利益为出发点，做出最符合实际情况的决策，同时，也会倍加珍惜公司的每一份资源。

上海波特曼丽嘉酒店实行开放的管理政策，总经理的大门始终对所有员工敞开。员工们可以随时走进总经理的办公室，提出自己的见解和建议。每月，酒店还会安排"早餐会议"，让员工轮流与总经理共进早餐，进行深入交流。此外，员工们还可以直接向部门经理反映问题，这些问题会由人力资源部汇总并跟进。每两个月，酒店会公开通报这些问题的处理情况，确保员工的声音得到回应，问题得到解决。

2）追求卓越

在追求卓越的过程中，我们必须深刻理解两个核心概念。首先，是追求卓越的业绩，这直接关系到企业的盈利能力和在激烈的市场竞争中生存与发展的问题。以IBM和UT斯达康为例，这些企业视员工的业绩为评估的核心标准。主管们不仅定期对下属进行评估，提供指导，帮助他们清晰了解自身的工作表现，并不断提升团队的整体运作效率。对于那些在工作中表现出色，且与公司文化相契合的员工，这些企业会为他们提供广阔的发展平台。对于那些表现不佳、无法达到业绩目标或与公司文化不符的员工，企业则不得不做出艰难的决定，让他们离开团队。这虽然残酷，但也是确保团队整体效率和公司文化得以持续发展的必要手段。

3）共同愿景

企业要实现基业长青，必须挖掘其社会价值，并确立一个上下认同的愿景。

彼得·圣吉曾深刻指出，缺乏共同目标、价值观和使命的组织，其成功之路可谓步履维艰。因为，当组织内部形成共同追求、渴望达成的目标时，成员们会自发地投入学习、追求卓越，这种动力源自内心的渴望，而非外界的强迫。

共同愿景就像一座灯塔，为人们照亮前行的道路，它激发了人们的希望，使工作成为追求更高目的的一种方式。比如，亨利·福特曾怀揣着让汽车成为每个家庭日常用品的梦想，而苹果的创始人们则希望通过电脑为个人赋予更多的能力。这些崇高的目标已经深深根植于他们的企业文化之中，成为推动他们不断前行的动力源泉。因此，深入挖掘企业的社会价值，并确立一个共同的愿景，对于实现企业的可持续发展具有举足轻重的意义，让企业在激烈的市场竞争中赢得一席之地，确保基业长青。

5. 选拔和培养优秀的管理者

盖洛普公司通过深入调查众多经理与员工后揭示，一个杰出组织的基石在于选拔并培养出色的管理者。在盖洛普的视角下，管理才能并非后天可轻易传授的技能，而是个体内在的自发且持久的思维和行为模式，它深植于人的性格之中，无法简单地通过培训获得。因此，对于企业来说，与其投入巨额资源培养一个缺乏管理才能的经理，不如精准识别并提拔那些已经具备这种天赋的员工。

选拔管理者时，企业必须面对两大核心问题：即确立考核的标准和选择适当的考核方法。

首先，考核标准的确立应以岗位的职责、功能和目标为依据，从而明确为实现这些目标所必需的各项素质，并准确衡量这些素质的重要性和优先级。其次，基于工作分析的结果，精心设计选拔流程，确保每种素质都至少有两种评估方法，从而全面、客观地评估候选人的综合能力。

在这方面，联邦快递公司为我们树立了典范。他们巧妙地推出了《经理人的一天》体验课程，让员工亲身感受经理的日常工作，并激发他们成为经理的热情。随后，公司通过严谨的"管理潜力测试"来筛选那些真正具备管理潜质的员工。只有成功通过这一测试的员工，才有可能被提拔为经理。

值得注意的是，许多公司在培养基层经理时，往往过分依赖培训课程，误以为仅仅通过培训就能让经理独当一面。然而，研究表明，在经理的成长过程中，"培训"的作用仅占10%，而优秀经理的言传身教则能发挥比培训更为显著的效果，其影响力几乎是培训的两倍。

我们知道，世界上没有十全十美的解决办法，内生和外聘也一样存在着各自的优势和劣势。我们不妨做一个对比，详见表11-2。

表11-2　内生和外聘优劣势对比

	内生	外聘
优势	熟悉企业的战略路线核心能力	与企业内部人脉关系简单，尤其适合于变革企业原有的运作模式
	熟悉企业文化形态，能够避免交接带来的震荡	经验丰富
劣势	囿于复杂的人脉关系和习惯势力，不利于开展变革	更多的是对职业忠诚而不是对企业忠诚
		能力未必与用人企业的需要相吻合
		高流动性造成商业机密的外泄

企业在考虑采用何种方法补充人才的时候，一味地排斥"空降部队"或者一味地坚持自己培养，两种观念都是有失公允，外聘与内生仅仅是企业补充所需人才的不同手段，而最终需要达到的目的，即夯实企业的人力资源储备。只要目标明确、方法得当，外聘与内生在企业内部一样能够得到完美的结合。

案例：周大福激活员工个体，成为最佳业务伙伴

周大福，这一深受百姓喜爱的珠宝品牌，在2022年的财年年报上展示了令人瞩目的业绩，其营业额已逼近千亿港元（989.38亿港元），同比增长了41%，这一数字不仅彰显了周大福在珠宝行业的领先地位，也反映了其持续的创新和市场扩张能力。在如此骄人的业绩背后，是周大福团队的辛勤付出和高效管理。据周大福《2022可持续发展报告》披露，截至2022年3月31日，周大福共有28431名员工（不含加盟分店），其中90%为零售点工作人员，分布在全国5902个零售点。这样的员工规模和分布范围对于任何一个企业来说都是一项巨大的挑战。周大福是如何成功带领这数万名员工，打拼出千亿规模

的市场呢？这背后离不开其独特的管理理念和有效的激励机制。

1. 全面盘点人才 引进科技管理

周大福在2022财年内开设了1300余个零售点，这一开店速度的加快，无疑也加大了用人的需求量。面对这样的挑战，周大福如何找到对的人，并确定什么样的人是其所需要的人才，成为了公司亟待解决的问题。

为了解答这些关键问题，周大福自2008年起，便致力于深入的内部调研与访谈，同时积极寻求外部咨询支持，力求构建一套全面的人才评价系统。经过多年的不懈努力，周大福已经成功研发出一整套独特的人才评价与选拔机制，涵盖了各种工具和方法。

这套机制不仅为周大福提供了明确的人才选拔基准，更在其人才培养与发展方面发挥了重要作用。

2012年，周大福正式引入了岗位胜任力模型，该模型根据不同岗位的具体需求进行个性化调整，但始终坚持一些共同的核心素质。诸如忠诚信赖、团队合作、创新思维、客户至上和持续学习等价值观，这些都被视为周大福所有员工的共同基石。这些核心素质共同塑造了周大福团队的高度执行力和创新能力，为公司的迅猛发展提供了坚实的支撑。

周大福人力资源总监王小波，曾明确指出："周大福的岗位胜任力模型，每两到三年，都会经历一次更新迭代的过程。"他进一步解释，随着公司发展的方向和阶段不断演进，对人才的期望和要求也会相应调整。直至2023年，这一模型已经顺利完成了第三版的更新。这种持续的迭代和优化，确保了周大福的人才评价体系始终紧密围绕公司的战略目标展开。

为了更好地掌握团队现状并及时制定或调整未来管理和培训的提升方向，周大福还进行了人才盘点。

2021年，周大福全国的员工，包括终端门店营业员都需要进行岗位胜任力评价。通过这项评价，周大福盘点了3万多名员工的能力和潜力，为公司的未来发展提供了有力支持。

周大福珠宝除了在构建科学完善的人才评价系统上下功夫，还创新性地引入了一款名为"智人"的手机软件，将遍布全国各地的业务伙伴紧密地联结起来，并激发他们的积极性与潜能。

这款"智人"软件不仅实现了绩效的个体化分配，更通过协同机制促使员工自主实践"以终为始"的管理理念。

通过实时上传终端销售人员的成交数据，并每两小时进行一次精准统计，确保了绩效管理的透明度和公正性，让每一分努力都得到应有的回报。在月度评价环节，我们综合考量业绩指标、客户服务质量、团队协作效率等多个维度。其中，业绩部分由系统自动生成评估结果，而定性指标则通过店长打分与员工确认的双重机制来确保评价的客观性与准确性。

这一完整流程让绩效确认"看得见"，为周大福的持续发展提供了有力保障。

综上所述，周大福在人才选拔、培养和发展方面进行了大量创新和探索。通过构建人才评价系统、推出岗位胜任力模型以及利用"智人"手机软件等举措，周大福成功地打造了一支具备高度执行力和创新能力的团队，为公司的快速发展提供了有力支持。未来，周大福将继续致力于人才培养和发展工作，为实现其长期战略目标奠定坚实基础。

2. 健全的人才培养机制

人才培养视为企业发展的核心动力。在周大福，超过90%的员工都是通过内部培养和竞争机制获得晋升和发展机会的。这种策略不仅体现了公司对员工的信任和尊重，也为企业构建了一个稳定而高效的人才梯队。

周大福坚信，员工是企业最宝贵的资源。因此，公司投入大量资源，设计了一套针对不同岗位员工的全面培养体系。这一体系注重员工通用技能和专业技能的同步提升，确保员工能够迅速适应并胜任各自的工作岗位。新员工入职后，除了接受包括表格制作、时间管理、商务礼仪等在内的通用课程培训外，还会根据所在岗位的特点，选择相应的学习包进行深入学习。这些学习包内部被形象地称为"学习地图"，旨在为员工提供一个清晰的学习路径。

学习地图的设计充分考虑了线上和线下学习的优势，确保员工可以根据自己的实际情况灵活选择学习方式。在学习地图的指引下，员工需要明确自己所在岗位在不同阶段需要掌握的课程，每门课程完成后都需要通过考核，类似于修学分的机制。这些"学分"不仅是对员工学习成果的认可，更与员工的绩效、升迁和加薪紧密挂钩。这种激励机制有效地激发了员工的学习热情和积极性。

周大福拥有2000多种不同的岗位，每个岗位都有二三十门与之对应的课程。在整个课程库中，近3000门课程中有近一半是具有周大福特色的课程。这些课程不仅涵盖了珠宝行业的专业知识，还包括了团队协作、沟通技巧等软技能的培养。

此外，周大福还不断对课程进行更新和迭代，以适应行业发展和企业需求的变化。

值得一提的是，周大福在人才培养方面的投入并不仅限于内部培训。为了从源头上提升人才的综合素质，公司还与全国三四十所院校建立了长期的校企合作关系。通过开设周大福特色班级、参与课程研发、邀请企业讲师授课等方式，学校与周大福共同参与到人才的培养过程中。这种"订单式"的人才培养模式不仅减少了学生毕业后进入工作岗位的适应期，也为周大福输送了大量符合企业发展需求的高素质人才。

第 12 章

招式二：激发员工自驱力

安心：深挖员工四大怠工心态

在一些企业中，人力资源（HR）部门经常需要面对一个现实问题，即员工敬业度普遍较低。员工缺乏敬业度的典型表现包括：不求有功，但求无过；三心二意，敷衍了事；明哲保身，怕负责任；以及一味抱怨，不求解决。员工往往认为，"我只拿这点钱，凭什么去做那么多工作，我干的活对得起这些钱就行了。"

要让员工忠心耿耿、勤勤恳恳、创新立意，确实是企业面临的一大挑战。

1. 不求有功，但求无过

"这可能是敬业精神缺乏的最显著表现。"北京某仪表制造公司的HR主管李女士表示，他们公司有一名员工的工作态度按部就班，不迟到早退，能力方面并无明显不足，且具备许多想法。然而在执行工作时，他仅满足于基本要求，从未想过要进一步提升工作质量。对于这样的员工，我们很难直接批评他，因为他确实按照规定完成了任务。

林华是一家银行的出纳。他的工作表现尚可，没有出现重大错误，也没有顾客投诉，工作态度也算不上消极。然而，他从未主动多做一点工作。尽管他的同事们认为他能胜任工作，且与大家相处融洽，但每当有额外的工作需求时，他从不主动请缨。与其他出纳相比，他从不为缩短顾客排队时间或实施新的顾客奖励提出建议。他总是认为："我只是一个普通的银行出纳，没有理由做那么多。我只要保证自己的工作不出错就可以了。"

2. 三心二意，敷衍了事

一些公司中存在这样的员工，他们的态度显得不够专注和敬业，他们的行为让人感觉他们的心并未完全投入到工作中。他们的工作态度常常显得消极，或者心不在焉，甚至频繁地使用电话，这无疑影响了他们的工作效率和质量。

张某作为某食品企业的人力资源主管，负责绩效管理三年后，他因为炒股使工作几乎变成了"副业"。当进行某季度员工绩效考核时，他只是将考核表发放给各部门的负责人进行填报，在汇总考核结果时，没有进行核实和评价反馈，只是粗略地进行了统计，就将结果交给了负责薪酬管理的主管。

实际上，许多企业都存在这样的员工，他们工作态度敷衍，并未将全部心思投入到工作中。他们思考的并不是如何才能将工作做得更好，而是如何将工作应付完成。这种工作态度对企业的发展和员工的个人成长无疑是不利的。

3. 明哲保身，怕负责任

在许多人看来，如果没有明确的职务或待遇方面的承诺，他们可能不太愿意主动承担额外的工作。因为工作量增加意味着责任加重，如果工作表现不佳，可能会面临不良后果。因此，许多人选择只关注自己的职责范围，避免参与其他事务或推卸责任。

武汉某生物制药公司的行政副总林先生指出，他们公司有些员工在工作时只考虑如何保护自己的利益，只做对自己有利的事情，而遇到风险则选择逃避。他说："前不久，我们的研发部计划开发一种新药，但在初步试验后发现存在风险。由于年底即将到来，为了避免可能的研发失败对年终绩效和奖金以及可能要承担的风险责任产生影响，他们提交了一份报告，列举了许多理由来取消这个计划。然而，这个计划实际上是非常值得继续推进的。"

因此，为了鼓励员工积极承担责任并推动公司的发展，公司需要明确员工的职责和待遇，并提供必要的支持和资源。同时，员工也需要具备承担责任的勇气和意识，为公司的发展作出贡献。

4. 一味抱怨，不思解决

在任何一家企业中，总会存在一些问题和挑战。这些问题可能会引发员工的抱怨和不满，例如对待遇、工作环境、管理方式等方面的不满。然而，对于企业而言，其基本要求之一就是发现并解决这些问题，以确保企业的持续发展和员工的满意度。

综上所述，企业需要关注员工的不敬业问题，并采取积极的措施来解决这些问题。同时，企业也需要关注员工的满意度和敬业度，以确保企业的持续发展和员工的个人成长。

案例：敏实集团打造"全人健康"员工幸福的理想国

35岁原本是职场生涯的黄金年龄，但是随着社会的快速发展和竞争的日益激烈，国内职场中年人在其职业生涯中面临着越来越多的困境和尴尬。有一些企业在公开推行996，有一些企业想尽各种办法开除35岁以上的员工，甚至有些企业明确表明不要35岁以上的员工，想裁员就裁员。

社交平台上曾流传着一种观点："不要对年轻人大声斥责，因为他们可能会立刻辞职；然而，对于中年人，特别是那些有车有房有娃的中年人，你可以尽情地批评。"

这种观点无疑深深刺痛了许多中年职场人的内心。他们作为社会的中坚力量，承担着来自工作和家庭的多重压力，他们的肩上不仅承载着家庭的希望，更是社会的稳定器。他们上有老，下有小，必须保持情绪的稳定。他们在工作与家庭之间常常需要做出艰难的平衡。

然而，一方面是科技的进步和行业的变革，许多传统行业和职位逐渐消失，而新兴行业和职位则不断涌现。这种变化导致职场中年人需要不断适应新的工作环境和要求，否则很容易被淘汰。另一方面，随着年龄的增长，他们可能感到自己的职业发展进入了瓶颈期，晋升的机会逐渐减少，而年轻同事的崛起也给他们带来了巨大的压力。

成立于1992年的敏实集团，是一家全球领先的汽车零部件设计制造公司。敏实集团拥有全球最优质的客户平台，拥有近20000名员工，客户遍布全球30多个国家，服务60多个汽车品牌。它选择用"全人健康"的理念，支持员工与企业的长期可持续发展，构筑了员工与企业幸福共赢的"理想国"。

1. 打造人文与生态环境完美融合的智能工厂

与传统工厂刻板印象大相径庭的是，位于浙江嘉兴的敏实集团总部这个现代"智"造工厂，被一片生机勃勃的自然景观所环绕。绿树成荫，碧水潺潺，飞鸟自由翱翔，走禽悠闲漫步。这种和谐共生的环境，不仅赋予了工厂以生态之美，更体现了其对可持续发展理念的执着追求。

办公大楼的北欧风格设计，更是将自然与人文巧妙地结合在一起，营造出一种宁静而高效的工作氛围。值得一提的是，大楼前两只鸵鸟和一只丹顶鹤的存在，无疑为这片区域增添了几分野趣。当我走近其中一只鸵鸟时，它展开翅膀、伸长脖子、微张嘴巴，仿佛在向人们致意。

敏实集团办公楼内部，设计风格干净简约，线条流畅精细，同时又不失实用性。各种功能区域布局合理，既美观又实用。所有的办公室和会议室都是全玻璃透明设计，不仅增加了空间的通透感，也便于员工之间的沟通和交流。

这家跨国集团，在企业文化方面投入大量精力和资源以提升员工的幸福感。他们把这项工作称为"员工健康计划"（Employee Health Promotion），并提出"全人健康"理念，打造让员工身心灵健康的"理想国"。同时，他们的"全人健康"理念，也反过来助推了企业的可持续发展。

2. 创始人提出企业文化核心

敏实集团对员工幸福的重视以及积极打造的"全人健康"家文化，并非偶然之举，而是与创始人秦荣华先生的个人成长、教育和生活经历紧密相连。

秦先生来自台湾，他在十几岁时便失去了父亲，然而，生活的艰辛并未将他击垮，反而在众多好心人的资助下，他得以继续前行。这段经历让秦先生深刻体会到爱与关怀的重要性，也为他日后在企业管理中强调员工关怀打下了坚实的基础。

秦荣华先生在台湾张老师机构从事青少年辅导工作期间，不仅积累了丰富的教育经验，还结识了他的太太，一位台大心理学的硕士。这段经历不仅让秦先生对教育有了深刻的理解，更让他对员工的心理健康产生了浓厚的兴趣。他深知，一个健康的员工不仅能够为企业创造更多的价值，还能够为企业营造更加积极向上的文化氛围。

因此，早在2007年，秦荣华先生就高瞻远瞩地在敏实华东一区创立了员工关怀中心（Employee Care Center）。这一举措不仅体现了秦先生对员工幸福的高度重视，也展示了他在企业管理中的独特视野和远见。

3. "全人健康"政策落地

敏实集团首席人才官黄琼慧女士在曾深入阐述了企业文化的重要性。她表示："敏实集团一直都非常重视企业文化的建设。我们的核心理念是建立一个充满爱的文化，让员工在这里感受到家的温暖。我们致力于在工作场所和家庭生活中为员工提供全方位的支持，帮助他们实现身心的全面健康。"

那么，敏实集团所提到的"身心灵全人健康"究竟意味着什么呢？它是如何落地实施的呢？

敏实集团正是基于"我们要雇佣的是整个人，而不仅仅是一双手"这一理念，将"全人"的维度划分为思想、身体、关系、品格和感受五个方面。

他们希望通过实施全人健康文化，使员工在这五个维度上都能保持健康。

在敏实集团的全人健康体系中，我们可以看到丰富多元的信息。他们的全人健康举措覆盖了蓝领、白领、中高层等不同群体，从身体到心灵，从年轻到老年，全方位地关注员工的成长和发展。全人健康不仅是一个人的自我成长过程，更是一种高效引导能量的方式，同时也是一个人对自己充满爱意的自我接纳。

为了实现这一目标，敏实集团在全人健康的七个维面上进行了精心的布局。

1）观照情绪、精神状态：管理层开设情商工作坊、人物关怀体系、情绪智慧课程等。

2）朋友、社交圈：开展员工敬业度调研、婚恋营（未婚青年）、员工感恩日（全员）、年度旅游（全员）、微团队（全员）、男女大不同课程、芳华会等。

3）提升学习、阅读：开展读书会、各类俱乐部活动（如羽毛球、篮球、摄影、舞蹈等），关照人文学院培训课程（身心健康/自我成长/学习打卡）等。

4）经济财富：对特殊群体展开急难救助爱心基金个案管理、就医/就学资源协调等。

5）身体健康：提供健康体检、职业病体检、健康运动/义诊、健康角、迷你马拉松、全员全年健康倡导计划等。

6）正向积极的身心灵：能力管理/艺术性表达训练、员工衣食住行升级、全人健康工作坊、表扬文化、解忧君平台咨询等。

7）家庭（配偶/孩子/父母）：开展夫妻恩爱营、优秀员工家庭交流会、员工子女夏令营、亲子营、员工家庭日、八福农场、亲子教育、工厂开放日、敏实幼儿园、天使居计划（员工父母养老）等

4. 关爱职场中年人转型

敏实集团目前员工的平均年龄为30.2岁，随着集团全球化战略的快速推进，越来越多的中年骨干员工被派往不同的城市甚至国家，以支持公司的全球扩张。这些员工不仅拥有丰富的工作经验和专业知识，还扮演着家庭和社会的中坚力量。

然而，这个年龄段的员工面临着工作压力和照顾家庭之间的选择和矛盾。他们需要在事业和家庭之间取得平衡，同时承担家庭的责任和义务。这种双重压力可能导致身心健康问题，如焦虑、抑郁等心理问题，以及身体疾病和不良的生活习惯。

敏实集团非常关注中年员工的身心健康问题。企业从减轻他们的工作压力和家庭负担、尊重员工的多元感受，关心身心健康问题，鼓励他们表达自己的情绪和需求，以确保他们能够在工作和家庭之间取得平衡，同时实现个人的发展和企业的可持续发展，共同构筑了企业发展的"理想国"。

第13章

招式三：凝练核心员工向心力

榜样：凝练核心员工

核心员工是公司与客户直接接触的重要人员，他们不仅是公司的形象大使，也是公司的核心业务骨干。核心员工在防止客户满意度下降中起着至关重要的作用，他们的薪资支出也占据了公司整体薪资的很大一部分。因此，留住核心员工的人和心，以及充分挖掘其潜力，对于公司的生存和发展至关重要。

研究显示，超过70%的核心员工深感自己对于组织有着不可推卸的责任，然而，仅有51%的员工认为组织真正重视他们的贡献。更令人惊讶的是，不到半数的核心员工对当前的薪酬水平感到满意。这一发现突显了薪酬满意度在塑造核心员工对组织忠诚度方面的重要性。

张雷在一家知名的烘焙连锁店工作，却不喜欢目前所从事的工作。理由有二：一是他认为目前所干的工作十分枯燥乏味；二是他认为公司虽然口口声声重视家庭的价值，但没完没了的加班让员工根本无法与家人共度节假日。于是，他和公司的其他同事工作时敷衍了事、粗暴对待客户，甚至将公司的产品带回家。

核心员工深知，组织的支持是他们忠诚于公司的最大动力。然而，无论团队的性质如何，包括这些核心成员在内，工作环境同样对他们的工作承诺产生着深远影响。那么，如何吸引并留住那些直接代表公司和客户交流的员工呢？

1. 培养核心员工对企业的认同

妨碍核心员工业绩提升的一个重要因素是，一线员工缺乏对企业真正有意义信息的了解。

很多公司未能将信息共享视为优先事项，这导致许多一线员工对于公司的盈利情况以及自身如何为公司做出更大贡献等方面，仅有一个模糊而笼统的认识。为了有效地实现"双赢"，必须让核心员工更深入地了解企业的运营状况、公司的理念，并让他们对公司产生更强烈的归属感。同时，增进他们对公司客户需求的认识和了解也至关重要。

2. 让核心员工做有意义的参与

核心员工作为企业存亡的关键力量，并不会自然而然地产生对企业的认同感，除非他们能够深刻认识到自己的日常工作是如何与公司的整体业绩紧密相连的。实际上，提升核心员工满意度的核心在于让他们以有意义的方式参与进来。

当前，雇员参与方案面临的一大挑战在于其表面化的问题，缺乏真正将团队成员融入决策过程的有效机制，且往往忽视对雇员观念转变所产生的深远影响。因此，要使雇员参与方案真正成功，关键在于实现"有意义"的参与。

某知名烘焙企业巧妙地采用了"GITS"（"成长与改进团队"英文首字母缩写）这一策略，激发员工的主人翁精神。在GITS的框架下，成员们化身为活动的主导者，他们不仅提出变革建议，还负责跟踪和监督这些变革的实施情况。这种转变使员工从单纯的诊断者进化为具有领导力的行动者，从而更加积极地投入工作，并对业绩的改进承担起更大的责任。

让员工积极参与的关键在于一个精心设计的两步策略[①]。首先，通过组织交互式群体会议和成立热点小组，广泛收集并整合来自全体员工的多元化意见和建议。其次，召集一个更小但更为核心的员工群体，进行深入的追踪会议。在这里，员工们不仅有机会参与到改革的讨论中，还能为自己在激励性薪酬方案中设定明确、具体的绩效目标。这种自下而上的参与方式，使得改革措施更加贴近员工的实际需求，从而能够稳步推进。

3. 制定明确可衡量的目标

企业缺乏明确、可衡量的绩效目标，将极大地削弱员工对企业的认同感和投入，从而影响核心员工的忠诚度和绩效表现。为了让核心员工的忠诚与绩效之间的联系变得明确而实在，企业必须确保员工充分理解目标，并定期对他们进行考核。

以某公司为例，他们的员工和管理层携手打造了绩效记分板。这一记分板为企业评估提供了一套完整的方法，涵盖了员工能够实际影响的多个方面。由于记分板能够直观地展示每个方面在不同时期的变化，员工可以清晰地认识到自己的绩效是如何影响这些变化的，以及这些变化如何对整个公司的业绩产生深远影响。

4. 增强员工工作安全感

尽管在全球化和激烈商业竞争的冲击下，稳定的工作已成为过去式，但员工对工作安全感的需求并未减少。工作安全感意味着，当员工正确地完成其工作并为公司带来成功时，这种成功将有助于他们保住职位、提高找到新工作机会的概率，并反映在他们的薪酬增长上。

以某企业为例，他们鼓励管理层提升领导力技能，因为这有助于他们指导员工取得更好的业绩，从而增强全体员工的安全感。此外，这些企业的主管还通过坦诚的沟通，向员工解释公司的策略，回应他们的关切，并每月与员工分享关于绩效测评指标的反馈报告等信息。这种透明的沟通方式无疑会

[①] 《中国人力资源开发》薛亮，孙丽敏，庄鑫雁；2005-09-07核心员工的特征及管理策略

提升员工的工作安全感。

5. 为核心员工提供具有吸引力的奖励方案

激发核心员工的潜能并促使他们为组织贡献卓越绩效的关键，在于为他们提供一份充满竞争力与激励性的综合奖励计划。

简而言之，只有那些深切关注核心员工忠诚度与业绩表现的企业，才能在激烈的市场竞争中保持领先地位。事实上，留住核心员工的心，就是守住了企业的生命线。

案例：波司登以创新人才激励机制，促进产业升级

一个企业的卓越，不仅体现在其高瞻远瞩的战略布局上，更在于对人才的深刻理解和精准激励。作为中国羽绒服行业的佼佼者，波司登品牌以其卓越的品质和匠心独运的工艺，赢得了广大消费者的喜爱与追捧。

2023年4月3日，备受瞩目的"2022—2023中国纺织人才大会"在绍兴柯桥圆满落幕，这次盛会汇聚了纺织行业的各路精英与人才翘楚，他们齐聚一堂，共同探讨纺织行业人才建设的宝贵经验与发展蓝图。同时，在这场群英荟萃的盛会上，创立于1976年的羽绒服领军品牌波司登，凭借其出色的人才建设成就，一举荣获"中国纺织行业人才建设优秀单位"及"中国纺织行业人才建设贡献人物"两项殊荣。这两项荣誉的获得，无疑是对波司登在行业内卓越地位与雄厚实力的有力证明，同时也彰显了其对人才建设的重视与投入。

波司登自创立品牌以来就一直深耕羽绒服领域，凭借精湛的技艺和卓越的品质，其产品已远销美国、法国等72个国家，深受全球消费者的青睐。随着品牌声誉的日益提升，波司登对人才的需求也愈发强烈。为应对这一挑

战，波司登始终坚持"以人为本"的发展理念，以品牌为引领，聚焦羽绒服主业，通过创新驱动和匠心精神，不断提升产品的品质与竞争力。

价值观统一：打造卓越人才培养理念

在人才培育的征程中，波司登始终坚守着"让想做事者有机会、让能做事者有舞台、让做成事者有收获"的用人理念。公司持续优化内部流程，升级人才管理方案，使人力资源管理体系日益规范化、标准化和透明化。波司登积极推行党管干部、党管人才的模式，严格把控人才政治素质，确保每位员工都怀揣高度的责任感和使命感。在这里，言传身教的力量深入骨髓，远胜于单纯的培训灌输。

多元晋升通道：助力员工快速成长

为了培育更多优秀人才，波司登不仅为员工铺设了多元化的晋升通道，还通过系统的培训不断提升员工的个人素养和职业技能。公司坚持以"一线锻炼能力，一线创造业绩，一线发现人才，一线选拔干部"为培养导向，结合内训与外训的全方位培养模式，助力员工快速成长并成就卓越。同时，波司登还积极发掘敢于突破创新、勇于担当作为的优秀人才，鼓励他们更快地实现个人目标，展翅高飞。

"鹰系"人才培养：锻造行业精英

为了锻造一支高效、专业的人才精英队伍，波司登独具匠心地构建了"鹰系"人才培养体系。这一体系巧妙地将管理类与专业技术类职业发展双通道与培养体系相融合，为不同岗位的员工指明了清晰的职业发展方向。同时，波司登还积极探索产教融合、校企合作等新模式，为行业输送更多具备实践经验和创新精神的人才力量。

股权激励：点燃核心员工激情之火

2020年4月23日，波司登公布了公司史上力度空前的股份奖励计划。根据波司登董事会决议，公司以极具吸引力的价格向7名集团董事、高级管理人员及核心雇员授予了巨额奖金股份，并向73名员工授予了购股权。这一举措不仅是对员工辛勤付出的高度认可，更是将公司核心人才的利益与公司利益紧密捆绑，增强了他们的归属感和使命感，进一步激发了他们为公司的业绩增长贡献力量的热情和动力。

通过不断优化人才建设体系、完善培养机制、提升员工待遇等举措，波司登成功打造了一支高效、专业、富有创新精神和担当能力的人才队伍。这支队伍为品牌的持续发展和行业地位的提升奠定了坚实基础。同时，波司登在人才建设方面的创新实践也为整个纺织行业树立了典范。

近年来，波司登在人才建设领域取得了显著成绩，先后荣获"全国就业先进企业""江苏省第四批产教融合型试点企业""中国大学生喜爱雇主""智联招聘年度最佳雇主"等荣誉。这些荣誉的获得不仅彰显了波司登在人才建设方面的卓越成就，也进一步提升了公司的品牌影响力和行业地位。

第 14 章

招式四：和谐的劳动关系

场域：平稳化解劳资纠纷

在当今社会，劳资纠纷已逐渐凸显为一个不容忽视的社会问题。除了员工加薪诉求、企业节后裁员、企业营业性质差异以及工会间分歧等常见议题外，更为棘手的是"劳资双方都过于关注自身利益"。这些纷繁复杂的劳资纠纷，无疑给企业和员工双方都带来了沉重的困扰和负担。为了构建和谐稳定的劳动关系并有效化解劳资纠纷，我们可以从以下五个方面着手：

1. 树立管理者榜样作用

现代人力资源开发与管理的理论指出："没有差劲的员工，只有差劲的管理者。"

对于员工来说，管理者是企业制度和文化的最直接代表。管理者在日常工作中的行为和态度对员工有着重要的影响。在某些情况下，员工可能会因为管理者的不当行为而受到影响。

某公司小王说他的经理不重视他，对他的工作不给予足够的关注，甚至经常违反公司的规章制度。这种行为不仅影响了小王的工作表现，还可能对其他员工产生负面影响，导致他们效仿这种行为。

如果管理者能够遵守公司规章制度，积极关注员工的工作表现，并给予适当的反馈和支持，那么员工就会更加敬业和投入工作。

因此，作为管理者，应该时刻注意自己的行为和态度，以树立良好的榜样,并促进员工的成长和发展。同时,公司也应该加强对管理者的培训和监督,确保他们能够履行职责,为公司的发展作出贡献。

2. 制定合理的薪酬管理制度

一般来说,薪酬问题是劳资纠纷中最为突出的焦点。一个合理的薪酬结构不仅能够有效激励员工投入工作,更能充分体现员工的价值与贡献,从而增强员工的认同感和归属感。然而,一旦薪酬结构设置不合理,往往会引发员工内部的不公平感与矛盾,破坏了员工和企业之间的关系,进而导致劳资纠纷的频发。

在企业运营中,资金有限、难以提供具有竞争力的薪酬、缺乏科学完善的薪酬体系、缺乏专业的薪酬管理人才、薪酬福利制度不够透明公平以及薪酬管理不善等诸多问题,都可能成为影响员工满意度的绊脚石。这些问题一旦凸显,不仅会导致员工流失率的攀升,还可能使员工工作积极性大打折扣,甚至加剧员工与企业之间的劳动争议。

对于当前中国企业的员工群体而言,薪酬福利无疑是维系劳动关系的核心要素。长期的不满情绪可能会使员工逐渐丧失敬业精神,甚至选择离开公司。因此,为了提升员工的敬业度,企业必须致力于构建公平、科学的薪酬制度,确保员工能够根据其能力和绩效获得相应的回报。

为了激发员工的积极性和创造力,企业应根据不同岗位和层级的特点,设计差异化的薪酬结构。这样的薪酬体系不仅能够满足不同员工的需求,更能有效调动员工的积极性,推动企业持续健康发展。

3. 公正合理的绩效考核制度

盖洛普高级科学家、诺贝尔经济学奖得主丹尼尔·卡尼曼在其著作《思考,快与慢》中指出:我们的决策中有高达70%是受到直觉与情感驱使的,而优势才干的真正源泉,恰恰潜藏在大脑深处的直觉与情感区域。因此,公平合理的绩效考核对于维系员工关系的稳定与和谐至关重要。

企业的绩效考核是对员工一段时间工作情况的总结,直接反映了企业对员工工作的认可程度。如果考核结果存在不公正、不合理的情况,将会极大地挫伤员工的工作积极性，进而导致员工出现消极怠工等情况。

除了传统的绩效考核可能存在数据不完整、目标不清晰、考核者缺乏应有技能、鼓励竞争而不是相互合作等问题外，最大的缺陷是忽视了最有价值的方面：不是评估谁好谁坏，而是帮助绩效差的员工提高绩效，促使绩效好的员工获取更加卓越的绩效，令其有成就感，那他将会更加努力地工作。

我们的研究表明，员工参加工作的第一年最敬业。随着资历加深，他们的敬业度逐步下降。大部分资深员工"人在心不在"或"在职退休"。你必须能识别企业中员工是否敬业。否则，不敬业的员工会给公司带来巨大损失，这表现为收入减少、员工流失、缺勤增加和效率低下。

因此，公正、透明的绩效评估体系可以确保员工的工作得到适当的认可和奖励，从而激发他们的工作热情和敬业精神，形成和谐的劳动关系。

4. 做到人岗匹配提高敬业度

江苏省某大型烘焙企业的人力资源部部长蒋经理发现，尽管他们招聘的员工学历和背景都很优秀，但员工敬业度却并不高。北森测评网人才测评专家朱伦认为，人力资源管理的核心是将合适的人放在合适的岗位上，并激励他们发挥出最大的潜力。否则，他们的敬业度可能会受到限制。

这进一步证明，将员工放在不合适的岗位上可能会导致他们的工作效率和敬业度降低。

综上所述，我们需要更加深入地了解企业的需求和员工的个性特点，以制定更合适的人才管理策略，从而提高员工的敬业度和工作热情。

5. 制定以人为本、追求卓越的企业文化

企业文化作为员工行为的集中体现，其对企业员工工作行为的影响不容忽视。一个积极、健康的企业文化可以营造一个良好的工作环境，使员工更加认同企业的价值观和目标，从而提高他们的敬业度。

第14章 招式四：和谐的劳动关系

当前，众多企业和管理者纷纷推崇"以人为本"的企业文化。然而，对于部分企业和员工来说，这仅仅是一个华丽的口号，缺乏真正的实践和落地。虽然"以人为本"的理念简单易懂，但如果深入调查，我们会发现一些知名的IT企业连员工的基本福利，如五险一金，都无法保障。而国家已经多次明确规定，无论是正式员工还是合同工，企业都应当为他们缴纳五险一金。

中国人民大学公共管理学院组织与人力资源研究所的吴春波所长认为，优秀的企业文化仅仅提倡"以人为本"是不够的，它应该是追求卓越的，即"以事为本"，或者是"以效率为本""以绩效为本"。

吴所长认为，唯有那些能够推动企业生存与繁荣的文化，方可称为卓越的企业文化。单纯追求以人为本，使员工短暂地感到愉悦和激昂，是远远不够的。毕竟，企业的繁荣昌盛才是员工心中真正的幸福源泉。

企业的未来，依赖于员工的辛勤付出与高效工作；而员工个人的发展，则是建立在企业持续成长和壮大的基石之上。遗憾的是，目前多数中国企业尚未深入理解和全面接受这种追求卓越的企业文化理念。

综上所述，要提高员工的敬业度，创造和谐的劳动关系的方法有很多。但是天下并没有放之四海皆准的真理。企业在应用这些方法时，要注意结合企业自身的实际状况，在具体的管理情境中去检验和完善，逐渐变成适合自己和属于自己的管理模式。

案例：老乡鸡与员工同船共渡

稻盛和夫说，企业永远是员工生活的保障，这不是雇佣关系，而是心灵的归属，是做人的尊严，这样才能够从根本上唤醒全体员工的良知和良心，协同起来为顾客做贡献。

2023年，当"老乡鸡上市"冲上社交平台热搜时，引发网友疯狂热议，展示出消费者对老乡鸡的喜爱和热情。虽然，老乡鸡在疫情期间保守亏损了五个亿，但是老乡鸡和员工打造"命运共同体"的策略却让很多客人和员工交口称赞。

2020年，突然爆发的疫情，让所有企业直面生存问题。为了能维持企业正常运转，人力资源优化成为当时的主要工作，他们纷纷开始裁员、减少工资发放比例，甚至倡导疫情期间员工不拿薪水。一时间，管理者和员工形成微妙的隐形对立，彼此防范。

然而，这家国内连锁中式快餐企业老乡鸡却与众不同，董事长束从轩在视频中霸气地表示："就算卖房子、卖车子，也会正常发工资。"这种企业家态度让经济能力薄弱的员工大受感动，甚至在社交媒体上引起热烈讨论。

企业和员工之间，不仅是一纸劳动协议的关系，还有对彼此的承诺。

疫情对老乡鸡而言成了企业和员工上下齐心、共克时艰的催化剂。在企业生死存亡之际，员工也意识到自己和企业是命运共同体。

1. 疫情期间打造"命运共同体"的措施

那么，老乡鸡到底在疫情期间做了哪些自救措施？如何凝聚员工，快速且有效地打赢这场仗呢？

1）组织调整：老乡鸡第一时间把组织从线下搬到线上，并把原有部门整合成战略组、产品组、保障组。战略组包括董事会、财务、品牌等部门，负责给公司找新的方向；产品组包含运营、会员、外卖、新餐饮等部门，专注研发产品迭代；保障组包括人力、行政等部门，保障员工身心健康。

2）员工健康：把员工健康放在第一位，"把员工的健康捏得死死，要求半个小时就洗一次手"。

3）员工培训：每天一场直播培训。食品安全部的硕士研究生团队，从专业角度给员工和员工家属普及防疫知识。

4）员工凝练：董事长束从轩录制的内部视频要反复看。举办线上"老乡鸡万人云聚会"，链接彼此。

5）业务创新：根据消费者的消费习惯变化，调整点餐方式、开拓企业工作餐、拓展社群营销。

6）公益助力：武汉老乡鸡以每日千余份的送餐量，为十多家医院及医疗机构的一线医务工作者免费提供三餐，并将在社交媒体上收集到的人们对医护人员的祝福，写出便条，随餐赠送。

7）品牌公关：疫情期间老乡鸡通过自媒体、公共媒体、社交媒体等发布企业证明信息，获得刷屏级曝光。

2. 命运共同体也是利益共同体

要想让与员工达成"命运共同体"，首先就要实现"利益共同体"。老乡鸡学习阿米巴经营模式，搞全员承包，每一个岗位就是一个平台。做得好的，奖励多；做得不行，奖励就少。"这样才能把好员工留下来，把真正想做事情的员工发展得更好"。

老乡鸡每年晋升管理组3000多人次，应届毕业生平均一年半晋升为餐总，每年开店200家，每年5000人次升职加薪。店员月平均收入超过4000元；店长年薪多的可以拿到20多万。

老乡鸡是标准化、体系化的餐饮企业，对店长的能力要求没那么高。

老乡鸡总经理束小龙说，"他能拿到20多万，他可以买得起房子车子，可以和其他人一样稍微过上体面一点的生活"。

实施差异化的经营和奖励机制，让员工能公平地共享成果，形成长期的正向反馈，建立起员工对组织承诺的信任土壤。

3. 员工深度参与达成共同愿景

企业与员工共创企业愿景，是链接彼此情感非常很重要的情感基础。老乡鸡对员工"共识共创"的重视程度，几乎是刻在骨子里，而且是自发的。

老乡鸡有很多和企业共同成长起来的老员工、老店长，他们见证和参与了公司的发展，也在不断突破自己的瓶颈、体会自己的成长。当员工有了"一起打江山"的深度参与，就会在情感上与公司结成"命运共同体"。

老乡鸡会让各级员工在不同公司事务上充分参与：

1）老乡鸡"打造中国人喜欢的'家庭厨房'"的公司愿景，是和员工在老乡鸡大学的班级中，经过反复探讨确定下来的。

2）老乡鸡每年年底会有闭关的战略共创会。参会成员会一起讨论未来三五年，公司最重要的目标是什么？当前的重点目标是什么？预算如何制定？薄弱环节如何补充？在不断探讨中达成共识后，大幅度减少内耗。

3）董事长束从轩开店长代表座谈会，听取一线店长的想法、建议和感受。

4）总经理束小龙，每季度都会去市场和门店做调研，了解一线顾客和员工的情况。

5）老乡鸡会安排各级各领域高管，到门店充当一天的服务员，去感受、参与、了解前线的状态。

6）老乡鸡的人力资源系统建立了老乡鸡社区，老乡鸡社区有很多模块，组长会在论坛中，发动员工做线上线下经验分享会，让员工有参与感。

4. 打造"幸福绽放"为总目标的企业文化

打造"幸福绽放"的企业文化，不仅要让员工在参与中去亲身感受，还要让员工乐在其中。老乡鸡所有管理者、店长都需要从一线服务做起，深度参与和感受企业经营链条的完整过程。老乡鸡的企业文化从"实干创新"升级为"实干创新、幸福绽放"，这不仅是第一代创始人束从轩传递到继承人束小龙的转变，还是企业理念关注到员工幸福的升级迭代。

老乡鸡总经理束小龙解释说,"过去老乡鸡一直提实干,我们起步不算多高,靠自己一点点摸索做大。但在这个基础上,我们要从内心幸福绽放,只有幸福绽放了,同事才能感受到,顾客才能感受到";"实干创新是公司传承下来的;幸福绽放是发自内心的,它不是为了别人,它需要自己真觉得。"

在运行"实干创新、幸福绽放"这一指导理念时,束小龙以疫情时期做的工作为例,他说,"比如疫情这段时间,很多店长很辛苦。但他们很想在符合要求条件下早点开业,他们不断和政府部门沟通,甚至很长时间待在店里不回家。当他们(尤其武汉团队)看到能解决医务人员吃饭问题,解决政府加班部门吃饭问题,解决一些没地方吃饭顾客的吃饭问题时,他们就特别欣慰、非常幸福。"

同时,老乡鸡的官方微博也进行了具有亲和力的形象包装,自称"小鸡爪"。"小鸡爪"有时会发布促销活动;有时自黑;有时吐槽老板;有时和周黑鸭组CP,和大黄鸭聊天,和支付宝互相揶揄;有时分享老乡鸡内部的活动片段——比如名为"东家请掌柜的吃饭"的年会、"老乡鸡万人云聚会"的家庭聚会。

在2022年中式快餐十大品牌榜单上,老乡鸡赫然位居榜首。老乡鸡把命运共同体写进企业文化,不仅赢了市场,还赢了人心。

PART 5

未来篇
企业进阶人力职能转型

随着企业逐渐发展壮大，人力资源管理需要从服务性工作和专业职能层面，转型到助力企业推动战略转型、变革及业务增长方面，从"节约成本"转向"重视增值"方面。因此，企业需要满足新生代员工需求，从经营到管理的综合性人力资源管理。

第15章

角色一：宣传鼓动者

在知识经济时代，员工不再仅仅是一个简单的劳动力，而是企业中最宝贵的资源之一，是企业成功的关键因素。因此，人力资源专业人员需要承担起五种关键角色，以全面提升员工的价值，为企业创造更大的竞争优势。

第一种角色，员工宣传鼓动者。人力资源专业人员需要积极宣传企业的价值观和文化，让员工更好地理解企业的目标和愿景。

第二种角色，人力资源开发者。人力资源专业人员需要制定科学的人力资源开发计划，为员工提供各种培训和发展机会。

第三种角色，职能专家COE。随着技术的不断发展，人力资源专业人员需要关注新的管理模式和工具，为员工提供更好的服务和支持。

第四种角色，战略合作伙伴HRBP。人力资源专业人员需要与企业的战略决策者紧密合作，共同制定企业战略和发展计划。

第五种角色，人力资源领导者。人力资源专业人员需要积极维护员工的权益，关心员工的工作生活，提供必要的支持和帮助。

在具体实践中，人力资源专业人员需要根据企业的实际情况和需求，灵活调整这五种角色的权重和定位。对于不同的人力资源管理领域，所需的角色定位也有所不同。因此，人力资源专业人员需要不断学习、适应和提升，以更好地扮演各种角色，为企业创造更大的价值。

总之，人力资源专业人员需全面掌握这五种角色，并根据企业需求进行合理调整。通过不断提升自身能力，他们将能够为企业创造更大的价值，并成为企业不可或缺的战略合作伙伴。

员工关系润滑剂

人力资源专业人员需要积极宣传企业的价值观和文化，让员工更好地理解企业的目标和愿景。他们把19%的工作时间用于处理员工关系问题。如果他们在服务中心工作而不是在专业技术中心工作，这一比例通常会更高。无论在何种背景下，关心员工、听取员工意见、回应员工需求，都是人力资源工作的核心任务。这就要求人力资源专员从员工的视角看待问题，听取他们的意见（表15-1），了解他们所关心的问题，体会他们的情感。同时，还要从管理层的视角看待问题，让员工明白，什么是他们取得成功所必需的。作为员工的倡导者，要深入员工中间，体现对员工的关心，确保员工随时能够找到。同时，还要能够吸收和分享不同的观点。

表15-1 关于人力资源专业人员角色的各种各样的说法

HR	领导	战略家	人力资本干事	业务合作伙伴	员工的主心骨
经营支持者	企业基础建设管理者	教练	付诸实施者	鼓动者	变革代理人
快速部署专家	创新型领导	内部顾问	技能实践者	政策管理人所反映问题的解决者	知识推动者
战略伙伴	员工贡献管理者	服务提供者	维护者和监督者	计划协调员	建筑师
关系构建者	道德典范	推动者	行政管理专家	客户关系管理者	

在某些观点中，人力资源专业人员应当转型为业务合作伙伴，专注于协助业务领导制定和实现财务绩效目标。然而，我们认为这种观点有待商榷。

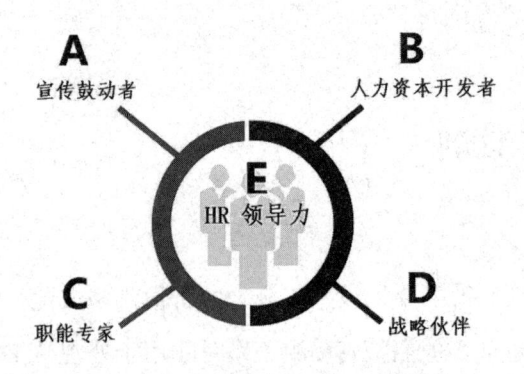

```
        A                    B
   宣传鼓动者            人力资本开发者

              E
           HR 领导力

        C                    D
    职能专家              战略伙伴
```

图15-1　人力资源专业人员角色总结

员工是组织最宝贵的资产。员工是人,而不是能随意被使唤和抛弃的个人财产。现在企业不能承诺终身雇用,员工经常把这理解为缺乏公司关心。你可以通过了解员工、了解他们的个人生活以及他们的需求,建设一种既有竞争性又有人情味的组织氛围。富有人情味并非要你摆脱财政或管理上的责任。关心员工能够间接提升股东价值。人力资源专业人员天生擅长激发员工的积极性,同时他们也具备将公司利益真实、具体地表达出来的能力(详见表15-2)。

表15-2　人力资源专业人员角色的发展

20世纪90年代中期	21世纪中期	思想的进化
员工的主心骨	宣传鼓动者;人力资本开发者	员工对组织成功越来越重要。宣传鼓动者聚焦于今日的员工,人力资本开发者聚焦于如何让员工为未来做好准备
行政管理专家	职能专家	人力资源管理活动是人力资源价值的核心。有些人力资源活动通过高效的管理手段(例如技术手段)来完成,有些通过政策、菜单以及干预来完成,扩大了"职能专家"的角色
变革代理人	战略伙伴	作为战略伙伴有多方面的表现:业务专家、变革代理人、知识管理者和顾问。变革代理人只代表战略伙伴角色的部分内涵
战略伙伴	战略伙伴领导者	如上所述。前四种角色的总和等于领导力。但是,做一个人力资源领导者包含领导人力资源管理部门、与其他职能部门合作、保证公司管理秩序,以及监控人力资源团队的含义

宣传鼓动者需要采取一系列措施来维护员工的权益和满足其需求。首先，要积极听取员工的意见和建议，并给予及时的响应。

例如，在员工遇到问题或不满时，应该在第一时间处理其投诉，以便及时解决问题，避免事态扩大。此外，我们还需要关注员工的个人需求，例如帮助其配偶找到工作，或在需要时协助员工处理工作上的手续问题。

为了更好地表达对员工的关心和关注，我们可以采取一系列的措施。例如，在员工生日时送上贺卡或在关键时刻提供帮助，这些都能让员工感受到组织的温暖和关怀。同时，为了提高员工的归属感和忠诚度，我们还应保持友善的组织文化和惯例，如弹性工作时间、对持续学习和成长的承诺等。宣传鼓动者的任务不仅是维护员工的权益，还包括参与公司战略的讨论和制定。在关乎公司未来的重大决策中，需要代表员工发表意见，关注战略对员工的影响以及员工的反馈。

多元化管理也是宣传鼓动的一个重要方面。宣传鼓动者应该致力于营造一个互相尊重、包容的环境，鼓励人们分享和讨论各种观点。对于不同的意见和看法，应该持开放的态度，以促进创新和取得更好的成果。同时，还可以采取一系列措施，如培训和沟通计划的制定、统计监控或检查的实施等。

在文化环境的建设上，包括领导者的决策方式、与员工的互动方式、冲突处理方式以及信息共享方式等方面，要多关注是否存在歧视现象，并及时采取行动。通过严肃的态度和明确的表态，可以帮助公司避免不必要的法律纠纷和声誉损失。

为了维护公司的公正、公平声誉，宣传鼓动者需要制定和实施公正对待员工的政策。包括提出有关员工保健和安全、工作期限和条件、惩戒的公正政策以及在全公司范围落实这些政策。确保员工受到公正的待遇，并为其提供必要的支持和保障。

当然，宣传鼓动并不总是轻松愉快的内容。当员工绩效不符合标准时，我们需要采取果断的行动来纠正错误。这可能包括解雇员工或建立透明公正的员工处罚或辞退程序。作为宣传鼓动者，我们的责任是帮助整个组织公正地执行这些程序。我们必须明确指出哪些行为是不可接受的，并采取适当的措施来纠正问题。通过这种方式，我们可以维护组织的利益和声誉，同时保护员工的权益和利益。

与宣传鼓动者利益相关者如下：

1. 投资者

投资者作为企业利益的直接相关方，其关切点涵盖了有形和无形的层面。他们不仅关注财务表现的物质性结果，还注重企业内在能力的建设。高生产率的企业往往更能吸引投资者的关注，因为这代表着更高的投入产出比和更强的盈利能力。员工的工作热情和效率，无疑是生产率的核心驱动因素。而员工的胜任力和奉献精神，更是构建实现企业战略所需组织能力的基石。对于那些对员工能力有信心的投资者，他们自然会对企业的无形价值给予更高的评价。人力资源部门应当对生产率的变化进行持续跟踪和报告，确保员工价值的增加能够转化为投资者价值的增长。

2. 顾客

在企业管理中，我们必须始终保持对员工的尊重和关心，因为员工是公司与顾客之间的桥梁。如果我们对员工态度恶劣，那么他们很难全心全意地对待顾客。员工的情绪和态度会直接影响他们对顾客的服务质量。一个失去优秀员工的公司，将很快失去目标客户。同样，受到尊重和关心的员工也可能会将这种正面情绪传递给客户，从而建立持久的客户关系。

激励员工就是激励顾客。这个过程不仅向这两个群体传达了一套信念和行为，而且加强了企业与客户之间的关系。因此，我们必须始终保持对员工的尊重和关心，以确保他们能够为顾客提供优质的服务。

3. 直线经理

在某些情况下，直线经理可能会直接表达出他们并不关心自己的行为对员工的影响。

某公司在一次改进运营的研讨会上，发言人向一位直线经理提出一些建议。但该经理的反应相当尖锐，质疑发言人。在研讨会结束后，人力资源领导私下与这位直线经理进行了交流，发现该经理只是想验证那些建议是否经过深思熟虑。但研讨会原本要达到的预期效果没有达到。

人力资源领导指出，未来他有可能会从这些与会者中获得可靠的信息。起初，该经理并不接受这一观点。但在讨论无意识因果关系的过程中，他开始意识到，采用他的风格无法达到预期结果，而如果采取其他风格则更有可能获得期望的结果。这次交流为直线经理和人力资源专业人员之间建立了一种信任关系。人力资源专业人员在为员工发声的过程中，为直线经理提供了服务并帮助他提高了工作效果。

总之，宣传鼓动者通过各种渠道向员工传递正能量，激发员工的积极性和创造力，从而推动企业的发展。这种角色要求人力资源专业人员具备优秀的沟通能力和组织能力，能够有效地传递企业的核心价值观和文化。

案例：日本松下集团"口头表扬"文化

在职场中，表扬作为一种重要的管理工具，其重要性不容忽视。然而，许多人在运用表扬这一工具时，却显得相对含蓄和低调。这并非因为他们吝啬自己的赞美之词，而是因为他们往往不知道如何更有效地表达自己的认可和鼓励。

日本松下集团是全球知名的跨国企业，不仅在技术创新、产品质量上卓越领先，更以其独特的企业文化备受瞩目。其中，松下集团的"口头表扬"文化，作为一种独特的激励机制，在企业内部发挥着重要的作用。

松下集团深知员工是企业最宝贵的资源，而员工的积极性和创造力则是企业持续发展的动力源泉。因此，松下集团倡导并实践着一种以"口头表扬"为主要形式的企业文化。这种文化认为在日常工作中，上级领导应当及时、真诚地对下属的工作成果给予肯定和赞赏，通过正面的反馈来激发员工的内在动力，提升他们的工作满意度和归属感。

在松下幸之助看来，口头表扬不仅仅是一种简单的鼓励方式，更是一种深入人心的管理哲学。及时的表扬是对员工工作成果的肯定，更是对他们个人价值的认可。因此，无论是在公司内部的日常运营中，还是在各种重要的场合中，松下幸之助总是毫不吝啬地给予那些进步快或表现优秀的员工以口头表扬。他的这种做法不仅使得员工感受到了公司对他们的重视，同时也激发了他们更加努力工作的动力。

值得一提的是，即使松下幸之助不在现场，他也不会忽略对下属的表扬。他会亲自打电话给员工，表达对他们工作的认可和赞扬。这种跨越时空的表扬方式，不仅体现了松下幸之助对员工的高度关注，也进一步加深了员工对公司的归属感和忠诚度。

松下的"口头表扬"文化还强调了一种互动和沟通的精神，管理者不仅能够传达对员工工作的认可，更能够建立起与员工之间的信任关系，促进双方之间的深入交流和理解。这种互动和沟通的精神不仅有助于提升员工的工作满意度和忠诚度，更有助于企业在复杂多变的市场环境中保持灵活和竞争力。

一个善于运用表扬的管理者，往往能够通过恰当的表扬方式，达到甚至超越物质表扬的效果。赞美对于员工来说，是一种非常重要的激励机制。它能够使员工更加自信，对自己的能力和价值有更深入的认识，从而激发他们更加热爱自己的工作。同时，赞美也能够鼓励员工提高工作的效率，因为他们会为了保持这种被赞美的状态，而更加努力地去完成工作任务。

1. 表扬需要注意什么问题呢？

1）表扬要公开。既然是表扬，就要有一定的仪式感，仪式感十足，能把表扬的效果提升多倍。公开表扬不仅树立了被表扬者的标杆作用，而且能够激发其他员工的积极性和进取心。在公众场合进行表扬，能够增强被表扬者的成就感和自豪感，这种受人夸赞、受人瞩目的感觉，对于员工的心理激励作用是难以用金钱来衡量的。

2）表扬要具体。泛泛而谈的表扬往往难以让人感受到真正的诚意和认可，而具体的表扬则能够让员工更加清晰地了解自己的优点和长处。在表扬时，管理者应当尽可能通过一个具体的案例或事迹来展现员工的优秀表现，同时详细描述其中的细节，以肯定员工的努力和贡献。比如，当员工完成了一项困难的任务时，主管可以说："你做得非常好，这个任务难度很大，但你依然能够顺利完成，我非常欣赏你的能力和毅力。"这样的赞美，既表达了对员工工作的认可，又指出了员工的优点和特长，能够更好地激励员工继续努力。

3）表扬要经常。不要吝啬表扬，表扬要成为日常的一项工作。不应该是一种偶尔的、随意的行为，而应该成为日常管理中的一项重要工作。管理者应当在日常工作中不断发现员工的优点和长处，及时给予肯定和表扬。

4）表扬要及时。当员工在工作表现中展现出色的时候，作为主管，应该立即给予他们称赞，让员工知道自己受到上司的赞赏和认可。这种及时的反馈机制，可以让员工更加明确自己的工作方向，从而更加高效地完成任务。

5）表扬的时机要恰当。如果表扬来得太晚或者过于频繁，就可能会失去其应有的效果。并确保表扬的真实性和有效性，避免虚假或空洞的表扬。

2. 公开表扬的好处

在现代企业中，激励员工表扬已经成为提升绩效和激发潜能的重要手段之一。这种表扬不仅仅来自上级，还可以来自平级或下级，这种全方位的正面激励将促成一种良性的企业文化。通过及时、公正、有针对性的表扬，企业可以有效地激发员工的积极性和动力，从而提高工作效率和绩效。

1）提高员工满意度。当员工感受到自己的工作成果被认可和赞赏时，他们会产生强烈的成就感和自豪感。这种正面的情感反馈不仅使员工感到满足，还能够激发他们的工作热情，促使他们更加投入到工作中。同时，表扬还有助于建立员工与管理者之间的良好关系，形成积极的工作氛围。

2）增强员工动力。当员工意识到自己的工作价值和对组织的贡献时，他们会更加珍惜自己的岗位，以更高的热情和动力投入到工作中。这种积极的心理状态使员工对自己的工作充满信心，从而更加勇敢地去追求更高的目标。

3）激发员工潜能。当员工受到表扬时，他们会感到自己的能力和价值得到了肯定，从而更加自信和积极。这种正面的心理暗示使员工敢于尝试新的方法和创新，充分发挥自己的潜能。通过不断挑战自我，员工不仅能够提升自己的工作表现，还能为组织创造更多的价值。

4）增加员工参与度。当员工感受到自己的努力得到了认可和回报时，他们会更加珍惜与团队的合作机会，积极参与团队活动。这种积极的参与态度不仅能够提高员工的整体绩效，还能促进团队之间的有效沟通和协作。

5）提高员工工作效率。当员工感受到自己的工作得到上级和同事的认可时，他们会感到自己的努力得到了回报，这将激发他们更加专注和投入的工作。同时，表扬还能激发员工的成就感，使他们更加自信地面对工作中的挑战，从而更加高效地完成任务。

6）降低员工流失率。通过适时表扬员工，可以增加员工的忠诚度和对企业的归属感，从而降低员工的流失率。员工感受到自己的价值和贡献被认可时，他们会更愿意为企业做出更大的贡献。员工流失不仅会导致企业人才流失，还会给企业带来一系列负面影响，如招聘成本上升、团队合作受损等。而适时的表扬可以增加员工的忠诚度和对企业的归属感，使员工感受到自己的价值和贡献被认可，从而降低流失率。此外，表扬还能激发员工的进取心，使他们更加愿意为企业做出更大的贡献。

第 16 章

角色二：人力资本开发者

给每个员工提供发展的机会

在商业领域，资本通常指企业的首要资产，即主要的或第一位的资产（传统上多指企业的资金）。然而，随着观念的演变，人们逐渐认识到人力资源的重要性。人力资源专业人员负责管理这种人力资本：致力于发展员工队伍，更强调个体发展而非组织流程。如今，这个术语已扩展为涵盖所有与员工相关的内容，从个人成长到全面评价。重要的是，人力资本聚焦于通过组织和个体创造的价值。

人力资源专业人员需要制定科学的人力资源开发计划，为员工提供各种培训和发展机会。他们需要关注员工的职业发展，帮助员工提升技能和能力，从而增强员工的综合素质和竞争力。员工可以借助在线工具制定个人发展计划，而企业则需在门户网站上提供相应的发展机会。此外，根据人力资源规划（如绩效或职业发展计划），可进行针对性的员工发展对话。

作为人力资本工作人员，人力资源专业人员承担着积极建立团队关系的责任。这不仅涉及正式团队的构建，还包括与团队成员进行非正式对话，以解释和解决存在的差异问题。通过建立信任、分享观察结果以及推动变革，人力资源专业人员有助于营造积极的团队氛围和高效的组织文化。

这种角色要求人力资源专业人员具备丰富的人力资源开发经验和专业知识，能够根据企业的实际情况制定出科学的人力资源开发计划。

人力资源开发工作显然为员工和直线经理增加了价值，扩展了他们个人的工作前景，提高了他们的工作满意度，创造了一个使所有人都在不断改进并且能更有效地互相支持的工作环境。同时，人力资源开发也使其他利益相关者受益。

1. 投资者

现任领导（以及未来可能的领导）与关键投资者之间的关系建设会对投资者产生影响。同样，领导力训练也能增强投资者的信心。人力资源专业人员可以邀请投资者出席员工会议，或者安排关键领导人给投资人介绍情况，这样有助于企业与投资者之间建立一种公平的关系。作为人力资源开发者的人力资源专业人员还可以与投资者分享继任计划概要，指出未来的领导人可能在什么时候介入现有关系，这样也能增强投资者的信心。

2. 顾客

人力资本开发者帮助锻造关键员工与顾客之间的关系，提高顾客对本公司及其服务的忠诚度。例如，一个供应商的销售团队在人力资源专业人员的协助下，安排其CEO与买方公司的相应领导人见面，让这两位最终决策者谈定了一笔大订单。该供应商的CEO能够当场提出交易条件和条款，从而达成一桩双赢的买卖。同样，人力资源专业人员也努力通过联合项目、顾客参观、执行客户经理、顾客研讨会、顾客研究以及其他与人力资本相关的机制来协调员工与顾客的接触面，帮助顾客在与本企业打交道时感到轻松。

案例：美国礼来公司高级人力资源副总佩德罗·格拉纳迪罗的用人方式

美国礼来公司特别重视人力资本，他们喜欢招聘刚毕业的学生，然后大力培养。现在，为了加速发展，他们也开始招募有经验的科学家。这家公司这么有名，自然吸引了超多人才。

佩德罗·格拉纳迪罗这个高级人力资源副总裁，每年都会和公司领导、各个部门大佬开会。他们用整整一天时间来讨论全球的销售、市场、制造、研究方面的人才。还会聊企业战略、组织能力什么的，还会出个高潜能人才开发计划。这群领导人对30岁左右的人才特别关注，都想要知道他们的名字。

CEO每年也会参加董事会会议，他们会评估组织变革和人才培养渠道。佩德罗在世界各地跑来跑去，就是为了评价各分支机构的经营绩效，找顶级人才。他还会和这些顶级人才一起吃饭、喝咖啡。他还教CEO去见这些人才，让他们在目标学校或者实习计划里讲话。他说："我们不希望失去顶级人才。如果有人得到了其他的工作机会，我们就要赶紧去跟盯住那个人。"他还说："CEO必须以人才问题为导向。他得参加人才评价会，一直关注顶级人才，保持与他们会面。"

美国礼来公司还会听外面的意见，看看大家觉得他们的人才队伍建设怎么样。有些见多识广的观察家觉得，美国礼来公司有超聪明、全球型、业务型的顶级人才，连竞争对手都想挖走他们，这就是对他们的一种夸奖！

第 17 章

角色三：职能专家COE

人力资源的专家赋能

人力资源专员作为专家角色，履行职能的能力是不容忽视的。如果一个人无法胜任自己的本职工作，那么在评价他人工作绩效时，其意见往往缺乏说服力。

随着技术的不断发展，人力资源专业人员需要关注新的管理模式和工具，为员工提供更好的服务和支持。他们需要探索创新的人力资源管理方案，通过数字化、智能化等技术手段提高管理效率和质量，从而更好地满足员工的需求和期望。这种角色要求人力资源专业人员具备创新思维和学习能力，能够不断探索新的管理模式和工具。

作为专业人员，人力资源专家应具备丰富的知识体系。这些知识不仅有助于他们在行动时明确目标，还能避免陷入迷茫或无目标的状态。只有掌握这些专业知识，人力资源专家才能更好地优化决策并取得实际成果。

对于专业技术中心的人力资源专家而言，他们在职能领域所花费的时间相对更多；而对于嵌入业务单位的人力资源专家，他们需要花更多时间去诊断业务需求，并寻求专家的帮助以推动企业的人力资源管理活动。

职能专家在各层级活动中发挥重要作用，为解决日常人力资源问题提供解决方案。这些解决方案需通过公司内部网络或安全保密的互联网平台进行发布。在执行这一任务时，专家需具备相应的技能，简化复杂活动，并转化为可自我监控的选项。

在人力资源专员创建选项菜单的过程中，专家需引用理论、研究成果及其他公司的最佳实践。这一阶段的工作要求专家具备将人力资源领域知识转化为方案或程序的技能。

人力资源专家还需为企业提供咨询，并根据企业独特需求调整方案。在这一环节，诊断问题和制定解决方案的技能至关重要。

此外，专家还需确立专业领域人力资源管理活动的总体政策方向。这要求他们理解战略，并具备适应战略调整的能力。尽管各层级工作对职能专家的要求有所不同，但有一些适用于所有职能专家的通用原则。

为了保持专业知识的更新，专家需要定期阅读行业杂志，参加相关会议，以随时了解所在领域的最新研究成果。一流的薪酬咨询公司和研究机构也会发布一些重要的报告和文章，这些都是薪酬专家必须关注的。

在知识更新方面，无论我们投入多大精力，都无法对所有问题给出答案。真正的专家化，是指我们应认识到自身的局限性，为了成为某一领域的专家，并明确在哪些方面可能需要临时查找信息。例如，在一次研讨会上，有参会者询问关于欧洲消费产品生产企业客户经理的基本薪酬和平均薪酬的最新趋势。虽然我们对此有所了解，但并未掌握直接信息，因此我们表示将进行调查。随后，我们请教了相关领域的专家，并在24小时内获取了有关趋势的数据。

在职能领域，专业技术使我们有能力构建一套方案模板，其中包括其他公司已完成的方案、本公司其他人已完成的方案以及基于我们自身经验提出的方案。当从模板中选择某个方案时，我们便能指导方案的实施。此外，我们还应调整该领域的核心和传统做法，以适应公司的特定需求。这意味着我们将为现有理论与实践的进步作出贡献。

创造方案选项并不断更新所在领域的实践，也是我们的职责之一。在环境发生变化时，负责创建人力资源管理活动的人员应能够从容应对。当然，能够轻松应对工作的能力是专业人员成熟的一个标志。

我们所提供的方案选项应能形成与我们的专业知识领域相关的工作流程，以便构建企业的基础结构并提高其执行战略的能力。担任职能专家角色的人力资源专业人员通常不是进行方案设计的，便是负责推行流程的。

职能专业技术显然最有助于职能经理，能帮助他们将业务目标转化为组织流程。同时，使人力资源专业人员能够为其他利益相关群体增加价值。

与职能专家利益相关者如下：

1. 投资者

当企业的活动成为竞争对手以及其他行业的企业模仿的模式时，投资者就会注意到它们。GE公司的领导力发动机、3M公司的创新恒等式、西南航空公司的"人员发动机"，都说明了思想型领袖建设无形价值的方式。人力资源管理专家通过支撑整个企业的名声，推动思想领导力的提升。如果投资者理解了切实可行的人力资源工作流程，他们对该企业的印象就会改进。因此，我们鼓励人力资源管理专家向投资者介绍他们的想法并与目标投资者分享成果。

2. 顾客

顾客很少直接考虑人力资源工作流程，但是他们知道自己习惯的待遇类型。例如，看重服务的顾客需要人力资源流程去雇佣、奖励和培训人员，以便提供更好的服务。让关键顾客参与设计和推行人力资源工作流程的过程，有时是很有效的。职能专家在顾客身上下功夫或者与顾客深入接触，这样能提高他们制定人力资源工作流程的能力，从而为顾客提供价值。

3. 员工

职能专家应当在考虑和选择人力资源项目时，始终以员工能力为核心。应当设计一些能保证员工胜任能力和奉献精神的人力资源管理活动。例如，薪酬方案应当强化符合战略的员工能力和行为。

案例：腾讯的 COE 十年磨砺出锋芒

在2023年，腾讯公司成功实现了营业收入的显著增长，达到了惊人的6090.15亿元。这一成绩的背后，是腾讯公司一年来在各个领域所作出的努力和突破，不仅是其团队中众多"技术宅男"的努力和付出的结果，也是公司一直以来坚持的"技术驱动"战略和人才培养机制的成果。

腾讯的COE，即"Center of Expertise"，是一个集结了多个人力资源职能部门的综合性组织。这些部门包括但不限于人力资源部、腾讯学院、薪酬福利部以及企业文化与员工关系部，每个部门下又细分出众多专业化的子部门。这些职能部门各自在其领域内拥有深厚的专业知识和对领先实践的掌握，它们紧密协作，共同致力于设计业务导向和创新的人力资源管理政策、流程和方案。这些方案不仅满足了企业的日常运营需求，还为HRBP（即人力资源合作伙伴，泛指人力资源部门高层领导者）提供了定制化的、与业务高度契合的人力资源解决方案。

1. COE推动企业文化

在腾讯这一科技巨头中企业文化与员工关系部扮演着至关重要的角色。该部门致力于构建和推动腾讯特有的企业文化，这种文化不仅仅是一种表面的口号或标语，而是一种深入人心的价值观和行为准则。该部门被视为腾讯文化意识形态的"大脑"，这个"大脑"不仅具备丰富的知识，还具备深入研究和持续创新的能力。它始终站在行业的前沿，敏锐地捕捉市场变化，以确保企业文化与时俱进。在具体工作中，企业文化与员工关系部主要承接组织活力战略，通过制定和实施一系列策略，强化员工的职业化素养，提升内部沟通效率，从而推动整个组织的持续健康发展，还起到了"咨询师"的作用。

2. 引领企业文化变革的COE力量

腾讯的企业文化，随着企业不断壮大和市场环境的变迁，已经从家文化逐步过渡到职业竞争文化。为了顺利推动这一文化变革，腾讯不仅进行了顶层设计上的精心调整，还通过精心策划多种职业竞争文化品牌活动，让员工亲身参与到文化活动的策划与实施中。在此过程中，腾讯始终坚守用户至上的原则。即便是针对企业内部制度和文化活动，腾讯也会事先进行细致的用户调研，通过问卷调查、面对面访谈等形式，收集员工对于制度和文化活动的看法与建议，确保所制定的制度和策划的活动能够真正契合员工的需求。将员工视为最终的用户，关注他们在参与过程中的体验，这种以员工为中心的工作方式，不仅极大地提升了员工的满意度和参与度，更为腾讯企业文化的成功变革奠定了坚实的基础。

3. 驱动业绩竞争的COE角色

在业绩方面，只有给予员工适当的压力，让业务部门承担起应有的责任，才能推动产品突破困境、茁壮成长。腾讯的各业务部门享有高度的自由度，这也激发了它们之间的竞争精神。在这种压力的推动下，员工们为了取得更好的业绩排名，会不遗余力地追求卓越的产品质量。

4. 构建高效沟通体系的COE策略

腾讯的人力资源管理部门致力于提升整个组织的活力与凝聚力，为此，他们制定了明确的战略目标。在这一系列目标中，强化沟通被视为至关重要的环节。考虑到腾讯是一个拥有超过三万名员工的大型企业，确保公司战略和各部门业务信息能够高效、准确地传递与解读，无疑是实现整体目标的关键所在。

在仔细分析用户价值的基础上，腾讯的人力资源管理部门构建了一个三层次的强化沟通体系架构。这一架构旨在确保信息的顺畅流动和高效利用，同时也为员工提供一个表达意见、交流想法的平台。

1）高层思想。通过精心组织的高层交流活动，企业能够将公司战略和管理意图清晰地传达给员工。这些活动不仅能够让员工了解公司的长远规划和目标，还能够增强他们对公司未来的信心。在这样的交流中，高层领导不仅要分享战略愿景，还要解答员工的疑问，确保每个员工都能够对公司的发展方向有清晰的认识。

2）中层话语。中层管理者作为连接高层和基层的桥梁，需要通过有效的沟通和战略解读，让所属员工充分知晓部门内的业务信息和决策方向。这不仅能够帮助员工更好地理解自己的工作角色和职责，还能够激发他们的工作热情和创造力。在这个过程中，中层管理者还需要关注员工的反馈和建议，及时调整策略，确保部门业务的顺利进行。

3）员工参与。为了激发员工的参与感和主人翁意识，企业需要营造一个透明的工作氛围，并建立运营沟通平台。这些平台不仅可以让员工敢于表达自己的想法和意见，还能够确保他们的声音得到有效传递和及时反馈。通过这样的沟通机制，企业能够及时了解员工的需求和期望，为他们提供必要的支持和帮助，从而激发员工的工作积极性和创造力。

5. 腾讯COE除了搭建沟通体系，还要智慧地解决战略落地时出现的问题

1）如何管理不配合的老板与员工。在COE成功搭建起三层沟通体系后，企业文化与员工关系部强调各事业群的领导应更加聚焦于业务层面，并增加与各自事业群员工的沟通频率。这一举措旨在确保信息的有效传递，以及增强员工对事业群战略的理解和认同。各事业群的领导不仅要具备扎实的业务能力，还需深入思考并明确事业群的产品战略。通过向员工传达自己的梦想和愿景，领导们可以激励员工为实现共同的目标而努力。

2）抓住员工沟通的关键。为员工营造一个开放透明的沟通氛围。这种氛围的建立对于促进员工之间的交流至关重要。当员工们感受到腾讯内部的沟通环境良好，信息流通畅通无阻，且彼此之间的了解能够快速加深时，他们自然会更加愿意主动参与沟通。开放透明的沟通氛围意味着员工能够无拘无束地分享想法、提出建议，并且相信这些声音会得到重视和回应。这种氛围的形成需要建立在相互尊重的基础上。

3）COE不断更新学习，占领新的传播渠道。在互联网公司中，成功的关键在于产品和服务不仅要满足基本的功能需求，更要具备一种"好玩儿"的属性。这种"好玩儿"属性是对产品和服务深度挖掘和创新的一种体现，能够激发员工的参与热情，促进团队内部的沟通与协作。为了达到这一目的，COE团队需要不断充电，紧跟潮流，占领新的传播渠道，确保公司的产品和服务能够通过各种方式触达员工。这样不仅可以提高员工的知晓率和参与度，还能加强团队之间的沟通与协作。

6. 腾讯学院十年培养领军人才

腾讯学院的COE在架构上精心划分为领导力发展中心、职业发展中心、培训运营中心等多个核心组件，这些组件共同构成了腾讯学院培训发展的稳固基石，为腾讯提供了全方位、多层次的课程和培训支持。它们如同大厦的支柱，稳固支撑着腾讯学院培训发展的大厦，使其得以在快速变化的市场环境中屹立不倒，为腾讯培养出一批又一批的优秀人才。

这座培训发展大厦深谙人才的成长之道，针对不同层次的员工需求，量身打造了多样化的培养方案。其中，旨在培养中层干部后备力量的"飞龙计划"，就像是一条腾飞的巨龙，为中层干部提供了坚实的成长支撑。而针对基层干部后备力量的"潜龙计划"，则如同一条潜藏的龙，悄然积蓄力量，助力基层干部实现自我突破。此外，为了助力专业技术人员晋升成为行业专家，腾讯学院还推出了"新攀登计划"，帮助他们实现从职场新人到行业领袖的华丽转身。

从职场新人到腾讯的精英，再到领导力的进阶，腾讯学院为员工提供了近300门涵盖面授通用课程和专业能力课程的培训项目。这些课程内容丰富、实用，满足了员工在职场各个阶段的能力提升需求，助力他们不断提升自己的专业技能和综合素质。

第18章

角色四：战略合作伙伴HRBP

企业人力效能智囊

人力资源专业人员（通常指人才顾问或专家）需要与企业的战略决策者紧密合作，共同制定企业战略和发展计划。他们需要了解企业的战略目标和业务需求，为企业提供必要的人力资源支持和保障。

作为企业战略合作伙伴，人力资源专业人员具备业务、变革、顾问及学习等方面的实际知识，这些知识为其与企业HR经理或人力资源总监的合作关系注入价值。他们不仅是企业的智囊，更是业务发展的关键伙伴。

作为业务伙伴，人力资源专业人员的核心任务是根据现有及未来的知识，为客户制定战略。同时，他们还需探索如何使企业资源与需求相匹配。他们关注于明智的决策，确保企业正确地选择必须采取的行动路径。他们不仅精通组织和人事管理，还深入了解企业运营，为管理团队提供战略支持。

作为变革的推动者，人力资源专业人员需诊断组织问题，找出症结所在，并制定变革议程和实施计划。在变革过程中，他们提供指导和建议，成为领导者的得力顾问。作为内部顾问和推动者，他们不仅提供战略观点，还密切关注变革进展，并给予团队反馈。凭借对管理权威和权力的深入了解，他们确保团队在必要时能迅速行动，避免不必要的内部冲突。

简而言之，作为战略合作伙伴的人力资源专业人员在企业中发挥着至关重要的作用。他们利用专业知识和丰富经验，为企业创造价值、推动变革、提供内部咨询，并助力管理团队实现企业目标。

战略合作伙伴关系还包括在组织中传播知识以产生和归纳具有影响力的思想。在大型、复杂的组织中，创新往往出现在下级单位中。识别和分享知识将成为战略优势的来源之一。

战略合作伙伴除了直接支持直线经理，对其他利益相关者也有支持。

1. 投资人

投资人通常更感兴趣于结果而非意图。作为战略合作伙伴，帮助企业达成结果，树立信守承诺的名声，从而为投资界创造无形价值。这种能力以行动为导向的人力资源专业人员使工作得以完成，这有助于建立一种成就文化，这种文化使投资人产生共鸣，被视为企业成功的关键。

2. 顾客

作为战略合作伙伴的人力资源专业人员把顾客的意见带到管理决策中，他们不断地询问："顾客对这个决定和讨论会怎么想？"因此，他们能为那些可能从来不知道其存在的顾客增加价值。在人力资源专业人员用顾客的眼光筛选人员和过滤组织决策的时候，他们就是在帮助本企业将企业本身与顾客期望结合起来。

3. 员工

在人力资源专业人员落实战略伙伴角色的时候，员工得到了实惠，因为那个角色将员工的利益带到了战略制定和推行讨论会上。人力资源专业人员在提出变革建议的时候考虑了员工需要如何适应新行为。

案例：通用汽车公司全球人力资源副总裁凯蒂·巴克利的 HRBP 案例

作为通用汽车公司全球人力资源副总裁，凯蒂·巴克利深知要想成为有价值的战略合作伙伴，必须对全球商业环境有深刻理解。除了广泛阅读和参与每月一次的最高领导人出席的战略会议，她还投入大量时间与各业务领导进行一对一交流。她会每季度至少一次与这些业务领导深入探讨他们所面临的问题，了解他们是否得到所需的人力资源支持，以及他们未来所需的技能和能力。此外，她还会关注那些能使其他职能部门或单位受益的创新实践。这些讨论通常需要一到两个小时，但它们为凯蒂提供了宝贵的信息，使她能够更好地支持公司的业务需求。

CEO 里克·瓦戈纳已经为通用汽车公司设定了文化纲领：聚焦产品/顾客、统一公司行动、迅速/紧急、伸展。凯蒂每月与瓦戈纳进行一次最长两小时的面谈（此外还有经常性的特别会议交流及电子邮件沟通），共同探讨如何利用组织杠杆如内部沟通、培训、人才管理、薪酬等来落实这些文化要素。实践证明，实行绩效奖励和重组矩阵式管理是两个最有效的杠杆。例如，在奖励方面，过去通用汽车公司曾对其全球最高层的 3000 人实行基于整个地区绩效的激励制度。随着公司文化的转变，人力资源部改革了这一制度，改为主要基于企业整体绩效，并结合地区差异进行二级调整来支付奖励。这一变革迅速改变了地区总监的合作方式。

在文化创新活动中，凯蒂的角色是识别理想文化状态与现实之间的差距、汇集各方观点、向其他公司学习，并发现前进的道路。为了确保不迷失方向，她采用一个包含四种文化要素和三种人力资源管理要素（人才、改革和技术）的矩阵来指导工作。如果某项人力资源创新举措不适合矩阵中的任何一个单元，她会积极寻找更适合的创新做法。

尽管她制定了一套战略性人力资源管理框架，证明了人力资源管理的价值所在，但她很少在人力资源部门之外提及这一框架。她深知，更重要的是将精力投入到战略性人力资源管理工作中，而非仅仅高谈阔论。因此，她通过提供能够产生实际业务成果的战略性人力资源管理服务来证明自己对企业的价值，并以此赢得各方的信任。

第19章

角色五：人力资源领导者

修炼卓越的领导力

领导力是组织成功的核心，它产生于对组织内部运作的深入理解和有效管理。因此，人力资源部门作为企业内部的职能部门，必须由具备领导力和重视本职工作的领导者来引导。只有当人力资源领导能够发挥其领导力，并充分重视其职能部门的管理时，其他人才会更加愿意接受和遵循他们的决策和建议。

在组织中，误入歧途的风险始终存在。例如，某大公司的人力资源部组织实施了一个为期两周的领导力开发计划。虽然该计划涉及每个主要业务领域，包括财务、市场、技术、全球化以及质量等方面，但在实际操作中，仅用了星期六上午的三个小时来专门讲解人力资源管理的内容。这一情况传达出一个明确的信息：即使人力资源专业人员本身，也未能充分认识到人力资源管理的重要性和价值。

面对这种状况，该计划的策划者坦言，他们原本并不打算向业务领导者灌输大量的人力资源管理知识。这意味着，他们并未将人力资源管理视为业务领导者集中的核心活动，也并未从传授人力资源管理观念的角度出发来组织此次活动。业务领导者与普通人一样，他们从自己的亲眼所见中获得的知识远多于从听闻中获得的知识。因此，树立一个良好的榜样是至关重要的。

在组织的结构中，人力资源部门应负责建立企业的人力资源管理议程。

这不仅是推动人和组织共同实现企业成功的方式，也是人力资源管理部门自身运作的关键。有效的领导能够赢得信任，反之亦然。如果人力资源部门的领导者无法勇敢地面对并积极参与人力资源管理活动，那么他们在向他人传达自己的理念时将很难被信任。这表明，人员雇佣、培训、绩效管理以及部门内部的沟通等方面的工作都必须得到高度的重视和有效的实施。

领导力需要具备扎实的理论支撑和坚定的承诺。我们所倡导的领导力模型遵循一个简单的方程式：有效的领导力等于"属性"乘以"结果"。属性是指领导者所具备的知识和技能，包括制定清晰的愿景、调动团队成员的积极性、保持正直的行为准则、持续学习等。结果，是指领导者通过自己的知识和行动所产生的实际效果。有效的领导力意味着明确目标、制定决策、进行内部和外部沟通、管理变革，并根据为投资者、顾客、直线经理以及员工创造的价值来衡量成果。

人力资源部门的领导者在公司治理方面发挥积极作用，作为组织的道德代表，提醒和监控公司道德伦理方面的问题。理想情况下，他们的职责包括确保公司遵循法律政策。

人力资源部门的领导者维护和监控组织中广泛的人力资源社区——包括人力资源管理部门本身和其他所有负责人力资源工作的人员。有些公司将教育、学习、组织设计顾问或沟通等部门分开设立，并将人力资源工作限定在传统的人员和绩效管理领域。尽管将所有要素结合在一起形成一个职能组织的情况下，人力资源工作能够增加更大的价值，但将这些要素拆开的决策也不一定会使各人力资源工作领域相互隔离。对于人力资源部门的领导者来说，即使在没有直接授权的情况下，仍然可能建立人力资源社区。

这个社区还包括与外部服务商签订人力资源工作合同的机构以及从事人力资源工作的内部管理人员。将人力资源社区集合起来非常重要，因为那些利用"人力资源管理服务"的人很少根据服务来源地来区分差异。作为社区的统合者，人力资源部门的领导者在公司内确定广泛的人力资源工作主题，帮助阐明角色定位，并监控行动和结果。

人力资源领导能力是所有人力资源管理角色的整体表现，是该职能部门提供给所有利益相关者价值的整体体现，如果没有领导能力，则没有什么能发挥效力；如果没有人听从，则无论你是否正确都无关紧要。同时，人力资源领导能力也为每个利益相关群体提供具体的益处。

1. 投资人

领导力品牌是领导者通过一个组织而拥有的提供成果的独特品性和能力，可以成为一种无形价值来源。人力资源领导人应当靠他们自己在人员配置和培训、评价和奖励，以及信息分享等方面的活动来证实他们企业的领导力品牌。在这个过程中，他们帮助其他人获得这种品牌，从而帮助投资者认可和重视它。

2. 顾客

当人力资源领导者模仿顾客重视的行为时，员工了解到要去做什么才能吸引顾客和联系顾客。这样，企业对顾客的价值就会提高。

3. 直线经理

由有效的人力资源领导指挥的人力资源管理组织能完整而冷静地表达期望，使直线经理能够全身心地投入其他业务。正如一位高级经理曾经对一位高级人力资源经理所说的："你做了一项伟大的工作，因为我不必去考虑你所做的事了。"此外，人力资源领导联合多种职能人员的看法，保证职能工作的完整性和整体化，将财务管理、信息技术、生产制造、市场营销、人力资源、研究与发展等职能部门的价值整合起来。

4. 员工

人力资源领导的可信度使所有人力资源行动也具有可信度。如果高级人力资源领导没有声望，则所有人力资源专业人员都会遭殃。从历史上看，高级人力资源职位有时是由在另一个职能部门干得不好的领导来承担的，但现在已经不再有这种情况了。人力资源部的员工和人力资源部以外的员工都很关注由谁担任人力资源部门的最高职务。实际上，最高人力资源领导人的价值观和正直性具体表现了该企业对道德行为的承诺。

综上所述，人力资源领导的角色和能力远不止于最高管理层所展现出的部分。每位人力资源专业人员都在行使自己的个人领导力，承担当前工作的责任，并适应未来的要求。通过提高团队增加价值的能力、树立自立可信的形象以及在各个层次上相互支持的氛围，人力资源管理部门能够成为更加灵活和有力的工具。

人力资源专业人员需要积极维护员工的权益，关心员工的工作生活，提供必要的支持和帮助。他们需要倾听员工的意见和建议，了解员工的需求和期望，从而更好地为员工服务。这种角色要求人力资源专业人员具备强烈的责任心和同情心，始终把员工的利益放在首位。

案例：星巴克人力资源合伙人卡伦·福尔摩斯的领导力魅力

谈及咖啡领域，星巴克无疑是一个标志性的品牌，深受全球消费者的喜爱。自90年代初期，星巴克凭借其独特的商业模式和不断创新的理念，在竞争激烈的咖啡市场中脱颖而出，成为了行业的领军者。为了维持其市场地位，星巴克一直在不断探索和尝试新的方法，以区别于其他竞争对手。

在这样的背景下，卡伦·福尔摩斯于2009年加入星巴克，凭借其丰富的管理经验和卓越的领导才能，很快就在公司内部崭露头角。

卡伦在管理多面手和合作伙伴资源方面展现出了出色的能力，为公司的稳健发展作出了巨大贡献。尤其是在保持与舒尔茨的使命一致方面，卡伦面临着巨大的挑战。然而，他凭借自己的智慧和努力，成功地在多个领域证明了自己的实力，赢得了广泛的认可和尊重。

卡伦的加入为星巴克注入了新的活力，他的管理理念和领导风格也为公司带来了新的变化，推动公司朝着更加美好的未来迈进。卡伦在星巴克的发展历程中扮演了举足轻重的角色。

星巴克作为咖啡行业快消品的领军者，每天不仅要面对来自市场的竞争压力，还要处理企业内部的各种挑战。无论是确保企业的高速增长，还是为顾客提供无与伦比的优质体验，甚至是应对店面中可能出现的各种突发状况。然而，尽管星巴克所处的环境充满了压力和挑战，但令人惊讶的是，其员工却很难被同行挖走。这背后，在当时以卡伦·福尔摩斯为首的人力资源部门发挥了至关重要的作用。

1. 培养"伙伴"领导力

人力资源专业人员承担着极为关键的职责，他们需要致力于员工的培训与发展，同时确保潜在领导者能够获得适当的角色培训。这一任务非常具有挑战性。

星巴克以其独特的亲情化管理理念而著称，将员工亲切地称为"伙伴"。这种称呼方式本身就是一种强烈的象征，体现了星巴克对员工价值和贡献的高度认可。星巴克通过定期举办"公开论坛"，为伙伴提供与高管直接交流的平台。在这样的场合中，伙伴可以无拘无束地提问，而高管则会给予耐心细致的解答。这种开放的沟通机制不仅有助于减轻员工的心理压力，更能够为公司的决策层提供宝贵的意见参考。

星巴克管理层与伙伴之间的一对一"真诚谈话"非常值得称道。这种谈话不仅关注任务的完成情况，更重视伙伴的内心感受和工作心态。星巴克深知，一个健康的心理状态对于员工的工作效率和创造力至关重要。因此，他们特别引入了"The Power of Unlocked Conversation（开启对话的力量）"课程，供总监级管理层学习。

星巴克在员工发展方面的投入同样不遗余力。他们鼓励伙伴在不同岗位之间"流动"，以拓宽视野和增强能力。除了技术型岗位外，星巴克内部的提拔率高达90%以上。这表明公司非常重视内部人才的培养和发展，愿意为他们的成长提供充足的机会和资源。

通过多元化的学习和发展路径，星巴克成功地将伙伴培养成为追求卓越、敢于担当的人才，让他们更有自信地面对职场压力。

2. 为企业制定有效的培训计划

星巴克在招聘过程中秉持着独特的理念，即"用正确的人去招聘正确的人"。这一理念体现了星巴克对于人才选拔的高度重视和精准把握。星巴克深知，只有选对了人，才能确保企业的稳定发展和顾客满意度的持续提升。为了确保每一位受雇的员工都能达到星巴克的高标准，星巴克为他们提供了一系列强化训练。

以咖啡师为例，培训课程不仅包括咖啡的历史和文化，还涵盖了客户服务、基本的销售技巧以及咖啡制作等方面的知识。咖啡师甚至被教导要满足顾客的"特殊要求"，这体现了星巴克对于顾客体验的极致追求。

在与顾客进行沟通方面，星巴克为咖啡师制定了三条核心原则：增强自尊、始终专注和寻求帮助。这些原则不仅有助于提升咖啡师的服务水平，还能确保顾客在星巴克享受到愉快的用餐体验。

值得一提的是，在每一个新的零售星巴克开张之前，星巴克都会提前8到10周开始招聘工作。这一举措确保了新店的顺利开业和人员配备充足。同时，星巴克还会派遣一个经验丰富的指导小组到新开的商店，负责培训指导新员工。这种制度化的培训和指导方式，确保了新员工能够快速适应工作环境，为星巴克的持续发展贡献力量。

3. 吸引和留住公司的顶尖人才

星巴克的管理层在决策过程秉持着以员工为本的理念。他们认为，只有当员工受到尊重和关怀，他们才能以同样的态度对待每一位顾客。为了实现这一目标，星巴克公司管理层精心设计了多种监督与非监控的福利项目，旨在全面激励员工，确保他们为星巴克的客户提供卓越的服务。

在薪酬方面，星巴克注重公平与透明，为所有全职和兼职员工提供具有竞争力的工资水平。同时，公司还为员工提供全面的医疗保险，确保他们在面对健康问题时能够得到及时的帮助与支持。为了进一步激励员工，星巴克公司管理层还推出了多种福利项目。其中，为员工的父母提供养老计划是一项具有人情味的举措。此外，公司还以"BeanStock"的形式奖励优秀的员工，使他们能够直接分享公司的发展成果。

星巴克还设立了CUP基金，专门帮助员工在困难或危机时期获得财务支持，以及提供可自由支配的奖金的薪酬总额。除了以上福利外，星巴克还提供了健康保险、视力保险和牙齿保健等服务项目，帮助员工关注自己的身体健康和生活质量。

4. 创建健康的企业文化

保持正确的企业文化对于任何组织的成功都至关重要，而这一点在人力资源管理中尤为显著。

星巴克的管理层致力于在星巴克文化中融入一系列重要的价值观和原则。在星巴克，管理层坚决反对特许经营模式，这是为了确保产品质量得到严格控制。他们深知特许经营可能带来的品质不一致问题，因此选择通过直营方式保持对产品和服务质量的全面控制。此外，星巴克也避免将产品进入超市销售，以确保咖啡豆的品质在可控范围内。这种对品质的执着追求体现了星巴克对顾客承诺的重视。

星巴克的管理层对如何取悦顾客有着明确而严格的一系列规定，确保每名员工都能够以正确的态度和行为来满足顾客的需求。星巴克为员工提供了全面的培训课程，包括客户服务技巧、产品知识、沟通技巧等，以确保员工具备满足顾客需求的能力。星巴克鼓励员工在面对顾客时，始终保持积极、开放的态度。无论顾客提出何种要求，员工都应该以"just say yes"的座右铭为指导，尽力满足顾客的期望。同时，星巴克也强调员工应该敞开心扉，与顾客进行真诚的交流，以建立更加紧密的关系。

星巴克的管理层鼓励员工积极表达自己的看法和意见，并为员工提供了多种渠道来表达自己的声音。成功打造了一个以顾客为中心的企业文化。

参考文献

[1] https://www.sohu.com/a/218295474_100034540

[2] 侯蓉，2006年，《海澜集团人力资源管理现状及对策》

[3] 李春明，2006 年，《远东轻化装备有限公司发展的若干战略问题研究》

[4] 孙静，2005，《我国中小型企业人力资源管理体系构建模式研究》

[5] 徐剑，2006，《PSI公司向中国西部迁徙过程中遇到的人力资源困境案例研究》

[6] 李燕莲，2011，《华北电网培训中心的人力资源规划方案设计研究》

[7] http://baike.baidu.com/view/4669357.html

[8] 袁芳，2009，《物流企业文化测评指标体系研究》

[9] 中国新通信杂志社，2006，《第7章选对人——充满智慧的招贤纳才之道》，期刊《中国新通信》

[10] 李广春，2006，《河南省汇友实业有限公司员工招聘管理研究》

[11] 华朗，2006，《A医院人员招聘策略研究》

[12] 四川日报报业集团，2012，《培训诡辩记》，《人力资源报》，版次：D4版

[13] 张利华，2002，《SO企业培训体系研究——以S公司为例》

[14] 林绍杰，2011，《企业员工的培训与开发》，《河北企业报》

[15] 刘静静，2018，《零售企业营销员工培训绩效提升策略研究——基于评估的视角》

[16] 项芳芳，2006，《基于胜任力模型的管理人员培训体系研究》

[17] http://www.docin.com/p- 1129958895.html

[18] 穆晓红，2008，《锦州石化公司员工培训方案的设计研究》

[19] 尹鹏飞，2004，《特变电工新疆变压器公司员工职业生涯规划设计》，《中国人力资源开发》

[20] http://baike.baidu.com/view/3228136.html）

[21] http://baike.baidu.com/view/4354767.html）

[22] 何扬，2006，《企业绩效考核系统的设计与实现》，《工会论坛——山东省工会管理干部学院学报》

[23] 谢会敏，2007，《现代企业应加强绩效评估管理》

[24] 叶茹，2009，《中铁X局局机关员工绩效考核体系优化研究》

[25] 彭文，2008，《公共服务组织基层管理人员绩效考评研究》

[26] 翁怀荣，2006，《蚁群算法的聚类分析研究及在HRM中的应用》

[27] 许静，2006，《员工绩效评估方法比较研究》

[28] 于靖，2005，《天津网通薪酬制度研究》

[29] http://www.zgwenku.com/p-96521.html

[30] 聂海荣，聂海滨，赵晓青，2013，《国有企业薪酬管理的浅析与对策》，06月30日刊

[31] 李春明，2006，《远东轻化装备有限公司发展的若干战略问题研究》

[32] 薄晓，2005，《东X公司激励性薪酬体系研究》

[33] 贲学彬，2005，《化工流通业员工薪酬研究——兼论南通化轻公司员工薪酬》

[34] http://www.zgwenku.com/p- 96521.html

[35] 马众，2001，《中国东方航空股份有限公司经济性报酬系统设计》

[36] 尹为鉴，《海尔智家2022年业绩双增利润增速超营收》，《商周刊》

[37] http://www.hrsee.com/?id=492

[38] 蓝定香，2009，《大型国有企业产权多元化研究——基于股权控制力耗散视角》

[39] 中国税务报社，2022，《常见的股权激励方式》，《中国税务报》，版次：05，5月23日刊

[40] 邓婷，2007，《 柳传志:要让士兵爱打仗》，《人力资源HR经理人》，2月16日刊

[41] http://baike.baidu.com/view/1522435.html

[42] 尚妤，杨永平，2021，《数字化时代下的灵活用工模式发展》，《内蒙古科技与经济》3月21日刊

[43] https://blog.csdn.net/hackeey/article/details/105045351

[44] 四川日报报业集团，2016，《灵活用工真不错，但你的企业适合吗？》，《人力资源报》，版次：23版，7月25日刊

[45] 刘战红，2019，《雅戈尔四十不惑》，《中华工商时报》，版次：08版

[46] 徐玉海，2009，《企业员工敬业度的调查与分析——以BM公司为例》

[47] 中国航空报社，2018，《从"最佳雇主"看如何提高员工的敬业度》，《中国航空报》，版次：A08版

[48] 管金喜，2013年，《如何提高员工敬业度》，《管理学家》2月15日刊

[49] 杨凌云，2006，《贵州联通以人力资源开发构建核心竞争力研究》

[50] 顾筱倩，2022年，《 像打磨钻石一样打造人才》，《中国黄金报》，版次：08版，8月9日刊

[51] http://www.jy135.com/guanli/132440.html

[52] 薛亮，孙丽敏，庄鑫雁，2005，《核心员工的特征及管理策略》，《中国人力资源开发》

[53] 徐玉海，2009，《企业员工敬业度的调查与分析——以BM公司为例》

[54] 新华通讯社，2018，《披沙录》，《上海证券报》，版次：8版

[55] https://zhuanlan.zhihu.com/p/234408290

[56] 经济日报社，2016，《腾讯：员工最宝贵》，《企业家日报》，版次：05版

[57] 陈洁，2023，《汇人才力量促产业升级 波司登获评两项人才大奖》，《苏州日报》

v